Sun Liren Zhuan

孙立人传

张金龙 著

中国文史出版社

目　录

第一章　家世及学生时代

“孤客一身千里外，未知归日是何年。”曾经喋血淞沪、远征缅甸、一战成名的抗日名将孙立人晚年幽居台湾时，谈吐之间，无不透露出对故土乡情的眷恋和遥思。孙立人曾说过：“离家已久，对故乡思念甚殷。”面对辗转而至的其童年所居住过的旧居照片，孙立人凝视良久，一再把玩，久久陷于沉寂之中。孙立人晚年一直希冀能够重温旧梦，回故乡祭祖，却又因现实阻隔，梦想难圆，最终抱憾终身。时至今日，孙立人出生时的白墙黛瓦依然伫立在他的家乡，诉说着那段往事。

梦回故里

在安徽省合肥市的西南方，与“桐城派”文人发祥地桐城相毗邻，北临巢湖，南近“黄金水道”长江，有座古城庐江县。庐江历史悠久，源远流长。据县志记载，庐江“汉名舒，属庐江郡，隋初置庐江县”，迄今已有一千四百余年。悠久的历史和灿烂的文化滋育了大批英才，“雄姿英发，羽扇纶巾，谈笑间，樯橹灰飞烟灭”的三国名将周瑜就诞生于斯。一百多年来这里出现了一股从军尚武之风，李鸿章的淮军将领、段琪瑞的“安福系”将领，大半都出自庐江，爱国将领冯玉祥先生与张治中将军均是庐江近邻巢县人。1900 年，孙立人就出生于庐江一个著名书香仕宦之家。

孙立人的父亲孙熙泽先生是前清举人，曾出任过山东登州知府。

伯父宏泽先生是前清光绪六年（1880 年）进士，甲午战争之前，曾作为台湾巡抚刘铭传的高级幕僚，举家居住台湾。孙熙泽生有三子，长子孙同人，次子孙立人，幼子孙衡人。

关于孙氏的姓源，各种记载和传说不尽如一。有认为是源于姬姓；有认为是春秋楚国宰相孙叔敖之后；有认为是赵人荀况，避汉宣帝讳，改荀为孙，子孙相衍；还有认为是殷比干之后。众说纷纭，莫衷一是。而孙立人祖辈相传世代坚信，他们这一支是大军事家孙武、孙膑的后代。孙新俊在《孙立人先生的家世》一文中这样写道："也许是长卿（武字长卿）、国翰（膑字国翰）二祖禀性、学术的赋予，列祖列宗不乏嵚崎磊落的军事家。他们为上尽过忠，为黎民完过义，但嵚崎伴之而来的每每是烦苛嫉妒，磊落的终结往往是阴霾蔽空。即以立人先生而言，其为国家荣辱、民族尊严所付出的辛劳暨枉屈，又何尝不是'嵚崎磊落'四个字的铸成。"这里无疑是把孙立人和他的远祖孙武、孙膑都列为"嵚崎磊落"的军事家加以褒扬。

孙家发迹于 1725 年左右。是时，孙家进入三河镇经商，凭借着诚信与毅力，在三河镇扎下根来并逐步开枝散叶，很快便发展成为三河一带远近闻名的世族大家。

到了 19 世纪中叶，中国爆发了近代史上著名的太平天国农民运动。从 1851 年 1 月 11 日洪秀全、杨秀清率众在广西金田举义到 1864 年 7 月 19 日太平天国首都天京陷落，太平军驰骋十八省，转战十四年。从 1853 年 2 月 24 日太平军石达开部由江西入皖占领安庆杀安徽巡抚蒋文庆起，太平军在安徽与清军交锋，经历了北伐、西征和庐州之战、徽州之战、宁国之战、枞阳之战、正阳关之战、滁州之战、湾沚之战、官亭之战、池州之战、太湖之战、安庆之战、定远之战等。经连绵不断的争战杀戮，民生艰难，商业凋零。尤其是历经太平军与清军 1853 年 11 月庐州之战、1858 年 11 月三河之战后，在三河已成富贾的孙家元气大伤，商网门面损失殆尽。为此，1853 年冬，为躲避战乱，孙氏舒城六世祖孙炳炎远赴浙江投奔时任杭嘉兵备道的祖父孙观。1864 年左右，太平军陆续退出安徽，随即，孙家再次移居距三河镇十八公里的庐江金牛镇山南村。不久之后，由孙观出资，在金牛新立起孙家祠堂。

除躲避战乱之外，孙立人祖父孙炳炎之所以迁居金牛，还有一个重要原因是由商而农。在数千年封建文化的熏陶下，中国自古便形成了一种“士农工商”的传统择业观念，即做官最好，经商最次，即便是“耕读传家”也比“贩夫走卒”强。所以，孙新俊在《孙立人先生的家世》中这样写道：

> 我们孙家在休宁定居了八百六十五年，各业皆备，唯以耕读为最大多数。正仁公迁至三河，竟令其子有荣折节为商，营布业于镇南之古鹊尾，以本乎诚信，商务日隆……

金牛镇地处杭埠河下游腹地，河圩交错，土地肥沃，地势平坦。相传此处有金牛裂土而出，故以金牛为名。由此，“金牛晚眺”也成为“庐江八景”之首。金牛林木葱茏，斜阳衔山，霓虹被彩，远望岚景翕忽，近听暮鼓晨钟，炊烟缭绕，鸟语花香，好一派山水田园风光，颇得孙氏家族青睐。20 世纪 30 年代孙立人返乡之时，还特地于黄昏之际登山远眺。

辗转定居金牛之后，孙炳炎把家安在金牛山阳坡下一处平地。至清末民初，这里逐渐形成了一个有几进上百间瓦房，另加水沟院墙组成的孙家庄园，周围则是孙家的一百八十亩良田。同时，孙家在金牛镇上开了几家商店，还自办了养猪场、养鸡场、养鸭场和加工稻谷的砻坊、酿酒的糟坊等，雇用了约六十个长工。抗日战争爆发后，孙家庄园开始衰败。1950 年，这里被当地政府辟为粮库，后因砖木结构恐易失火，又另做校舍。到 20 世纪七八十年代，金牛中学在孙家原宅基础上进行规划改造，翻建成一幢幢整齐的教室，1991 年又加建一座教学楼。唯有孙立人出生的房子还整幢保留着，后院墙墙基上砌着的“孙一德堂墙界”仍清晰可辨。院内，当年种下的木瓜树、枣树、香橼树、紫荆树、檀树等，依然枝繁叶茂。

2001年，孙立人故居被庐江县人民政府公布为第二批县级重点文物保护单位。如今，孙立人故居里的部分房屋布置成了将军的生平展览馆。展厅共有四间，分别记录了孙立人出生、成长、参加抗战以及晚年生活的情况。

“鸟近黄昏皆绕树，人当岁暮定思乡。”晚年的孙立人这样回忆他的童年：

> 我出生后，体弱多病，五岁前，常卧床啼哭，吵得全家不安，母亲因养育我的关系，积劳致疾不起，似此病榻相顾凡五年。我依稀记得，母亲最后病重时，为我吵得不耐烦了，有气无力地对我说：“孩子，你不要吵了，我俩终有一个要去的。”此后不到两个月内，她就离开我们兄弟姐妹七人长逝。时值隆冬，我年五岁，那时姐三兄一，弟妹各一，最大的姐姐才十一岁，最小的妹妹仅及周岁，迷糊记忆，满屋哭声，我也随之大哭。母亲去后，我的病也好了，是命？是罪？实有未解。次年，小妹因为失养夭折。

孙立人童年失母，孙熙泽中年丧妻，这个“亦仕亦农”的殷实之家充满了悲哀。1904年12月7日，孙立人母方氏病故后，其父暂未续弦。孙立人回忆说：“想到后娘对前妻的遗孤，多半不好，于是他把她能否爱我们，作为择偶的最高条件。经多方慎重选择，终于和我母亲的堂妹成亲。”这样，至少在孙立人兄弟姐妹看来，后娘与娘并不遥远，家中逐渐恢复了往日的欢笑和生机。

生长在这样一个书香门第，孙立人五岁时即开蒙入私塾读书，自幼熟读“四书”“五经”，思想上深深铭刻着儒家的忠孝仁爱、信义和平和伦理道德观念。

> 我在家里念私塾，先父管得很严，我们很少有自由活动的余地，一天到晚。因为本来在乡下，最后一重房子就是请老师教我们兄弟几个在那里念书的。白天念，只准到

晚上出来和家人见见面，其他时间都要在屋子里，等于坐牢一样，晚上也睡在书房。因为先父本身也受过这种严格的教育训练，所以他也管得很严，要我们念书，我没有机会运动，不要说摸到球了，连看都没有看到过。一天到晚就是念“四书”“五经”——那时候还是科举时代，“四书”“五经”是要考科举用的。

孙立人的启蒙老师叫宋执中，舒城人。他的严厉和认真很受孙家赏识，孙家子弟没少挨过他的戒尺和板子。1980年后，孙立人在台湾还回忆起宋老先生，他和宋老先生的女儿宋英（做了台湾的“监察委员”）还时有往来。

重视教育，“学而优则仕”，是孙家一贯的“传统”，可谓“家学渊源”。按照《龙舒孙氏宗谱》和县志中对孙家的描绘，孙氏家族俨然是读书人家的“为学致仕图”。

据《明清进士题名碑录》《续修庐州府一志》《续修舒城县志》记载，仅在孙家搬到舒城以后的二百多年间，共出进士三人：孙序贤、孙观、孙浤泽；举人三人：孙晋、孙明廉、孙熙泽（孙立人父）；贡生四人：孙正仁、孙谦、孙明诗、孙春泽；太学生七人：孙恒、孙循华、孙临、孙鼎、孙明万、孙明乐、孙明书；邑庠生四人：孙有咸、孙震、孙浙、孙炳炎……整个清一代舒城共出进士十三人，孙家就占了其中三个名额。

鉴于环境和氛围使然，在墨香书声的耳濡目染下，孙立人自启蒙始就好学勤奋，当然也免不了贪玩，但在当时的历史条件下，也实在没什么可玩的。开学时，孙父将一把戒尺交与私塾老师，嘱咐老师严加管教。“严师出高徒”“棒槌底下出成绩”，小立人历历在耳，不敢懈怠。

孙立人的父亲孙熙泽曾以“光绪甲午解元”名重乡里，但他后来没有如他兄长孙浤泽那样得中进士。经过岁月的洗礼和沉淀，满腹经纶的孙熙泽逐渐从科考和旧学堂的背后看到中国传统教育的弊端。孙熙泽更是透过列强用枪炮打开中国门户的残酷现实，领悟到传统知识与技能已不能应付时代之需求。戊戌维新更是极大地开阔了孙熙泽的眼界，他希望自己的儿子能够接受新学，顺应潮流发展。当时安徽已有新学，桐城中学堂、庐州中学堂、舒城中学堂已于1902年在全省率先创办。但庐江乡下尚无新式小学，因此，孙熙泽决意把子女们引入“外面的世界”。

1908年春，孙熙泽在济南府任职时，一纸家书，接眷属前往。于是，虚龄九岁的孙立人和幼弟孙衡人随母亲离开家乡，“由三河镇坐船，出巢湖，湖面辽阔，如汪洋大海，至长江芜湖，改乘江轮至上海。这是我初次见到火轮船，大开眼界。由上海乘海轮至青岛，青岛是德国租借地，风景如画，整洁非常。改搭火车至济南，也是初次见到火车。我觉得火车的汽笛音调很奇怪，呜呜之声，到现在似乎还在耳边作响”。晚年的孙立人还清楚地记得，当他们所乘坐的夜车第二天早晨到达济南时，孙父和已在这里上学的大哥孙同人都在站台上等待。全家重逢，欣喜异常。

一个巴掌拍出了一个壮志少年

18世纪中期之后，英、法、俄等国的侵华活动相继得逞并日趋猖狂，他们以武力逼迫晚清政府开放通商口岸，割地赔款。英、法、俄在中国获得的巨大利益使得德国垂涎三尺，迫切企求能在其中分得一杯羹。为此，德国不断寻找时机，制造借口，企图在中国划得一份势力范围。1895年、1896年，德国先后向清政府要求在中国沿海租借一地作为其“储煤站”，两次都遭到清政府的委婉拒绝。仅在一年后，1897年11月1日，“曹周教案”事件爆发，当地居民与教堂发生激烈冲突，德籍传教士被杀，鲁南地区反洋教运动风云骤起。德皇威廉二世以此为借口，将舰队开进胶州湾，随即长驱直入，占领了胶州城。在德国侵略者的军事威胁和外交讹诈之下，腐朽的晚清政府被迫屈服，同德国签订了《胶澳租借条约》。由此，胶州半岛乃至整个山东省都成为德国的势力范围。

1908年，正在孙立人举家迁往青岛之时，光绪皇帝和慈禧太后相继撒手人寰，清朝统治更加混乱。在腐朽的内部统治和凶残的帝国主义双重压迫下，青岛笼罩在浓浓黑云之中。

时年，孙立人尚涉世不深，“不识愁滋味”，不懂得民生疾苦与民族屈辱。从舒城乡下到青岛城市，孙立人满是憧憬、兴奋之情。在父亲和大哥的带领下，孙立人先后游览了趵突泉、黑虎泉、珍珠泉、五龙潭、舜耕山、临湖阁，领略了大明湖“四面荷花三面柳，一城山色半城湖”的秀丽景色。

经过一番游玩之后，孙立人又在家中补习了一段时间的功课，随后便被父亲送入济南德文高等小学学习。顾名思义，德文高等小学即为德国人所办，中国学生在校中不免受到歧视。外国同学的冷嘲热讽和学校管理者的刻意压制给孙立人留下了深刻的印象。

孙熙泽在青岛时的居所濒临大海，海天一色，尽收眼底。而波澜壮阔的大海和海滩上五颜六色的贝壳以及奇形怪状的鹅卵石也深深地吸引着孙立人。因此，孙立人每每上学前都会去海滩转转。历史总是充满了必然和偶然，富于戏剧性。如果不是接下来发生的事，或许孙立人日后也不会走上军事生涯，中国也不会出现这样一位名镇中外的抗日名将。

有一天清晨，我还是照样去捡五彩石头，正好看到一块红而透明的，非常好看。我拿着它在手上玩时，三个德国小孩来了，他们看到我手上的石子，心里喜欢，不管三七二十一，就把它从我手上抢去了。我当然找他们理论，他们不说什么，完全以主人对奴仆的态度对我，打了我两个耳光。我一个人如何对抗他三个，只好忍痛含泪跑回家，回家后也没有给人提起这件事。但因为这个深刻的创痛，使我感觉到，做一个弱国的国民，实在不是滋味。要身为强国的国民，才是最幸福的。德国人自以为是，在租借地上，毫无理由地欺凌他人，把我们当作奴隶，实在令我愤怒。因此从那时起，就私下决心要把自身贡献给国家，将来要想法使中国富强起来，使中国人做强国的国民，不再受人欺侮。报国的种子，由此就深深植在我的幼小心灵里。

青岛海滩上，德国人的这两记耳光在孙立人的心中留下了永远也抹不去的印记。孙立人在日后的生活中多次提到此事，既以此明志，也以此激发部队的斗志。孙立人认为，这两耳光不仅仅是个人的屈辱，也是列强铁蹄蹂躏下的中华民族的屈辱。此后，孙立人立志参军入伍，甚至在大学工科毕业后也坚决改学军事，足可见“青岛受辱”对孙立人人生轨道的巨大影响。

时至1912年，这一年的元旦，孙中山在南京宣誓就任中华民国临时大总统，揭开了新时代的序幕。中华民国的成立，标志着中国长达两千多年的封建帝制时代的终结，辛亥革命的旗帜在中国大地迎风飘扬。又长大了四岁的孙立人也和同学相拥一起，走上街头，欢庆这历史性的一刻。然而好景不长，临时政府的成立并未能将中国带向独立富强的道路。在帝国主义势力的武力恫吓、袁世凯的威逼利诱下，辛亥革命的胜利果实被袁世凯所窃取。1912年3月10日，袁世凯在北京就任临时大总统，开启了北洋军阀统治中国的时代，中华大地再一次陷入了黑暗之中。

随着北洋政府的建立，一些皖籍人物也开始陆续登上北京的军政舞台。在这样的历史背景下，孙熙泽决定进京谋事，再次举家迁往北京，将家安置在顺治门（今玄武门）外大街。鉴于当时并无合适的学校就读，孙熙泽便聘用专职教师对孙立人、孙衡人进行课程教育，大哥孙同人则考入北京大学就读。

1913年秋，北京风轻云淡，时任中华大学副校长的孙熙泽将刚刚考取清华学校的小同乡宋煦带回家。经过宋煦的介绍，孙立人兄弟产生了强烈的报考清华的愿望。在父亲的大力支持和鼓励下，孙立人兄弟在家中迅速进入了紧张忙碌的备考状态。

清华大学原名清华学堂，1911年开学。1912年，中华民国建立之后改称清华学校，隶属于外交部。清华学校学制分初等班六年和高等班两年，共计八年。时任清华校长为周诒春，与孙熙泽是旧交。

周诒春，字寄梅，生于汉口，祖籍安徽休宁，父周幸修。大抵孙立人祖上由休宁迁舒城，并在三河镇开店布业奠定基础时，周诒春祖父经商也已发迹。作为徽帮中的一个重要行当，周家的茶叶生意越做越大，颇具规模。徽商素来重视教育，目睹列强瓜分中国的严峻时局，周幸修决意把独子周诒春培养成一个识时务的洋务人才。孙立人出生时，周诒春已考入美国教会在上海办的圣约翰中学，1904 年又自费赴美到威斯康星大学攻读教育学，1908 年获学士学位后又入耶鲁大学进修心理学，次年得硕士学位后回国，参加了清廷主办的留学生考试，得中进士。周诒春深得其师颜惠庆的器重，颜惠庆当时担任中华民国外交总长，周诒春是其秘书。1912 年 4 月，颜派周诒春担任外交部主管的清华学校教务长。次年 10 月，周诒春又成为继监督唐国安后的清华学校首任校长。周诒春主持清华五年，奠定了清华发展的基础。

鉴于清华学校为“庚子赔款”所办，而“庚子赔款”的来源则是各省的关税、盐税等，各省上交税赋数量不尽如一，因此清华学校在各省的招生数量也略有不同。故而孙氏兄弟只得回安徽老家进行报考。时隔六年之后，孙立人再次回到了老家安徽。一番拼搏之后，孙立人以正取第一名为清华录取，其弟孙衡人虽为备取第一名，却未能入学清华。就这样，孙立人开始了住校的独立生活，和孙立人一同进入清华的少年还有闻一多、梁实秋、吴文藻、吴国桢、梁思成等日后知名人物。孙立人在回忆录中这样写道：

> 到了清华，可以说是我人生的真正开始。“水木清华”，真是名不虚传。它环境幽雅，是个读书的好地方，也能促人有进取的意志。师长同学，也和睦相处，使我觉得，能进入清华，实在是平生的万幸。

孙立人一入清华，便顿感别有洞天，仿佛进入了另一个世界。清华的教育目标是培养留美预备生，更远大的目标则是造就领导人才。根据这个方针，清华在学制、课程、教材、体育、课外活动等很多方面都借鉴了美国学校的那一套。其中，清华学校的课程设置较为与众不同。上午是主课，如英文、作文、公民、数学、地理、历史、生物、化学、物理、政治学、社会学、心理学……且一律用英语讲授，一律用美国出版的教科书；下午是副课，如国文、修身、哲学史、文学史、伦理学、修辞等，一律用国语，用中国的教科书。上午的主课，非认真充分准备不可，否则上课时无从应付；下午的副课则可以马马虎虎，敷衍了事。这种教学方式使孙立人感到新奇不已。除此之外，清华还大力提倡学生组织各种社团，培养学生独立民主的品格。

在清华的那段峥嵘岁月，孙立人充分地享受着青少年的友爱和温馨，充分地展现了青春的活力，奠定了他日后发扬德、智、体、美、劳的基础。在清华，周诒春对教学要求非常严格，严格的教育管理使孙立人获益匪浅，对孙立人养成良好的军人素质极为有利。抛开教育管理，周诒春对待学生却非常和蔼可亲。周诒春主张四育：德、智、体、群并重，认为只有身体好，才会有其他一切，所以周诒春非常重视体育运动。比孙立人晚一年入清华的著名作家梁实秋，在他的《清华八年》中，有关于清华注重体育的描述：

> 每早晨第二堂与第一堂之间有十五分钟的柔软操，钟声一响，大家涌到一个广场上，地上有写着号码的木桩，各按号码就位立定，由舒美济先生或马约翰先生领导活动，由助教过来点名。这十五分钟操，如果认真做，也能浑身冒汗。这是很好的调剂身心的办法。
>
> 下午4时至5时有一小时的强迫运动，届时所有的寝室课室房门一律上锁，非到户外运动不可，至少是在外面散步或看看别人运动。

孙立人对体育抱有十分独特的爱好。考入清华的第二年，孙立人就因玩跷跷板负伤，住医院治疗，因而休学一年，本应该1922年毕业的孙立人直到1923年才毕业。这也是孙立人在清华待了九年的原因。而病愈之后，孙立人对体育运动的热情更加高涨。孙立人擅长各种球类运动，对篮球运动尤有天赋，还被体育教授马约翰选拔为清华学校篮球队队员。清华学校篮球队在北方有几个对手，其中最主要的是北师大队。北师大因有体育系，所以体育方面人才济济。两校在篮球上是不相上下，势均力敌。梁实秋回忆清华体育诸事，记忆最深刻的两场比赛，其中就有清华与北师大的篮球比赛：

> 清华的阵容是前锋有时昭涵、陈崇武，后卫是孙立人、王国华……鏖战的结果清华占地利因而险胜，孙立人、王国华的截球之稳练不能不令人叹为观止。

1923年，孙立人又被选拔为国家代表队，作为主力后卫参加在上海举办的第三届远东运动会，先后分别战胜日本与菲律宾队，为旧中国赢得了唯一的一次篮球冠军。凭着对体育浓厚的兴趣和坚持不懈的锻炼，以及不甘落后的进取心，孙立人成为一名优秀的运动健将。运动中坚忍、苦练、合作的原则，对他以后的事业有着潜移默化的影响。

在清华，孙立人还经历了一次爱国运动。1919年，中国在巴黎和会上外交失败，美、英、法、意、日在《凡尔赛和约》中把原德国在山东所强占的一切特权全部让给日本。此等奇耻大辱引发了轰轰烈烈的五四运动。5月4日，北京城内学生举行了游行示威，这一消息迅速传到清华大学。孙立人的同学闻一多连夜抄写岳飞的《满江红》词，贴在饭厅门口，表示收复失地的决心。5日早晨，清华高等科和中等科的科长立即召开全校社团联席会议，决心成立清华学生代表团并召开全校同学大会。想起儿时在青岛所受的耻辱，孙立人悲愤填膺，不仅以童子军身份参加了天安门游行，还与同学们在体育馆门前举行"国耻纪念会"，当场宣誓："口血未干，丹诚难泯，言犹在耳，忠岂忘心。中华民国八年5月9日，清华学校学生，从今以后，愿牺牲生命以保护中华民国人民、土地、主张。此誓。"在实践中表现了强烈的民族主义精神。

孙立人对清华抱有强烈而深厚的感情，始终心系母校，怀念母校。抗战时期，华北、沿海一带沦陷，周诒春辗转逃难至贵州，应当时贵州省主席吴昌鼎之邀，出任贵州省财政厅厅长。是时，孙立人正以财政部缉私总队长身份在都匀练兵，与老校长过从甚密。每去贵阳，必先探望周诒春老校长。在1946年5月至1947年初，孙立人在东北短短半年多时间，就在辽宁省鞍山市创建了一所清华中学，广延清华校友执教，他说："一日清华人，一世清华人。"后来孙立人退至台湾，于困难环境中，生育二男二女，个个品学兼优，考大学时，都为多所大学同时录取，但在孙立人的影响下，都选中了台湾清华大学，毕业后，也都各有成就。孙立人晚年生活拮据，仍将撰写《孙立人回忆录》所得二百万新台币稿费悉数捐给清华（台北和北京）作为奖学金。囚禁中，他有一个小心愿，想把自己培植的两株茉莉移到母校清华大学，但未能获准。直到他恢复自由后，才得以偿愿。1990年孙立人病逝时，台湾清华大学派代表在其灵柩上覆盖了清华大学校旗，这说明了他一生与清华大学的深厚情谊。

欧美游学参观

1923年，孙立人在清华学校留美预备班读完高等班，圆满完成各项毕业考试并考取公费留美，即将负笈启程赴美深造。是福是祸，孙熙泽的内心也十分不平静。为此，临行前，孙熙泽特与儿子合影留念，并题词相勉：

> 曾子曰"士不可不弘毅"，朱晦翁训弘为宽广，毅为强忍。汝性情忠实，立志亦颇不随流俗，第规模狭隘，遇事非泄沓即急遽，皆才识不足之过，宜于宽广强忍下功夫。交友为品学成败大关键，近朱者赤，近墨者黑。汝本中才，最易移染，慎之。远适异国，所为何事，望时时于此着想。慎寒暑，节饮食，惩忿塞欲为保身要诀。今当远离，特训

数语，携置案头，朝夕省览，以当面命。

知子莫如父，寥寥数语，孙熙泽便将孙立人性格之特点，修身之必须，养命之要诀，一一点出，训诲之切，寄望之殷，可谓淋漓尽致。而孙立人也没有辜负父亲的希望。如今，有着“南方西点”之称的美国弗吉尼亚军校，博物馆橱窗内和巴顿将军、马歇尔将军并列，展示着孙立人的画像、勋章及参与的著名战役的照片和事略。这是该校自1839年创办一百七十多年来唯一一位外籍学生享受此殊荣。1990年11月孙立人逝世时，弗吉尼亚军校校长约翰·凯纳普少将在唁函中称，孙立人“一生牺牲英勇的精神，给他的家国和弗吉尼亚母校增添莫大荣耀”，并派代表携校旗为孙立人覆棺。如此褒扬，如此荣誉，足令世人为之倾目。

然而，“要为天下奇男子，须历人间万里程”。为了理想与抱负，孙立人在那里经历了一段艰辛曲折的峥嵘岁月，饱经挫折与磨难。

1923年8月17日，上海十六铺码头汽笛长鸣，在暮色中，“杰克逊”号汽轮缓缓离开码头，告别黄浦江，驶向太平洋。在这艘船上，有孙立人、吴文藻、梁实秋、冰心等上百位赴美的中国留学生。数年后，孙立人仍在书信中与冰心饶有滋味地回味当年的那段往事。

经过长途游行，汽轮停靠西雅图，孙立人与友人一一告别，随即登上了横贯美国本土的列车。这个时候，美国俨然已经成为世界上最为发达的垄断帝国主义国家，凝望窗外，视线所及，孙立人感慨良久。经过一番辗转，孙立人在印第安纳州首府印第安纳波利斯下车，前往大学城拉法耶特，入学普渡大学。由于孙立人在清华完成了相应学科考试，相当于专科毕业水平，故而孙立人在普渡大学报到后直接学习大学三年级的课程，专业是土木工程，学制两年。鉴于当时美国许多大学都不直接安排学生宿舍，因而孙立人寄宿在拉法耶特的一个老太太家中。老太太一家对孙立人很是友善，生活起居多有照顾。因此，留美期间，孙立人能将主要精力集中在学习上，加上孙立人本身性格温文尔雅、谦虚谨慎、勤于钻研，更使他在学业上日益精进。求学期间，孙立人利用假期和同学结伴出行，游览了密歇根湖、尼亚加拉大瀑布、怀恩多特洞，不仅开阔了视野，也进一步了解了美国。

孙立人在美国留学的同时，也十分关心国家大事。其间，国内不断传来消息：1923 年 10 月，曹锟靠贿选当上总统；1924 年 9 月，第二次直奉战争爆发；1925 年 5 月，帝国主义国家在中国制造了惨绝人寰的“五卅惨案”。种种消息，再度激发了孙立人从军报国的热血之志。对此，孙立人曾写道：“此时国内正是军阀割据、情势动荡的时候，因此我原来想学军事的思潮又蓬勃起来了。但是父亲仍不愿我学军事，我只好瞒着他老人家向我驻美大使馆申请入弗吉尼亚军官学校就读。此校入学，须经我国政府向美国政府保送。”

1925 年，经过两年的系统学习，孙立人获得了普渡大学土木工程学士学位。时值一战结束，百废待兴，美国经济的持续发展极大地刺激和带动了土木建筑业的发展。因此，孙立人所学专业极有发展前景。在等待改学军事的批准书之前，孙立人就职于美国费城的桥梁公司，任工程师，薪资相当可观，日子过得很是惬意。几个月后，孙立人收到了中国大使馆转来的美国政府批准他入读军校的通知，于是孙立人委婉拒绝了桥梁公司的挽留，满心欢喜地奔赴了新的奋斗目标。

弗吉尼亚军事学院是美国初级军事指挥官的摇篮，地位仅次于闻名于世的西点军校。弗吉尼亚军事学院是美国第一所州办军事学院，它位于弗吉尼亚州莱克星顿市郊。第一任院长史密斯是西点军校的毕业生，他执掌校务达半个世纪之久。南北战争期间，学校遭北军炮轰，校舍被毁，史密斯院长经过艰苦的奋斗，重新建立起弗吉尼亚军事学院。迄今为止，弗吉尼亚军事学院培养了许多杰出军事指挥家，其中有六人获得美国国会荣誉勋章，曾任美国陆军参谋长的五星上将马歇尔就是其中的代表。

弗吉尼亚军事学院是中国留学生在美国学军事的首选，有四十三位中国留学生曾到弗吉尼亚军事学院深造。和西点军校一样，弗吉尼亚军事学院老生欺负新生的现象屡见不鲜，在这两所学校，“欺生”行为成为不成文的规定。该校的打人“传统”是老生打新生、管新生，老生把新生称作“老鼠”，打起来、管起来可以说是毫无道理可言，只有服从。1905 年进入该校的第一批中国学生就曾因不堪忍受老生的欺辱，愤而写信给清政府设立在华盛顿的公使馆，提出抗议，要求退学。1926 年，二十五岁的孙立人进入弗吉尼亚军事学院学习，插班三年级，同样得到了老生们的“悉心关照”。

在入学之初，孙立人对弗吉尼亚军校训练严苛、以打人闻名早已有了充分的思想准备。有位广东学长还曾经极力劝告孙立人不要自讨苦吃，还是早日退学为好。在这样艰难困苦的环境下，出于学习军事的夙愿，孙立人并没有如其他人一样选择放弃，而是苦心孤诣，坚持了下来。对于那段“老鼠”生活，孙立人后来这样回忆：

> 通常老生总是听到号音后才起床。新生则号音一落，便要排好队，假若有一天起床号还没有吹，老生便起了床，那就不得了，“老鼠”便要挨打。老生起床后，立刻布满上下楼梯口和新生必经的要路。新生跑出集合，经过每一个老生面前时，都要被打一拳。头一次我还不晓得厉害，第一拳、第二拳，都挨过去，不料第三拳，对心打来，急而且猛，我立刻昏迷倒地。醒来后，爬起再跑。前面的人并不因为我已受伤，便罢手不打，依旧是照样挨揍。跑到队伍前迟了，又要被打。至今我的胃部下面常常发痛，还是那一拳的创伤。末后这种打法，是家常便饭，而且每礼拜必有一次。另外一天，有位老生叫我洗手套，我准时帮他洗好，并且毕恭毕敬地双手送上，满以为他总要说我几句好话，不想适得其反，那位老生悠闲地坐在屋里抽烟，把手套收下后，不声不响地顺手把半截烟屁股按在我的领下，要我将下颌猛收，烧得我皮肤灼痛，他一高兴，才叫我离开。这种恶作剧，可以说是毫无理由地磨难人。像上面的例子很多，有时叫人怒火中烧，忍无可忍。但是我牢记着父亲叫我强忍两字的教训和原为吃苦而来的初衷，我决心忍耐下去。后来我渐渐了解这种训练，就是要养成军队里

没有理由的自然服从的习惯。老生管理新生，便是资历服从的训练。这一年“老鼠”生活，磨炼出我有忍耐心，对于二十几年来的带兵作战和做人办事，都有莫大的帮助。

这种炼狱般的生活，不仅孙立人，就连马歇尔也曾刻骨铭心地体验过，《马歇尔传》中这样写道：

学员一天的活动，从天亮起床号开始一直持续到天黑后好久才结束。星期六下午可以自由去逛列克星敦城，但只限于到学院附近地区，并不许进入开有酒店的闹市区。星期天做完礼拜后，即可随便到乡下漫游、爬树、钻树林，在石头山涧中游泳，但不许进入列克星敦城区。生活不仅纪律严明，而且也很艰苦，尤其是因为宿舍被亨特的士兵毁坏后尚在重建之中。屋内没有自来水，必须到院子里的水龙头上接；厕所是老式的，没有冲刷设备，一年级生非做不可的苦差使之一就是清扫厕所的脏活。老生把新生叫作“耗子”，把他们使唤得精疲力竭。他们被迫在酷寒的冬天开着窗子睡觉。有时早晨醒来床铺上雪花成堆。副食是一种原料不明，因其在年轻人胃口里所起效应而臭名远扬叫作“哥乐来”的大杂烩。学员稍一触犯校规，教官和高班生就滥施惩罚。“耗子”没完没了地出操、训练和出公差，从来没有一点儿自己支配的时间。此外，按照美国高等学校的陋习，他们还得受高班生的捉弄。因为它是一所军事院校，并以捉弄新生凶狠为荣。弗吉尼亚军事学院捉弄新生的办法可以达到令人难堪的地步。乔治·马歇尔去弗吉尼亚军事学院入学迟了几天，几乎刚一到校，他的口音就引起了高班生的注意，他们说他“难听的匹兹堡鼻音”非常刺耳，给他取了个“北方耗子”的绰号。他们把大量脏活都让他一个人干，他后来承认，他在弗吉尼亚军事学院头一月刷洗的马桶“比一个清洁女工一生中刷洗得还多”。

苏联作家阿·尼·托尔斯泰说过：“在盐水里煮三天，在卤水里泡三天，在泥水里滚三天，你就会成为一个纯粹的人。”中国也有古语说：“吃得苦中苦，方为人上人。”弗吉尼亚军校的严酷生活，把孙立人锤炼成了一个真正的军人，这种生活影响了他的一生。孙立人毕生都保持着职业军人的无私无畏、光明磊落、勇往直前。

在弗吉尼亚军事学院的那段时间，在坚持加强文化课学习的同时，孙立人刻苦努力地学习军事知识，最大限度地汲取军事养分。孙立人说：“我在学科方面对于战史及战术作业最有兴趣，并且有时也将我国的《孙子兵法》介绍给他们，他们对此都感到有兴趣。因此教官在演习的时候，沙盘教育，要我做他的助手，教学相长，使我得益不少。”

经过一年的学习，孙立人的知识面得到了极大的提升，尤其在军事素养上有了很大的进步，更培育了坚强独立的人格。对此，孙立人在回忆录中写道：“毕业在即，我回想了一下，VMI 究竟给了我多少呢？我想我在学识方面得到的东西不少，尤其在军事上，军事知识与军人本质。不过我觉得我所得到的最宝贵的经验是一年的‘老鼠’生活。这段生活教我成长，教我如何忍耐与坚强，来面对奋斗的人生。”

在毕业之时，对这样一位求知若渴、笃志敦行的东方年轻人，弗吉尼亚军事学院给了他这样的评价：

> 这位东方青年，正如昔日的拓荒者，渴求知识，横渡太平洋，来到西方进步的国度里，追求高深教育。他在三年级新生中，禀赋优异，超越同侪。他于普渡大学土木工程系毕业后，进入弗吉尼亚军校，转攻文科，钻研世界历史与文学。但其主要目的是来受军事训练，以期他日返国，充任中国陆军指挥官。关于他的性格，具有许多优良品质。他不多言，但仁慈温顺，尊敬长官，对人诚实友善。他是一位优秀的篮球球员，虽未能加入校队，但是他是连上篮

球队的主将。要练成为一个军人，生活并不舒服，更非浪漫梦想，须要在炎热沙漠中行军，在酷寒的夜间站岗守卫。孙立人有男儿志气，肯负一切责任。我们坚信他将成为一位卓越的军人，但望他不会利用其军事学术，在其故国掀起革命。他离校之后，他的许多朋友，祝愿他的军人事业成功，并祝他万事如意。

接过弗吉尼亚军事学院的毕业证书，孙立人告别了学习奋斗一年的地方，再次踏上了新的人生征程。由于距离中国政府批准的留学深造时间尚有一年之久，为将所学知识结合具体实际，孙立人决定去欧洲参观，考察欧洲各国军事概况。为此，孙立人向驻美使馆提出了申请。等待申请批准期间，孙立人再次回到费城路桥公司，重操旧业。不久后，孙立人的申请得到批准，他旋即踏上了军事考察之路。

在英国，孙立人参观了海港、空港、皇家军校和参谋大学。在法国，孙立人参观了巴黎大学和里昂大学以及许多艺术殿堂，他沉醉于法国的艺术气息，感受了浪漫优美的文化氛围。鉴于当时马其诺防线尚属军事机密，孙立人未能参观，引为遗憾。在德国，孙立人不自觉地回忆起童年受辱往事。孙立人参观了德国的兵工厂、参谋本部和技术学校，对德国的武器装备表现出了强烈的兴趣，同时也为德国人民吃苦耐劳、讲求效率的作风和精神感到敬佩。

除此之外，孙立人还相继参观了丹麦、瑞士、意大利、奥地利、捷克、波兰和莫斯科。从西方逐步走到东方，随着东方气息越来越重，孙立人离祖国也越来越近，阔别五年，孙立人走进了祖国的大门。

第二章　携笔从戎

万里归心对月明，在海外辗转漂泊了五年之后，孙立人终于学成归国，回到了他梦想开始的地方。然而20世纪20年代的中国正处于风雨飘摇之中，国家尚不知道走向何方，个人又如何得知。在理想与现实的碰撞中，孙立人一度陷入了彷徨，处处碰壁，却从未放弃过求索。投身军旅，携笔从戎，怀揣着最初的梦想，孙立人最终走上了练兵场。1937年，卢沟桥的战火引发了孙立人对侵略者的满腔怒火。军人自当以身报国，效命疆场。国难当头，孙立人毫不犹豫地走上了抗日前线。

何去何从

1928年6月中旬左右，经过长途跋涉，孙立人回到了家中。一别五年，见到家人，孙立人一家都很激动，感到格外亲切。这时，因为直皖战争中皖系的败阵、“安福系”倒台，孙熙泽早已从军界政界退隐，赋闲上海。见到父亲日渐发白的头发和额头上逐步爬满的皱纹，长年在外、未及尽孝的孙立人感到十分不安。经过短暂相聚寒暄之后，孙立人父子就孙立人如何施展抱负进行了谈心交流。孙熙泽此时虽退隐在家，但仍壮心不已，只是条件所限，只有寄希望于孙立人。

但此时的中国正处于混乱之中。1926年7月，以蒋介石为总司令的国民革命军为“打倒帝国主义，打倒军阀，统一全中国”，在广州誓师北伐。9 月，冯玉祥的国民军联军在绥远五原（今属内蒙古）誓师响应。当时，北洋军阀直系吴佩孚军约二十万人，控制湖南、湖北、河南等省和陕西、河北部分地区；从直系中分化出来自成一派的孙传芳军约二十万人，盘踞江西、福建、浙江、安徽、江苏五省；奉系张作霖军约三十五万人，占据东北各省和北京、天津等地。吴佩孚、张作霖相勾结，控制着北京政府。国民革命军北伐时只有十余万人，国民军联军约五万人，兵力虽少，但都是新锐之师。除此之外，北伐军还取得了工农群众的支持，故而出师不过半年，国民革命军先在湖南、湖北打败吴佩孚的主力，继而又在江西、福建击溃孙传芳，兵锋直指中原腹地和长江下游地区。

同时，国民军联军将刘镇华的“镇嵩军”全部逐出陕西，使国民军联军的占领区域扩大到陕、甘、绥三省，并准备出师潼关，与国民革命军会师中原。1927 年 2 月，国民革命军攻占杭州；3 月，中国共产党领导的上海工人武装举行第三次起义，一举成功；同月，南京亦被国民革命军占领。北伐形势一片大好。然而，就在此时，革命阵营内部的裂隙越来越明显，党派矛盾也越来越尖锐。

1926 年 10 月，国民革命军占领武汉，将国民党中央及国民政府从广州迁往武汉。12 月，蒋介石率军攻占南昌，建立大本营，力主全部迁都南昌，企图控制中央。武汉方面据理力争，批评蒋介石欲独裁、专制，并采取措施限制蒋介石的总司令权力，这就是所谓的“迁都之争”。实际上，蒋介石不仅想使国民党中央完全听从他的摆布，还想从根本上与中国共产党、苏联决裂，抛弃国共合作，实行一党专政。在这次斗争中，蒋介石没有达到目的，但他并不罢休，仍暗中不断地与武汉方面进行斗争。在国民革命军相继占领上海、南京后，蒋介石得到了江浙财团的大力支持。由此，蒋介石决心和武汉方面公开对立，与中共、苏联分道扬镳，在南京另立国民党中央，另建国民政府。

1927 年 4 月，蒋介石下令“清党”，首先在上海解散工人纠察队，逮捕和枪杀共产党员。两广、浙江、福建、江苏、安徽等省也随之而动，屠杀的中共党员不计其数。一时间血雨腥风，“白色恐怖”笼罩在国人心头。与此同时，蒋介石在南京建立了国民党中央和国民政府，与武汉分庭抗礼。武汉方面宣布蒋介石叛党叛国，开除其党籍，罢免其一切职务，并明令通缉。这就是所谓的“宁汉对立”。但是，双方对立的时间并不长。7月，武汉国民党首脑汪精卫步蒋介石“凡可以杀的，一律杀，宁可错杀，不可错放”的后尘，宣布“分共”，并声言：“宁可枉杀一千，不可使一人漏网。”其心狠手毒不亚于蒋。在反共基础上，宁汉双方开始商讨合流。不久，宁汉达成协议，组成国民党中央特别委员会，迁都南京，合为一体。国民党表面上结束了分裂，但其中派系林立，矛盾重重。北洋军阀仍盘踞着山东、河北、北京、天津及东北，北伐任务尚未完成。

如今天下尚未安定，选择哪一条路是很关键的问题。孙熙泽在北洋政府任事多年，其关系大多为北洋旧友及同事。为此，孙熙泽曾想写信给冯玉祥将军，请他引荐一下，希望能凭着与冯玉祥将军同乡友谊和孙家在舒城县名门望族的地位，为孙立人在冯玉祥将军的部队里找到一个好的职位。但是孙立人有股初生牛犊不怕虎的倔劲，他不希望凭借家族的关系去走捷径，而是要坚持靠自己的实力闯出一条路来，因此谢绝了父亲的一番好意，决意去投靠北伐军。此时恰好有位清华的同学名叫陈崇武，毕业于美国诺维奇军事学院骑兵科，极力邀请孙立人去长沙。此时陈嘉佑已是北伐军的一个军长，陈崇武也已被委任为骑兵团团长，所以邀请孙立人去帮他一起筹建骑兵团。当时陈崇武只有一百多副马鞍子，但孙立人在陈崇武家苦等了两个月，成立骑兵团之事依旧杳无音信，于是孙立人只好告别了这个仅有一百多副马鞍子的骑兵团团长。

鉴于当时蒋介石在与各路军阀和国民党派系的斗争中始终处于上风，而且既有美、英援助和江浙财阀的鼎力支持，又举着国民党中央和中央政府的旗帜，于是孙立人决定到了南京再另做打算。在南京，他听说驻蚌埠的军长方鼎英博学开明，素有儒将之称，于是专程去蚌埠求见他。

方鼎英，字伯雄，湖南新化人。清末入日本陆军士官学校，习炮科，学成回国后任教于保定军校。辛亥革命时，参加阳夏之役。

民国后不满北洋军阀黑暗统治，再赴日本深造，先后就读于东京陆军炮兵学校、千叶野战炮兵射击学校和东京帝国大学。1921 年学成归国，在湘军中任职，追随孙中山。1925 年应蒋介石之邀，到黄埔军校工作，后任代理教育长。以方鼎英的资历，在国民党军界当属佼佼者。黄埔军校是蒋介石的起家之地，教育长又是实际主持工作的职位，若非心腹之人，蒋是不会让其染指的。方鼎英虽然不是蒋的心腹，但他为人忠厚、办事沉稳，而且无野心，在当时军界各方口碑甚佳。蒋介石之所以委他以重任，正是看中了这一点。方鼎英果然不是等闲之辈，在他的主持下，黄埔军校得到了长足发展。“四一二”事变时，方鼎英同情共产党人，主张采取让共产党人安全离校的方式和平“清党”。事变后不久，方鼎英即辞去黄埔军校所兼职务北上谋职，后任国民革命军第四十六军军长兼津浦路运输总指挥。

不知是方鼎英不在还是刻意不见，反正孙立人没有见到方鼎英本人。一个参谋接待了他，说了一番客气话。或许这是秉承方鼎英的授意。但不管如何，这样的一个场面扎扎实实地给了孙立人一个难堪的冷遇。孙立人感慨地说：“烂死于泥沙，吾宁乐之，如俯首帖耳、摇尾乞怜者非我之志也。”

“投效”未果，孙立人只好重新回到了举目无亲的南京。经过了一个多月的东奔西跑之后，孙立人依旧求职无门。最终，万般无奈之下，在同学的介绍下，孙立人进入了中央党务学校担任上尉队长一职，兼做教员，教授桥梁学。中央党务学校成立于 1927 年 5 月，蒋介石任校长，戴季陶任教务主任，丁惟汾任训育主任，陈果夫为总务主任。该校标榜学理与实行并重，实行训育制度，进行严格的军事管理（它实际上是蒋介石为控制国民党党务，培养自己的党务人员而建立的，1929 年 6 月改称中央政治学校，由 CC 系把持）。当军训教官，虽不算从军，可也聊胜于无。孙立人虽然不十分满意，也只有迁就。

孙立人在中央党务学校干了大约一年。他和学生们一起吃饭，一起居住，一起运动，大家相处得很融洽。中央党务学校有三个学生队，另两个队的队长，一个毕业于黄埔军校，一个毕业于日本士官学校。三个队长，三种带兵训练的方式。孙立人是美国式，日本士官学校毕业的是日本式，黄埔毕业的是苏联式（主要因为在早期的黄埔军校，其军事顾问均是苏联人）。三人三种风格，却也能和平相处。

经过一段时间的工作，孙立人升任中校副大队长，协助上校大队长曾广棻进行军事教育。但是，孙立人很快便对中央党务学校复杂的政治环境和明争暗斗的风气感到厌倦和疲惫。本来孙立人是抱着初回国门对国情不太了解，需要多听、多看、多学的想法才进入中央党务学校就职的，面对如今的状况，孙立人开始想着离开。促使孙立人离开中央党务学校的另一原因，是因为中央党务学校是个培养文职人员的学校，军事管理与训练虽然很严，但毕竟不是主业。在这里任职不算是军人，而孙立人一直梦想当一名真正的军人。不久之后，蒋介石在南京小营成立新军，由冯铁裴主抓军事训练，孙立人看到了希望，旋即投入了冯铁裴的麾下。

1927 年 8 月，在国民党各派系的争权斗争中，蒋介石采取了“以退为进”的策略，通电下野。1928 年春，蒋介石在国民党内部派系争斗中胜出，任国民党中央政治会议主席、军事委员会主席、国民革命军总司令。同年 4 月至 9 月，蒋介石统军继续“北伐”，打败了奉系张作霖。10 月，蒋介石出任国民政府主席，集党政军大权于一身。12 月，张学良宣布东北“易帜”，蒋介石在形式上实现了中国的统一。1929 年初，国民政府召开编遣会议，蒋介石企图削减其他各派军队，扩充自己的实力，激起了冯玉祥、阎锡山、李宗仁等实力人物的强烈不满，矛盾日益激化。当年就爆发了蒋桂、蒋冯、蒋唐（生智）之间的战争。

冯铁裴练新军，就是在蒋介石削弱对方、扩充自己的背景下进行的。1928 年蒋从德国购买一批武器，聘请一批德国顾问为其训练新军。到 1930 年 1 月又成立了教导第一师，以冯铁裴为师长。冯铁裴，名宝桢，字铁裴，广东新会人，保定陆军军官学校第一期与北洋陆军大学第五期毕业。虽不是黄埔出身，但颇得蒋介石的赏识与器重，委以教导师师长之职。

初进教导师，孙立人仅是班长，对于一个毕业于美国正式军校，可授少尉军衔的军官来说，班长的职务确实低了些。就连黄埔军校的毕业生，一般初次任职也是排长。孙立人本是满怀希望进教导师的，可是进去不久，便感到失望。所谓新军只不过是“新瓶旧酒”，和其他军阀部队并无异样，死气沉沉，新军营长、连长皆抽大烟，部队干部人浮于事，尸位素餐。

> 新军，一个“新”字，也不晓得新到什么地步。……排长是个保定人，老保定，老是不客气地抽大烟。你说我沮丧不沮丧？说是新军，结果抽大烟，我只有做，只有忍耐了，既然要当军人，只有服从，还有什么话说？

尽管十分沮丧，孙立人还是坚持了下去，而且苦干实干，待在营房里一天到晚也不出去，别人不愿意干的事，他愿意干。这样，孙立人很快从班长升为排长、副营长。然而，坚持了一段时间后，孙立人实在是难以忍受，再次萌生了“跳槽”的想法。

这时，适逢国民党军事委员会成立宪警教导总队，总队长由美国西点军校毕业生温应星担任。温应星是广东新宁人（今广东台山）。1904年毕业后进入美国弗吉尼亚军事学校学习，后于1905年6月考入美国西点军校，是我国首批入学西点军校的二人之一。当时，为了西点军校能否接纳中国学生，美国国会还特别通过法案批准。当时，与温应星同届的同学中，有著名的戴维斯将军、艾克伯格将军、辛普森将军、巴顿将军（巴顿原比温应星高一届，因为数学不及格而留级，故与温应星同届毕业）等等。回国后，温应星先后担任过广州讲武学堂教官、孙中山先生的英文秘书、广州大元帅府第二科科长、中东铁路警务处处长、清华第五任校长、国民政府宪兵副司令、财政部税警总团总团长、行宪立法委员等职，报效祖国，表现优异。抗战胜利后，温应星定居美国。1949年，温不愿前往台湾，以中将军衔退休。温应星一生清廉自守，晚年甘于寂寞。1968年，温应星在美国去世，葬于西点军校墓园。葬礼现场上，由戴维斯将军亲自担任其荣誉护卫官。

正在孙立人苦于前途之时，温应星找到了孙立人，孙立人欣然接受了温的邀请，加入了宪警教导总队。总队成立之初，共有三个学生大队。第一大队由孙立人的清华同窗好友、毕业于美国诺维奇军校、后来成为孙立人生死之交的齐学启担任大队长，孙立人担任第二大队大队长，黄埔三期毕业的泌西任第三大队大队长。半年后，总队学生不断增多，由此总队决定成立部队，第一团团长由齐学启担任，不久又成立第二团。依校阅成绩，孙立人的第二大队最好，但第二团团长之职却授予了成绩平平的第三大队大队长泌西。一次，有些生病缺课的学生没有领到军饷，孙立人替学生据理索要军饷，得罪了克扣军饷、中饱私囊的军需处长。后被诬告成目无长官，违抗命令，于是当天下午温应星就撤销了孙立人的职务。

回国已有三年，孙立人东奔西走，上上下下转了好几个单位却无所作为。孙立人也想着报效国家，干好自己的本职，一展鸿图，无奈是空有抱负却无法施展，深感理想与现实之间隔了太大的差距。

披坚执锐，练兵海州

孙立人被撤职后，回到家中待了一个多月。赋闲家中，终非长久之计，于是孙立人再一次回到了南京。在南京，孙立人巧遇时任海陆空军总司令部侍卫总队长的王世和。王世和告诉孙立人侍卫总队副总队长一职目前空缺，如果孙立人愿意的话可前往就任该职。孙立人认为，王世和是黄埔一期，又和蒋介石是老乡，算得上是“天子门生”，所以能担任此职，而自己无依无靠，到了侍卫总队又很难实现他练兵的理想。但眼下苦于找不到工作，所以决定先暂就职侍卫总队，以后遇到机会再另作打算。于是就任了侍卫总队上校副总队长，负责训练。

侍卫总队实际上是蒋介石的私人卫队，侍卫总队士兵平常只是站岗放哨，从未受过系统的军事训练。孙立人到职后，重点强化队伍对突发事故、应急事件的处理能力和士兵的射击训练。在此期间，王世和带一部分侍卫队随蒋介石到外地“剿共”去了。孙立人留守，倒也轻闲。在任职侍卫总队期间，孙立人最大的收获就是认识了财政部部长宋子文。由此，他的军人生涯才出现了重大转折。

宋子文 1917 年留学回国后，在商界、银行界积极活动。1914 年，宋子文的姐姐宋庆龄与中国民主革命领袖孙中山结婚。1923 年孙中山在广州成立大元帅府后，便请宋子文管理财务。宋子文先后担任广东省财政厅厅长和国民政府财政部部长等职。1927 年，宋子文的妹妹宋美龄与蒋介石结婚。1928 年初，蒋介石恢复职权，宋子文便被提任南京国民政府财政部部长兼中央银行总裁。

民国成立后，盐税一直是各种政权主要的财政收入，北洋政府曾设立盐业警察，防缉走私、保护盐税和镇压盐工反抗。国民政府为稽查走私漏税，在各盐区设缉私队，但日久弊生，吃旷吞饷、卖缺藏索等事随处皆有，缉务日形废弛。1931 年 3 月，宋子文将淮北、淮南、浙江、山东、江苏、福建、湖南、鄂西、安徽等十一区的缉私机关，改归财政部稽核总所接收管理，并将缉私队汰弱留强，严加训练，改缩成税警总团。编制为六个团和六个独立营，约三万人，还设有一个由九名德国顾问组成的军事顾问团。税警总团实行军需独立点名发饷，服装枪械之购置，皆采用投标方式，由稽核总所直接购发，“一洗从前克扣侵吞卖私放私等种种积弊”。

宋子文成立税警总团，“其配备与正式军队不相上下，所有官佐均遴选学识经验优良之留学生充任”。税警总团首任总团长为王赓。王赓，字经卿，江苏无锡人。早年毕业于清华学校，后赴美留学，先后进入密歇根、哥伦比亚大学和西点军校就学。1918 年回国后在北京政府任职多年。税警总团成立前，王赓任淮北盐务缉私局局长。孙立人也是在此时被宋子文选中，委以税警总团中特务团上校团长之职的。宋子文成立税警总团，虽有整顿缉务、增加盐税的需要，但也未尝不是在培植个人势力，甚至是寻求武力凭借。在当时的中国政坛立足，没有枪杆子做后盾，不仅尽受欺侮，甚至无法生存。宋子文虽贵为“皇亲国戚”，亦难免有此种忧虑。所以，他也找德国顾问与留美军事人才来组织税警。税警总团虽算不上正规部队，但由于有财政支持，因而待遇好、装备精良。税警总团团部一开始设在蚌埠，后移防淞沪。税警总团的任务是防止淮鲁各区驻军护运私盐、强提税款。据说成立后不久，“军队护私、提款之风，亦已敛戢”。

1931年12月26日，南京国民政府将税警总团作为战时建制划给警卫军第二师（师长俞济时），任命王赓为二师独立旅旅长，赵君迈为该旅第一团团长，古鼎华为第二团团长，张远南为第三团团长。第一团团长赵君迈是美国诺维奇军校毕业生，与孙立人在美国即相识，他力荐孙立人也来税警总团。于是1932年1月20日，孙立人辞去侍卫总队上校副总队长之职，被任命为税警总团特务团上校团长。特务团下辖通信、运输、机枪、小炮、工兵、骑兵、防毒等七个连。九个月后，由于校阅成绩优良，宋子文满意，特务团扩编，正式改称步兵第四团，仍归税警总团，孙立人也由特务团团长改为第四团团长。特务团原只有步兵营，孙立人请示宋子文，将税警总团独立第六营编入第四团，使其成为一个足额的步兵团，在此后的六年时间内，他始终和第四团在一起。

孙立人早年饱尝了报国无门之苦，直到担任税警第四团团长时才得到了充分展现才华的机会。由于四团比特务团在编制上大得多，是战斗单位，因此，孙立人在新的工作岗位上感到十分振奋。

税警第四团团部设在赣榆，一面临海，同时与连云港毗邻，泗河出海，适合训练两栖部队，这正是孙立人多年来梦寐以求的理想场所。至于武器装备，全是宋子文先生直接由德国和捷克买来的。

孙立人接掌税警第四团后的第一项工作是调整队伍。新加入的独立第六营下辖四个连，营长葛南杉中校，留学法国，文武兼备。连排长大都出身行伍，参加过北伐战争，有实战经验，但素质不高。特务团的两个营由缉私队改编，没有战斗经验，但其连排长大都出自陆军军官学校，受过正规军事教育和训练。这两部分可以说是互有优长。为使各营素质基本一致，他将原来营的建制打乱，重新编组。具体是将独立第六营改为第四团第一营，其第一连留下，第二、三连编入第二营，第四连编入第三营，第二、三营拿出三个连编入第一营。编后，第一营营长为葛南杉中校，第二营营长为唐守治少校，第三营营长为张在平少校，由于各连连长全部留任，使队伍调整后官兵心理稳定，特别是新编入的官兵，人心安定。全团自此风气和谐。

税警第四团编组完成后，孙立人便着手加强对队伍的训练，以提高全团的军事素质与战斗力。孙立人将带领第四团作为他军旅生涯的新起点，看成从事今后事业的本钱，因此制定了一套完整、长远的练兵构想。而这个构想也得到了宋子文的大力支持。

为加强部队军事训练，孙立人将部队的驻扎地与训练场设在了既远离大城市的喧嚣和浮躁，又拥有较为便利交通的江苏海州南城。海州南城选址得到了宋子文的首肯。为此，宋子文特令盐务总局专门拨款在这里建造了一个加强团的新营房。营房有墙有郭有水沟，四周有瞭望亭。营区内规划整齐，地形开阔，树木葱茏，设施齐全，甚至冬天还有热水淋浴，这在当时是十分稀罕的事。所有房屋都有上下两排窗子，空气通畅。特别是每个连都有各自的操场，营门前后即为战术演习场及射击场，整个营区及营房让人隐约看到了弗吉尼亚军校的影子。营房建造期间，孙立人经常到营区巡视工程，在美国留学时学到的土木工程知识在这里派上了用场。

孙立人以“管理严格、训练严格、人事公开、经济公开”为治军原则，号召全团官兵要做到“五要”，即：一要有铁一般的体力；二要有钢一般的毅力；三要有高尚的道德和敏慧的智力；四要有勇敢牺牲的精神和决心；五要有铁的纪律和艰苦朴素的作风。他经常引用曾国藩和胡林翼的治兵语录并加以考核，作为自己练兵的“理想根据”。他以“义勇忠诚”为团训（随着自己官阶的升迁，后又成为新三十八师师训、新一军军训），勉励官兵们学习岳飞“精忠报国”。他请父亲孙熙泽作词，由当年清华同学、已成为音乐家的应尚能作曲，编了税警第四团团歌供传唱。歌词是：

吾团欲发扬，精诚团结毋欺罔，矢志救国亡，猛士力能守四方。不怕刀和枪，誓把敌人降，亲上死长，效命疆场，才算好儿郎。第一体要壮，筋骨锻如百炼钢，暑雨无怨伤，寒冬不畏冰和霜。劳苦是故常，饥咽秕和糠，卧薪何妨，胆亦能尝，齐学勾践王。道德要提倡，礼义廉耻四维张，谁给我们饷，百姓脂膏公家粮。步步自提防，骄纵与贪赃。长官榜样，军国规章，时刻不可忘。大任一身当，当仁于师亦不让，七尺何昂昂，常将天职记心上。爱国国必强，爱民民自康，为民保障，为国栋梁，即为本团光。

在部队的训练上，孙立人十分注重“基本教练”。所谓“基本教练”，包括各种兵器的操作与连以下以至单兵的各种基本动作，其本意在养成军人仪态，奠定战斗技能的基础。对于“基本教练”，他不但训练密集，要求严格，而且坚持不懈。几年后，他甚至可以从四五十个一起行走的税警总团士兵的体形步态中，分辨出哪一个是第四团的（第四团的士兵平时守卫、行军作战都背背包，故而肩自然后张。平时走路按规定后颈要紧贴后衣领，行进时不能左顾右盼，步伐速度每分钟要快于一百一十五步）。这便是坚持“基本教练”的成效。“基本教练”中，孙立人最重视体能训练、射击训练和战术训练。

体能训练，除每天清晨要跑五千米外，他还长期聘用优秀的体育教官，训练课目中有多项体育项目如四百米跑、三千米障碍跑及器械操等。他还带领全团到连云港去练游泳。他的全部士兵都会游泳。无论是狂风还是大浪，四团士兵都不怕。海州练兵的后期，1937 年夏，孙立人搞了个行军训练计划，每周实施两次，初期是每日（夜）行程三十公里，然后增至四十五公里。第二期是官兵全副武装，即官兵一律背背包（内含子弹五十发，炒米每人两日份，手榴弹两枚，圆锹或十字镐，军服及换洗衣裤等日用品，背包重 9.5 公斤）、干粮袋、水壶、子弹带（内含子弹一百发）及枪支与配件；开始一次行军二十五公里，后增至三十五公里。

射击训练，就是要让士兵学会使用各种步兵武器，如步枪、轻机枪、重机枪、手榴弹、轻型迫击炮等。第四团教练用武器，除步枪外，均集中使用，并设置多数射靶，使受训者能同时射击，既节省时间，又能验收整体作战实习的效果。在最后实施各种姿势目标的射击，以增强动作的连续性。孙立人对这种训练课目要求异常严格，尤其是基本武器的步枪。他时常集合军官们亲自指示动作，在士兵教练时也常亲自到场督练，纠正姿势或自我示范。此外，他极重视射击预习与武器保养，他常对官兵训示：

> 我们是工业落后的国家，自己不能制造足够的械弹装备，大部仰赖外国，所以对于弹药必须珍惜，不能做一颗无益的消耗，因此受训者必须射击预习达到一定水平，才能参加实弹射击。并且在每次举行实弹射击前，必须先做射击预习，反复磨炼，才能体察精微，达到炉火纯青的境地。

对于武器保养，孙立人认为武器如能擦拭得清洁，保管良好，不但可以维持原来的寿命和精度，还能增加杀敌的信心。为此，孙立人还特地研制出一套擦枪法和擦枪工具。十几年后，孙立人在台湾凤山练兵时，从新一军带了四百支毛瑟枪，而这些枪是在税警团时发放的，历经多次战事，依旧完好如初。

为鼓励士兵提高射击技能，每年年终，孙立人还在全团举行一次射击实弹考试。各连在统一规定之内，选定优秀射手应试。凡成绩达到某一标准者，一年之内每月可得射击津贴两元至四元（当时上等兵每月津贴十二元、一等兵十一元、二等兵十元）。一年届满重新考试。若连续几年都得到津贴，除照规定每月领取射击津贴之外，还可获得射击奖章。这样，连排长和士兵们的射击热情大大提高。

战术训练。孙立人注重各种气候、各种条件下的部队实战能力。以“白刃战”训练为例，孙立人把“基本劈刺”“应用劈刺”“近战劈刺”“夺枪夺刀法”讲授得头头是道，并亲自示范。他要求官兵事事养成平时与战时一个样的习惯。无论是课堂还是操场、野外，或演习的战场，也无论是烈日、风雨、夜晚，都坚持从实战出发，一丝不苟地进行训练。他把弗吉尼亚的生活方式应用到实战训练中，特别强调“适应”，强调“磨炼”，强调以智力、毅力、耐力去战胜敌人，赢得胜利。

在严格训练之余，孙立人也非常关心官兵生活。他十分重视官兵生活的安定与伙食营养，规定营房里不能有苍蝇，否则连队的司务长会受到处罚。各连组织伙食委员会，监督执行伙食标准，保证士兵每人六元的伙食费能吃到口，而且不准伙食费有剩余。孙立人认为，充沛的体力是部队进行并承受严格训练的基础。在国民党的其他军队中，军官冒领克扣挪用贪污之行为比比皆是，第四团官兵不仅能吃饱肚子，而且每月能有剩余津贴，实属少见，足可见孙立人为官之清廉。当时中国军队的医药不发达，士兵中总有些人患病不愈或体力难支，不宜再当军人。团里每三至四个月，经连长与医官签呈淘汰一批。对于这些被淘汰的士兵，孙立人每每必发函至士兵家中，并派人护送至其家乡附近的城市，以免其在外流散或中途遇险。因此，许多士兵病愈之后仍乐于返回第四团，因为他们觉得第四团“有人情味，有安全感”。

孙立人待人平易，没有长官盛气凌人的架子。士兵训练时没做好，他从不动粗呵斥，而是耐心纠正，对部下也不苛求。孙立人信任部下，用人不疑。在孙立人的第四团里有个与众不同的规定，即军官出营门，无须假条，只须在卫兵室登记外出与归营时间即可。孙立人认定军官无事不会外出，有事请假太过麻烦。他的这种想法与做法，反而使军官们知道谨慎自重。在海州的几年里，他从未提及过有人外出不当或次数太多的事情。

孙立人练兵的另一大特点是：让士兵吃苦，自己也跟着吃苦。孙立人坚持“其身正，不令则行。其身不正，虽令不行”的传统观念，事事以身作则，全团官兵莫不敬佩心服。所以不管训练多累，部下从无半点怨言。孙立人接受的是美国军事教育，而当时国内这种军事人才可谓屈指可数。训练中，他有许多做法与中国军队以日本陆军操典为蓝本制定的操典不尽一致，故时人称他的训练方法为

“孙氏操典”。1932年，“南昌行营”举行过一次射击比赛，参加的部队有四十多个师、一百二十多个团，结果孙立人团不但以压倒性的优势夺得团体第一名，而且在个人成绩的前十名中，有七名是税警第四团的神枪手。由此可见，孙立人所训练的部队，在国民党部队中确实是“鹤立鸡群”。

几度风雨几家愁

从1930年到1935年，孙立人的家庭经历了一系列动荡和变故。先是1930年10月17日，孙立人和芳龄十七岁的张晶英小姐在上海结婚。然而，早在1920年，当时年仅二十岁的孙立人和十八岁的同乡龚夕涛经孙立人的父亲和龚夕涛的哥哥做主，已经结为夫妻。

孙立人的父亲孙熙泽中举以后，初授福建龙泉教谕，鉴于当时孙熙泽母亲年事已高，为此孙熙泽辞去了这一职务。随后，孙熙泽历任警察学堂学监，山东济南、烟台地方审判厅丞，署理登州知府兼署登莱青胶道。民国成立后，孙熙泽仍旧担任登州府知府，又任山东全省高等审判厅厅长，北京政权国会议员、总统府咨议，中华大学副校长和吉林、安徽等五省的烟酒专卖事务局局长，还在东北办过实业，与沙俄资本家合资开采煤矿。龚夕涛的哥哥龚积炳，字伯衡，合肥人，是清光绪辛丑年科举人，最初供职于山东东昌府，督修河道，又入法政学堂深造，毕业后亦任山东审判厅厅丞，旋做山东提法使、盐运使，秘密加入同盟会。民国成立后，历任山东省财政厅厅长、司法筹备处处长、内务司司长、东临道尹、济南道尹、青岛座办，1925年任山东省省长。

孙熙泽和龚积炳既是同乡，又是同属北洋军阀中的皖系。皖系北洋人物有个特点，即不论在京城为官还是放职外地，都在天津有房子。赋闲也好，解职也好，在任休憩也好，都到天津小住。这里既靠海又近京城，信息灵通，交通便利。皖系首领段祺瑞亦常住在天津。孙熙泽和龚积炳同在山东任职之初，就曾互换庚帖，结为兄弟。回天津时，两人也过从甚密。

在济南和天津任职之时，孙熙泽经常到龚积炳家做客，由此也认识了龚积炳的妹妹龚夕涛。龚夕涛小孙立人两岁，中学毕业后即长得亭亭玉立，秀外慧中，俨然大家闺秀。孙熙泽认为龚夕涛若能嫁给孙立人，不仅是天造地设，两家关系也更为紧密。因此，孙熙泽也向龚积炳表明了自己的想法。孙熙泽开口有心，龚积炳想想也有此意。两人一拍即合，当即定下了这门亲事。

龚积炳、龚夕涛的父亲龚彦师，字厚庵，生于合肥北乡双墩（今属长丰县）一个普通的农民家庭，当时家境并不好，龚彦师流落他乡，当过学徒，在药房打过杂。后来龚彦师在生意上渐渐发迹，花钱捐了个直隶交河知县。任内，龚彦师缉捕了当时危害地方的一江洋大盗，为朝廷所嘉奖，在任所和家乡也都颇有名气。龚夕涛是龚彦师的第三个也是最小的女儿。龚夕涛年幼之时在私塾读书，后在济南、天津女中上学。按照当时中国的传统，龚夕涛出嫁前先回到家乡，孙家派人到合肥来再将其接到庐江。龚夕涛与孙立人婚后即住到孙家。在那个时代，高中、大学学生结婚是很自然的事。孙立人婚后住在学校，只是周末回家中与妻子团聚。龚夕涛侍奉老人贤惠孝顺，颇得孙家欢心。

从 1923 年到 1928 年，孙立人出国留学。在这留学和游历欧美的五年时间里，孙立人和龚夕涛时不时鸿雁传书，彼此牵挂。1928 年，孙立人回到中国，久别重逢，小两口也是欣喜异常。但是，留洋归来的孙立人逐渐发现自己与龚夕涛之间的共同语言越来越少，沉默的氛围让孙立人备感疲惫。

孙立人在南京任职时，父母与龚夕涛俱在上海居住，而自己又不可能天天跑回上海，闲来无事之时，孙立人偶尔会去舞会跳舞打发时光。在一次舞会上，经过一位军官的介绍，孙立人认识了当时还在南京汇文女子中学读书的张晶英，年轻漂亮又充满活力的张晶英当即就给孙立人留下了很好的印象。

张晶英出生在湖南的一个大户人家，后跟随父母来到南京。从小学到中学，张晶英逐渐出落得落落大方，宛如出水芙蓉。张晶英天性率真，灵巧好动，喜欢骑马、游泳、打球、跳舞、唱歌。在当时的那个年代，张晶英可以算得上是新潮女性。而这一切，也自然令孙立人深陷情网，怦然心动。由此，两人开始频繁约会并且闪电般地建立起地下恋情。

自孙立人外出留学起，结发十载，聚少离多，龚夕涛早就隐隐约约地预感到两人婚姻的崎岖坎坷和各种考验，也做好了充足的心理准备。可是真当孙立人把想娶张晶英进门的想法和盘托出时，龚夕涛却也不禁潸然泪下。尽管痛苦万分，龚夕涛却不得不接受这一突发的现实。

在那个时代，娶二房，找姨太太，对官宦大户人家来说是很寻常的事。尽管蒋介石已经在倡导所谓“新生活运动”，但在这方面似乎没有具体“界定”，而经历过欧美教育的孙立人对于一夫一妻制则更是不屑一顾。但是，尽管孙立人坚持要娶张晶英，孙立人的父母却十分不满，与其说看不惯儿子，倒不如说是怜爱在身边朝夕相处、晨暮请安的儿媳妇。为此，孙熙泽脾气火暴起来时是又踢又打，然而孙立人是“咬定青山不放松”，决意迎娶张晶英，孙熙泽也是无可奈何。

龚夕涛把痛楚埋在心底，侍奉公婆，代孙立人尽孝心。而在外另住的孙立人时不时也还回到父母和龚夕涛身边，时间长了也就相安无事。孙立人在海州练兵期间，龚夕涛还去看望过他。1934 年到 1935 年，因两件生活中的巧事，似乎应了佛所说的缘分，张晶英开始信佛，以后几十年坚定不移。她晚年在台湾还担任中国佛教会常务理事和佛光山八品功德主。

自离开家乡北上赴京起，孙熙泽长年在外做官，一直未能返回安徽庐江老家。随着年事日益增高，孙熙泽返乡居住养老并终老故土的心愿日渐加深。为此，1932 年，孙熙泽把家从南京搬回了庐江。其实早在五年前，孙熙泽就已经在庐江金牛乡下大兴土木，建好了新的庄园，并为孙氏子孙建起了一所“养正小学”。

孙立人四岁时，其生母方氏因病弃世，而其棺柩一直暂厝未下葬。孙立人老家一带素有“浮厝”和“大寒落土”之习俗，即在寒冬天择日下葬生母，子孙后代在坟前祭拜。为此，1934 年农历大寒过后，孙立人即请假一月，回庐江金牛安葬方氏。这次，孙立人有机会在家乡住一段时间，早早晚晚和父亲、继母及乡邻在一起，炉边叙旧，把盏温诗，别有一番情趣。孙立人还登金牛山，游巢湖，深为故乡山美水秀、民风淳朴所感染。

在返乡居住三年后，1935 年 7 月 20 日，孙熙泽病故于金牛孙宅。是时，孙立人正在海州练兵。接到电报后，孙立人随身携一个武装排，立即从海州赶回奔丧。福无双至，祸不单行，仅仅就在孙熙泽病故三天后，孙立人继母亦撒手西去。于是出殡时双棺并行，合葬于金牛山西南约二十公里龙池山下柯家坦龙灯桥。葬仪结束后，孙立人带走了替自己为父母养老送终、持家尽孝的龚夕涛。

抗战爆发后，孙立人奉命率部到上海前线，龚夕涛则在日本人占领南京前回到合肥娘家。合肥沦陷在即，龚夕涛又随兄长到嫂嫂娘家合肥东乡青龙场。后来，当抗日烽火燃烧在江淮大地之时，龚夕涛挺身而出，为抵御外侮竭尽全力。在担任青龙场“妇救会”主任期间，龚夕涛多次登台演讲为抗日募捐，做军鞋，纺棉花，贴标语。安徽部分沦陷后，淮南铁路线路东、路西一带成为新四军游击抗日区域，日本人经常下乡“扫荡”，而此时龚夕涛的兄长们也已先后参加抗日军队，无暇顾及龚夕涛的安全，不得已，龚夕涛又于 1940 年返回金牛婆家。所幸，留守金牛的亲眷及门人长工对龚夕涛都很好。金牛镇地处偏僻，日军较少涉及，倒也比较安全。

抗战胜利后，1947 年，龚夕涛还带着两个娘家侄女去南京孙立人家和孙衡人家小住。回安徽前，孙立人还给龚夕涛送了手表、皮包等礼物。中华人民共和国成立后，龚夕涛一直随兄长一家生活，日常开支均由其兄担负。1981 年 2 月 8 日，龚夕涛病故于合肥光荣新村，终年七十九岁。终龚夕涛之一生，可以说，为了孙立人一家，她牺牲了自己一辈子的幸福与快乐。对于龚夕涛，孙立人也是十分愧疚。孙立人晚年从台湾传到大陆的信件及其子侄、部属写来的信件中都能看到孙立人的自责与后悔。孙立人说龚夕涛“是一位很有教养的大家闺秀。她为孙家只是牺牲奉献，一生最对不起她”。“我这一辈子做得最对不起人的两件事中，一件是对不起她。”

喋血淞沪

20 世纪 30 年代，日本侵略者加紧了对中国的侵略。在民族危亡的关头，蒋介石不顾国内民众抗日救亡的呼声，依旧坚持“攘外必先安内”，将所有精力集中在“围剿”中国共产党领导的工农红军和革命根据地上。自 1930 年中原大战结束后，蒋介石便开始集中兵力“围剿”工农红军。从 1930 年 11 月至 1931 年底前后，蒋介石先后发动了三次“围剿”战役。与此同时，也就是在孙立人刚刚加入税警总团不久，就发生了“九一八”事变和“一·二八”淞沪抗战。

1931 年 9 月 18 日夜，日本关东军秘密派兵炸毁沈阳北郊柳条湖附近的一段铁路，伪造现场，反而诬称此乃中国军队所为，并以此为借口，向东北军驻地北大营和沈阳发起进攻。在日军的突然袭击和蒋介石的“不抵抗”政策下，十余万东北军纷纷撤退。19 日早晨，日军几乎不费任何力气就占领了沈阳。随后，日本继续扩大战争，相继占领了营口、吉林等地。一个星期内，辽宁、吉林两省基本被日军占领。11 月，日军侵占黑龙江省主要城镇；1932 年 1 月 3 日，日军占领锦州；2 月 5 日，日军占领哈尔滨。至此，东北三省全部沦陷于日军之手。

在侵占了中国东北之后，日本帝国主义为转移国际上对中国东北问题的注意力，逼迫国民政府承认其占领东北的既成事实，又在上海进行军事挑衅。在全国人民一致要求抗日的呼声下，面对国民党内部反对派的咄咄气势，蒋介石不得不将其嫡系部队撤离京沪，从江西调蒋光鼐任总指挥的第十九路军接防。同年 12 月，蒋介石被迫辞职下野。

十九路军源于北伐时期由李济深统领的第四军，大多数官兵都接受过大革命思想的洗礼，有一定的爱国觉悟。接防上海后，在上海抗日救亡运动的鼓舞下，十九路军将士更是士气昂扬，决心坚决抵抗日本帝国主义的侵略。

1932 年 1 月 18 日，日本僧侣天崎启升等一行五人，在上海杨树浦向三友实业社总厂正在操练的工人义勇军寻滋挑衅，引起双方冲突，两名日僧被殴伤。事后，日方谎称一名日僧伤重致死，指使日侨青年同志会一伙暴徒于 19 日深夜焚烧三友实业社，砍死砍伤三名中国警察。20 日，日本又煽动千余日侨集会游行，强烈要求日本总领事和日本海军陆战队出面干涉。27 日，日本总领事村井苍松向上海市长吴铁城发出最后通牒，要求中方道歉、惩凶、赔偿和解散抗日救国会。日军驻沪海军司令盐泽幸一更是提出了撤走闸北中国驻军的无理要求。本来，吴铁城秉承蒋介石的指示已经接受日方的全部要求。但日本不顾道义，于 1 月 28 日夜向驻闸北的第十九路军发动突然袭击。此时，负责淞沪防务的第十九路军军长蔡廷锴毅然下令还击，“一·二八”淞沪抗战于是爆发，战事开始。

驻沪日军有海军陆战队一千八百余人及日侨武装四千余人、飞机四十余架、装甲车数十辆，分布在虹口租界和杨树浦，另有海军舰只二十三艘游弋在长江口外和黄浦江上，由盐泽幸一指挥。第十九路军三个师共三万余人，第六十师、第六十一师分驻苏州、南京一带，第七十八师两个旅驻守上海。1 月 28 日午夜，日本海军陆战队分三路突袭闸北，攻占上海火车北站等地。蔡廷锴指挥防守市区的第一五六旅与宪兵十六团密切配合，打退了日军的进攻并收回了上海北站。日军败退租界后，通过英、美等国领事出面调停，与中国政府达成了停火协议，企图缓兵待援。2 月初，日军从国内增调陆战队七千人和陆军久留米混成旅团、海军第三舰队援驻上海，由第三舰队司令野村吉之郎接替盐泽幸一代为指挥。随后，日本破坏协议再次发起进攻，战线由闸北逐步扩展到江湾至吴淞一线。蒋光鼐急调第六十师、第六十一师参战，再次挫败了日军的攻势。2 月中旬，日本内阁又调陆军第九师团参战，改由第九师团师团长植田谦吉指挥。为支援十九路军作战，第五军军长张治中主动请缨抗日，率所部第八十七师、第八十八师及中央陆军军官学校教导总队奔赴上海，布防于江湾、庙行、大场一线。与此同时，宋子文亦派税警总团由苏北开到上海参战，协助十九路军防守江湾、大场以南及上海市区。中国守军密切配合，利用长江三角洲水网地带及既设工事顽强抗击，迫使日军中止进攻。2月下旬，日本内阁决定组建上海派遣军，派前陆军大臣白川义则任司令官统一指挥，再调陆军第十一、第十四师团增援，总兵力增至九万人，军舰八十艘、飞机三百架，战斗力骤增。而中国守军总兵力不足五万，装备又差，且经一月苦战，伤亡严重，后方官兵虽纷纷请战，但蒋介石决意不再向上海增兵。3月1日，日军一路攻打淞沪，一路溯长江而上，从浏河口、杨林口、七丫口登陆，包抄中国守军后路。中国守军腹背受敌，苦战难支，被迫退守嘉定、太仓一线，战事暂时告一段落。此时，日本正以全力巩固其在东北三省的占领地，无力再扩大侵略。而蒋介石心目中的敌人是工农红军，也不愿在对日作战中消耗自己的兵力。为此，在英、美、法、意等国调停下，5月5日，中日双方经过谈判，中国政府与日本签订了丧权辱国的《淞沪停战协定》。不久，十九路军即被调往福建“剿共”。

孙立人随税警总团从苏北开赴上海后，划归十九路军帐下，由军长蔡廷锴指挥。税警第一团被配属七十八师，第二团配属六十一师，第三团配属六十师。孙立人的第四团虽然移师至上海，但不知何故，并未参加战斗。尽管未能参与抗日战争，但是此次战役对他影响颇大，在爱国心及军人责任感的驱使下，孙立人决心以更大的精力投入到部队训练中，以便日后更好地为国效力，斩杀日寇。回到海州南城后，孙立人“就告诉官兵当时日本人在亚洲的企图，及对中国领土的野心，要全体官兵立定决心。参加第四团不是抓盐贩子，我们今后要苦练战技，才能打日本人，我们今后全体的目的只有一个——打日本人”。“打日本人”成为孙立人精心训练部队最重要的动力。

“九一八”事变和“一·二八”淞沪抗战后，蒋介石仍旧坚持先“安内”后“攘外”的方针，消极抗日，积极地围追堵截中国工农红军，蒋介石甚至公开声称：“中国亡于帝国主义，我们还能当亡国奴，尚可苟延残喘；若亡于共产党，则纵为奴隶，亦不可得。”在前三次“围剿”接连败于工农红军之后，1932 年 6 月，蒋介石在庐山召开赣、闽、豫、鄂、皖五省“剿匪会议”，提出“三分军事，七分政治”的“剿匪原则”。1933 年 6 月，蒋介石在南京再次主持召开“剿匪”会议，制定了“战术上守势，战略上攻势”和“步步为营，稳扎稳打”等新的战略战术，同时提出了封锁苏区、修路、筑碉、推行保甲、编练地区团等配合“围剿”的措施。1932 年 7 月至 1933 年 3 月，蒋介石再次调集五十万兵力，对鄂豫皖、湘鄂西和江西苏区进行了第四次大规模“围剿”，攻占了鄂豫皖和湘鄂西等苏区。以 1933 年 3 月下旬进犯广昌的国民党军第十一师萧乾部被红军第五军团围歼，在东陂的第九师、第五十九师遭红军堵击，而增援的新编第三十七师师长郭炳生被击毙为标志，国民党军在江西再次遭到失败，蒋介石第四次“围剿”失败。

1933 年 10 月，蒋介石亲自坐镇南昌，再调五十万军队，自任总司令，第五次“围剿”江西中央苏区红军。当时，中央红军虽已发展到八万人，但只有四五年的历史，仅仅具备打游击战和在有利条件下进行运动战的能力，而且中央红军在数量上仅有国民党军队的十分之一，装备上则更加不能与之相比。然而，中共临时中央领导人却完全忽视了这一事实，错误地认为红军已强大到足以和国民党军队一决胜负的程度。当时临时中央的主要领导人在军事上基本是外行，便对共产国际代表李德奉若神明，唯李德马首是瞻。李德参加过第一次世界大战，熟悉阵地战等正规战法。但是，阵地战这一战法却完全不适合当时年幼的中央红军。结果，红军以堡垒对堡垒，寸土必争，陷入了国民党军的碉堡合围之中，完全处于被动。1934 年 10 月，中央红军被迫放弃苏区，实施战略转移，走上了两万五千里长征。

在第五次“围剿”作战中，税警总团也应招参加了战斗。税警总团在“围剿”中配属北路军第一路军（总指挥由北路军总司令顾祝同兼任，代总指挥刘兴）。北路军分第一、第二、第三路军，由第三路军（总指挥陈诚）担任进攻主力，第一、第二路军均为策应部队。

孙立人的第四团担负永丰附近十余公里交通线的安全护卫任务。第五次“围剿”中，蒋介石采纳其德国军事顾问塞克特的建议，采取步步为营、层层筑堡、联以公路、稳扎稳打的战术，与红军打持久战、消耗战。北路军的碉堡封锁护卫线东起资溪，西至泰和，绵延几百里，孙立人率领的税警第四团守护的是一段新开通的公路。第十九路军“福建事变”时，红军曾向永丰地区短促突击，此后虽时有一些零星战斗，但终究没有大的战事。

江西“剿共”结束后，孙立人又奉上级指示，率税警第四团于1935年开往浙江遂昌一带“缴匪”数月，然后回到苏北海州。其间，孙立人认为“除完成维护交通安全任务外，其他收获不大”，因此，“围剿”的那段岁月，孙立人并不开心。1936年，为使第四团逐步具备对日作战能力，孙立人选定距离赣榆县东南方向约六十里的吴山作为训练场所。吴山一带属于荒郊野岭，附近罕有人烟，三十里之内连香烟也买不到一包。在荒山野岭之间，孙立人命令部队架起帐篷，开始了以搜索警戒、行军、夜间行动为主要内容的训练。几个月内，孙立人与全团官兵风餐露宿。通常部队日间行军三十公里，然后在野地中休息六小时，接着再夜行军，中途预设敌情，进行搜索警戒训练直至翌日拂晓，再行军十至十五公里，第二天休息，以后再重复实施。在如此连续高强度的训练中，孙立人与部队形影不离，事事亲力亲为，以身作则。1937年夏，中日关系日趋紧张，税警总团按照上级战备要求，移师驻守新浦至连云港一带，修筑国防工事，防备日军登陆。

1937年4月下旬，日本华北驻屯军开始在平津近郊频繁举行战斗演习，战争一触即发。7月7日，日军借口演习时失踪一名士兵，突然发动了对北平西南卢沟桥的进攻，当即遭到宋哲元部的二十九军三十七师何基沛旅吉星文团金振中营的奋起反击。

“卢沟桥事变”爆发伊始，毛泽东即主持中共中央政治局会议，认为这是日军大规模发起对中国进攻的开始，并于8日通电全国，拥护二十九军抗战，主张发动全民族立即对日抗战。9日，红军将领致电蒋介石，要求全国总动员，并代表全体红军将士请缨杀敌。此后，中共中央拟定国共合作宣言。“卢沟桥事变”使国民党很难对日本再作退让，不久，蒋介石在南京发表谈话，公开承认中共合法，共赴国难。7 月 17 日，蒋介石在庐山发表谈话：

> 我们的东四省失陷，已有六年之久，现在冲突地点已到了北平门口的卢沟桥。如果卢沟桥可以受人压迫强占，那么我们百年故都，北方政治、文化的中心与军事重镇北平，就要变成沈阳第二……北平若可变成沈阳，南京又何尝不可变成北平！

最后，蒋介石表示：“如果战端一开，那就是地无分南北，年无分老幼，无论何人，皆有守土抗战之责任，皆应抱定牺牲一切之决心。”发表此番谈话的前后，蒋介石在庐山连续召开军事会议。蒋介石对这次事变的宗旨是：“不挑战，必抗战。”为此，军事会议确定了以蒋介石为大元帅的战时体制，指令参谋本部编制抗日战争爆发后各个战区所属集团军、军、师及独立旅的战斗序列。

其实，早在华北事变之后，国民党政府为抵御日本侵略，曾进行了一些备战工作。但军事当局预计中日战争将在 1938 年爆发，因而各项备战措施的完成大多以 1938 年为限。截至抗战爆发前，国民政府下属陆军编制为四十九个军、一百八十二个步兵师、四十六个独立步兵旅、九个骑兵师、六个独立骑兵旅、二十个独立骑兵团、四个炮兵旅、二十个炮兵团，六百辆战车，总兵力二百万人。囿于长期历史上造成的原因，中国军队并不统一，除了蒋介石的嫡系部队及北伐跟随蒋介石以及在与蒋作战中遭到失败被改编的部队外，还有大量的地方军阀部队，编制不统一，武器装备更是千差万别。1936 年初，国民政府军事委员会决定对全国陆军的编制和装备进行整顿，预计至 1938 年完成六十个调整师。然而，直至“卢沟桥事变”爆发，国民政府只完成了五十个调整师。调整师采用三三编制，人员和武器装备为：官兵两万零九百二十三人，步枪三千八百余支，轻重机枪三百二十八挺，各式火炮与迫击炮四十六门，掷弹筒二百四十二具。海军方面，海军在抗战爆发前共有舰艇百余艘，总吨位不到八万吨。舰艇大都是清朝遗留下来的旧式舰船，装备落后，火力配备弱，不足以与总吨位达七十七万吨的日本现代化海军抗衡。空军方面，抗战爆发前中国空军有战斗机二百一十二架、侦察机二百五十七架、轰炸机二百五十七架，全部购自外国，型号多样，新老不一，真正有作战能力的不过三百余架。

从日本军事实力来看，自甲午战争战胜中国，日俄战争再胜俄国，“九一八”事变又几乎兵不血刃侵占中国东北三省，日本军方狂妄至极，军备建设从未把中国军队放在眼里，而是把苏联红军陆军和英美海军作为参照对象。为此，日本陆海空军实力都得到了大大的加强。自抗战爆发，日本海军已仅次于英、美，居世界第三位。日本陆军虽然只有十七个常设师团，总计三十八万人，但预备役、后备役制度完善，一百六十余万预、后备兵力可在短时间内应征入伍。其常设师团的人员编制和武器装备相当强大。按其标准，每个师团下辖两个旅团，每个旅团下辖两个步兵联队，另外每个师团还直辖骑兵、炮兵、工兵、辎重兵等四个联队及通信队、卫生队等，作战时还配属一个战车大队，人数 2.4 万或 2.8 万。武器装备为步枪九千八百五十支、轻重机枪三百九十四挺、掷弹筒三百零八具、火炮（不含迫击炮）一百零四门、战车与轻型装甲车六十辆。从中日军力对比中可以看出，一个日军步兵常设师团的人员，特别是武器装备，相当于三个中国陆军步兵师。此外，再加上训练等方面的因素，中日双方军事实力相差确实悬殊。

鉴于日本国土狭小，资源缺乏，北方又面临强邻和宿敌苏联，日制定的对华作战战略方针是利用其优势的军力，在华北平原与中国军队进行速决战，一举击溃中国军队，迫使中国政府投降。

1937 年 7 月 26 日，日军完成对北平、天津的作战部署后，华北驻屯军司令香月清司向冀察政务委员会委员长、平津卫戍司令宋哲元发出最后通牒，限二十九军三十七师撤出北平市内及西苑，如不遵办，即采取自由行动。宋哲元请示南京国民政府军事委员会后，于27日晚发出“自卫护国，不惜牺牲”的通电。7月28日，日军发起对北平的进攻，宋哲元下令迎战。结果，不到五六个小时，二十九军军部所在地南苑即告失守，副军长佟麟阁、第一三二师师长赵登禹阵亡殉国。29日，北平陷落。同日，日军进天津，经过一天血战，天津失守。日军在占领平津后，于8月兵分三路，沿平绥、平汉、津浦三大铁路线发动大规模战略进攻。国民政府军事当局在华北设置了第一、第二两个战区，配备四十九个师加二十二个旅的主力部队，抵抗日军的进攻。

平津失守后，国民政府军事委员会副参谋总长白崇禧、作战部长刘斐、陆军整理处处长陈诚和委员长侍从室副主任姚琮等将领均向蒋介石提出建议，主张在华中开辟对日作战战场，首先利用上海大城市钢筋水泥的建筑群与日军进行巷战，牵制住日军，随后将日军引向江淮的水网地带，使其优势武器不能充分发挥效能，以空间换时间，布置军队和搬迁资财，进行持久作战，等待国际形势的变化。同时也可以以上海战事危及各国租界，从而促使英、美等国介入战事，加强对中日两国战争的干预。

上海是当时我国乃至远东最大的工商业城市，也是东方金融贸易中心。上海优良的港口、发达的陆路运输和巨大的市场潜力早就令日本人垂涎三尺。自1932年“一·二八”事变后，日本就在上海虹口、杨树浦一带派驻重兵，专设了海军陆战队司令部，大批日舰常年在长江口和黄浦江上巡弋。日本在上海驻军，直接构成对当时中国首都南京的威胁。1937年8月9日，驻上海闸北丰田纱厂的日本海军陆战队中尉大山勇夫、一等兵斋藤要藏，驾车欲闯中国虹桥军用机场，被场内中国守军击毙。根据1932年中日两国签订的《淞沪停战协定》的规定，中国只能在上海保留保安部队，不能在市区驻扎正规军。如今，日本以虹桥事件为借口，得寸进尺地要求中国撤出驻上海的保安部队，拆除所有防御工事。中国政府果断拒绝了这一无理要求，日军遂集结驻沪海军陆战队和日侨义勇团备战，并将三十余艘军舰集结于吴淞口一带待命。当时，中国最高军事当局立即密令京沪警备司令长官张治中速率所部第五军（后改编为第九集团军）进入上海市郊布防，并陆续调集一些部队向上海方向移动，令海军阻塞江阴航道，空军主力由华北向上海方向转战。一时间战云密布，双方剑拔弩张，大有一触即发之势。

1937 年 8 月 13 日，日军沿沪北四川路、军工路一线发起进攻，日军军舰以猛烈排炮向中国守军纵深轰击。同日，张治中指挥所部向日海军陆战队发起还击，淞沪会战自此爆发。次日，南京国民政府发表《自卫抗战声明书》，历数自“九一八”事变以来日本不断扩大侵华战争的种种罪行，陈述了国民政府为“和平建设”而承受的种种委屈，表示“卢沟桥事变”的发生，尤其是 8 月 13 日的上海事变，中国政府已退无可退。日本的暴行已将《国联盟约》《九国公约》《非战公约》等破坏无余。中国为维护正义和平，将“尽其能力，以维护其领土主权和维护上述各种条约之尊严”，表示“决不放弃领土之任何部分，遇有侵略，唯有实行天赋之自卫权以应之”。

淞沪会战历时三个月，双方尽遣主力。中国方面，国民政府先以素有能打硬仗闻名的军事委员会副委员长冯玉祥为第三战区司令长官。不久，蒋介石即以大元帅身份亲兼第三战区司令长官，顾祝同为副司令长官，陈诚为前敌总司令。参战部队前后有六个集团军，约七十个师共七十余万人。国民政府的部署为：先以张治中，旋又换上朱绍良为中央军总司令，指挥上海市区的部队；陈诚兼左翼军，旋又任命薛岳为左翼军总司令，指挥从吴淞口至罗店一线部队；张发奎为右翼军总司令，指挥浦东至浙江沿海部队。刘兴、上官云相等为长江沿岸司令官，指挥几个师沿长江布防，防止日军利用军舰掩护在左翼军侧背登陆。日本方面，淞沪会战开始时，其驻沪部队只有不到五千人的海军陆战队，抵挡不住张治中的第九集团军的猛烈进攻，处境危殆。第三舰队司令官谷川清向国内请求援兵，8 月下旬始派来第三、第十一两个师团，组成以松井石根为司令官的上海派遣军。由于陈诚指挥的左翼军攻势猛烈，9 月中旬，日本政府又增派第九、第十三、第一〇一师团和一批炮兵部队到达上海，另附有飞机两千零一十余架、战车二百余辆、军舰七十余艘、山野炮四百余门，总兵力十九万余人。11 月中旬，鉴于战事已拖延了将近三个月，日本仍不能击败中国军队，日本紧急从国内调来第十八、第一一四师团，从平汉路抽调第六师团，从山西抽调第五师团第九旅团和一个重炮兵旅团组成第十军，以日俄战争中擅长打迂回战著称的柳川平助为司令官，在第四舰队支援下于杭州湾登陆，攻击上海守军右翼军后方。随即，日军又从津浦路抽调来第十六师团在第三舰队掩护下于常熟白茆口登陆，以截断上海守军左路军的退路，战局才开始向有利于日本的方向发展。此次会战日军出动了九个师团、五个旅团以及大量特种兵，约计三十万余人。

整个淞沪会战期间，蒋介石不仅动用了黄埔嫡系近二十个师，还调用了粤、桂、湘、川、黔和东北、西北地区的部队。10 月 7 日，松井石根在得到增兵后，指挥日海军、航空兵协同地面部队发起新的攻击。中旬，日军强渡蕴藻浜，企图占领大场后，切断江湾、闸北一带中国守军的退路。在此情况下，孙立人所在的税警总团也被调用加入了战斗，以填补被突破的缺口，编入张治中第九集团军序列，其中第一、二、三团为第一支队，第四、五、六团为第二支队。下旬，日军以绝对优势的兵力攻下大场，形成对上海市区的包围态势。为避免遭到围歼，中央方面军除以第八十八师谢晋元团固守北站及四行仓库掩护全军撤退外，其余各师急忙转移到沪西丰田纱厂，沿苏州河南岸经江桥镇至南翔布防。税警第四团也撤到苏州河南岸，紧急构筑防御工事，阻击渡河日军。

10 月 27 日拂晓，种种迹象表明日军将以孙立人所在四团驻防阵地为突破口渡河，孙立人即令所部严加防范。黄昏时分，敌军枪声渐渐密集，试探河南岸防守疏漏点。半夜，日军果然在孙立人预计的四团一营防守地段乘橡皮舟强行渡河。孙立人命令所部一营密切防范，按预定计划，边打边撤，将日军引入防御工事范围之内，再把敌人包围起来聚而歼之。随即，孙立人又与所部二营及税警第五团防地进行了联络，了解了全线情况，遂飞身赶往前沿阵地指挥作战。在渡河的日军逐步进入包围圈之后，孙立人当即指挥部队切断了河滩敌军退路，并迅速将被包围的日军加以分割歼灭。战斗完毕，孙立人巡视战场，只见日军横尸遍地，日军渡河的橡皮舟也已被破坏，无法再用。打扫战场时，清点出敌人遗尸四百七十多具，而孙立人部一营也伤亡了三百五十多名官兵。损失如此之大，可见战斗之残酷。眼见视如手足、辛苦几年带出来的官兵血洒沙场，孙立人伤心至极，他后来回忆说："当时就大哭了一场。这是我一生之中除了父亲过世之外头一次痛哭，真是伤心至极。"

苏州河水流平缓，宽不过六七十米，最窄处仅三十米。税警总团与日军隔河对峙，两军对阵太近，而南岸多为开阔地带，在日军炮火的猛烈轰击下，简易掩体根本抵挡不住炮火轰击。为此，税警总团所属阵地多处被毁，守在一线的士兵也来不及筑工事。如此对阵下来，有的防守部队上阵二三日便伤亡惨重，不得不撤下去。而税警第四团的阵地始终未丢。由于坚守有功，孙立人升任税警总团第二支队司令，指挥第四、第五、第六三个团，军衔晋升至少将。

经过多日交锋后，日军发现孙立人的税警四团是块啃不动的硬骨头，而与其毗邻的税警五团则疏于防务，于是把渡河地点改到五团的防地上。孙立人接任支队司令时，日军小股部队已经突破第五团的阵地，并已在苏州河两侧建立了坚固的桥头堡，在苏州河上架起了浮桥。总团命令孙立人前去阻击突破五团防地的日军大队人马，坚决守住苏州河以南阵地，并答应派三团去增援第五团。殊不知，第三团畏战，在赶来的路上巧遇日军，未经久战便四处溃散，团长也不知所终。孙立人赶到五团视察时，却未找到五团团长丘之纪，直到半夜副团长才据实相告，孙立人方才得知，丘之纪擅离职守，抛下部队独自跑到上海市区应酬去了。孙立人很是气愤，一面派人前往查找，令其速回，一面了解敌我双方态势，以便做好战斗部署。随即，孙立人发现五团团部的掩蔽所里脏乱不堪，臭气熏天，而问起敌情时副团长等人又一问三不知。为了摸清具体情况，孙立人在五团副团长和传令兵的陪同下，前往视察五团阵地前线情况。一番视察下来，孙立人发现，五团的官兵们平时恃宠骄横不可一世，战时贪生怕死继续骄逸享乐，置国家和部队安危于不顾。更为可气的是，他们连日军渗透过来多长时间都不知道，甚至连敌人的枪声炮声和己方的枪声炮声都分不清楚。眼见反击敌人的计划就要泡汤，孙立人只有急调自己四团预备队一营前来增援。29日拂晓，孙立人接到五团副团长打来的电话，得知丘之纪已于昨天半夜归队，但他刚出指挥所不远，又被敌人的炮弹炸死了。孙立人痛感军队中良莠不齐，一些人平时恃宠而骄，战时不能为国尽忠，负命辱职，实堪慨叹。

丘之纪死后，孙立人带领三名卫士冒着枪林弹雨亲自察看了五团被敌军突破防线的阵地，然后率自己的第四团一营去五团防地反击。这时，前方战事已是相当严峻，已渡河的敌人在南岸抢修起了桥头堡，并正在架设浮桥，我方伤亡惨重。经过拼杀，四团一营把占据五团阵地的日军据点悉数扫除，只剩下敌人的桥头堡仍未攻下，一座浮桥未能破坏，四团一营营长李邦钦也中弹殉国。这时，破坏敌人的浮桥已成当务之急。

时近黄昏，孙立人召集代理营长和各连长研究对策。大家议了三种方案：一、火攻，以棉花浸满汽油，自上游漂下时点燃，把浮桥烧掉；二、挑选水性好的战士，潜游至浮桥下破坏；三、集中火力，以勇士冲锋强攻，一举摧毁。孙立人决定首先采用第一种方案，实施“火攻”，用苏州河边棉纺厂的棉花包浸透汽油后，在浮桥上游点燃推下苏州河，企图烧毁敌浮桥，但因浮桥两侧二十多米处均有钢索阻拦，未能奏效。孙立人马上改变战法，选派水性最好的五名士兵潜泳过去破坏钢索，又因敌不断以探照灯照射浮桥附近水面，并因怀疑有人潜水，而以密集火网封锁水面而未果。最后，孙立人只好实施第三种预定方案，于子夜零点命第一连连长陈鸣人率部向敌桥头堡发起强攻，经过殊死拼搏，陈鸣人等攻下了南岸的桥头堡，当时孙立人就在离桥头堡三十米处指挥。正当陈鸣人等破坏敌浮桥时，敌以密集炮火向南岸射来，一发炮弹在孙立人身旁爆炸，孙立人当场身中十三块弹片并被敌炮掀起的泥土埋在土堆里。第一营的战士发现孙立人负重伤，立即把他背下火线，抬到了支队司令部指挥所。孙立人在司令部指挥所醒来后得知陈鸣人已破坏日军浮桥，南岸工事已全部掌握在我方手里，随即放下心来，并指定支队参谋长龚至黄为代理司令，接着再度陷入了昏迷之中。

孙立人再次醒来时已躺在上海体仁医院的病床上，全身绑着绷带。身旁的卫士姚学智告诉孙立人，是一营机枪连连长胡让梨把他背下火线的。宋子文先生得知后马上派人用汽车把孙立人送到了体仁医院并立即动了手术。当时有位学生模样的青年，为孙立人冒死抗击日寇的英雄事迹所感动，不计任何报酬，志愿献血。对此，孙立人也是格外感动，在后来的军旅生涯中，他曾多次提起此事。孙立人在手术后昏迷了三天才摆脱死神，醒来后的当天下午 3 点，宋子文先生特意派他的弟弟宋子安先生到医院来慰问。

11 月初，日军三个师团在杭州湾金山卫登陆，驻守金山卫的河南军阀陶广部队不战而逃，日军迅即形成了对上海的包围态势。无奈之下，中国部队撤出了上海。6 日，税警总团也撤出了上海。当天下午，宋子安先生再度来医院慰问，告诉孙立人，宋子文先生十分重视孙将军，孙的一切都由宋负责。11 月 11 日，宋子安先生来医院告知，体仁医院准备转道香港向后方疏散，否则就要被日寇所俘。第二天，由宋子文亲自安排，命其弟宋子安直接指挥，把尚不能下床行动的孙立人抬上飞机，先行空运香港，姚学智卫士陪同去港。在淞沪会战中，作为一支非正规部队，税警总团能与正规部队一起参加如此激烈的战事，表现不俗，为宋子文挣足了面子。特别是孙立人的第四团，训练有素，军风军纪较好，加上优良的武器装备，不仅能战，而且善战，其战斗力之强，大出当时许多人的预料，所以宋子文格外器重和爱惜孙立人这样难得的将才。也多亏了宋子文这一片爱才之心，才使孙立人得以在一片混乱之际得到最及时和最好的治疗。

淞沪会战，以 11 月 5 日日军从杭州湾登陆，迂回穿插向上海包抄，中国守军全线撤退而结束，11 月 12 日上海沦陷。当初“卢沟桥事变”刚发生时，日本关东军司令植田谦吉在其主持的大连军事会议上曾夸下海口，叫嚣三个月内灭亡中国。淞沪一役，日本动用海陆空军二十余万，历时三个月，伤亡六万余众，方始占领上海。中国人民不可侮。会战中，孙立人与日军血战两周，破坏日军机械化橡皮桥，七次击退强渡苏州河的日军，使该地成为淞沪会战中日军伤亡最重之处。包括孙立人在内的所有为淞沪战役流血牺牲的将士们，将永远不会被历史遗忘。

第三章　锻造劲旅雄兵

喋血淞沪，九死一生，孙立人在抗日战场上初露锋芒。离开部队的日子，孙立人度日如年，戎衣披身、上阵杀敌的画面时刻敲打着他的心房。大病初愈，他便一路北上寻找部队。孔祥熙决意重建税警，史坦因说："要重整税警总团，非孙立人不可。"岳麓山下，孙立人重新出发，收旧部、揽新人，从长沙到贵州，练兵三年，终成精兵锐旅，再现税警雄风。练罢劲旅，引得军统垂涎，戴雨农老谋深算，机关算尽，孙立人针锋相对，踏上征程。

建军长沙，重建税警

卧病香港期间，孙立人虽不能亲身上阵杀敌，但始终心系国家命运，密切关注着抗日战场的形势。孙立人每天读报，从报纸上得知，淞沪会战后，日军气焰正炽，继攻占上海后，又占领了国民政府首都南京，并在南京大肆屠杀中国军民，奸污妇女，残暴至极，制造了震惊世界的"南京大屠杀"。孙立人怒火中烧，恨不得插上翅膀，立即飞回抗日战场报仇雪恨、救国救民。

孙立人一直惦念着在淞沪战场上奋勇杀敌、损失惨重的税警团，后来从报上得知旧部已移驻陕西宝鸡，时任总团长的黄杰已转任第八军军长，税警团的兄弟们命运如何，孙立人无法得知，一直耿耿于怀。同时，他也思念着亲人。自率部奔赴淞沪战场，龚夕涛回到了合肥娘家，张晶英也跟随其母回到了湖南，彼此之间失去了联络。

1938年2月，经四五个月的精心治疗，加之孙立人一直坚持锻炼，伤势好转较快，他已经能够下地自由行走了。尽管身体尚未完全复原，孙立人还是不顾医生的劝阻，毅然出院。他把宋子文借给他的一千五百元，除下路费，其余全部留给税警总团留港疗伤的二百多名官兵，安排好他们的生活，随即根据战前与妻子南京不保即去长沙的约定以及岳母笃信佛教的线索，只身离港，乘飞机飞往湖南长沙。

到长沙后，孙立人找了一整天，直到黄昏，才在一个尼姑庵里找到妻子和岳母，但却怎么也打听不到部队的下落。黄杰的家就在长沙，但是，孙立人多次前往拜访黄府，黄老太爷始终不肯告诉孙立人黄杰究竟在什么地方。最后，黄老太爷无意中透露了黄杰要到汉口开会的消息，孙立人旋即告别亲人，火速赶到了汉口。住在汉口的一些原税警总团的伤病官兵，一听说二支队司令孙立人来了，纷纷找到孙立人的寓所。一见面，有的人便涕泪交流，哭诉生活无着又无人过问，要求二支队收留他们，为他们找条出路。孙立人兴冲冲地去找尚在汉口的原税警总团团长黄杰，经辗转周折，总算找到了他。

按照常理，黄杰与孙立人在税警总团虽是领导与被领导的关系，但在军衔上只是中将与少将之别，又经“八一三”淞沪之战，可以说应该是患难的朋友，孙立人又受过重伤，死里逃生。战后二人再度相见，应该是何等热情、激动人心的场面。不料黄杰见到孙立人时却默然似不相识，既不问孙立人的伤情，也不提及税警总团的去向，频频打哈欠，表现出拒人于千里之外的姿态，局面极端尴尬。孙立人只好辞出，说待明日再来拜谒。孰料第二天一早，孙立人再去旅馆见黄杰时，已然是人去楼空，黄杰早已连夜搬走，对旅馆的人说是回西安去了，孙立人大失所望。关于此次见面的详情，20世纪40年代末，孙立人在台湾凤山国民党第四军官训练班演讲时讲得比较详细：

我满想我与总团长共过生死患难，今日死而复生，能够重新相见，该是如何感动的场面。那真如离家失落的孩子，重新寻到了父亲一样欢欣。谁曾料到真的见到总团长时，他竟非常淡漠，好似不曾相识的一般，当时的我，非常难过。想起上海作战时，我见危受命，担负了非常艰巨的责任，真是以性命相搏斗。……他只说："你还得回去休养休养。"我说："我已好了，愿意回到旧部队去。"他说："好吧，明天再谈。"我也说："我明天一定再来晋谒。"谁知他第二天就回宝鸡去了。我觉得他这种态度真是太不近乎人情，使我非常感慨，难过极了。……我还写信到宝鸡要求投效，也杳如黄鹤，不见回音。

黄杰之所以不愿再见孙立人，是因为当时税警总团已经被胡宗南"兼并"，正在改编为第四十师（原税警四团依旧为一个团的编制，团长由李鸿担任），鉴于黄杰对胡宗南办事有功，所以黄杰不仅当上了军长，还兼任第四十师师长。因孙立人在税警总团资格老，如果让孙立人回老部队就必须派他任副师长，而黄杰心目中早已有了副师长的人选。

经过胡宗南改编后的第四十师，原税警总团整个部队的大小部队长全都换成了黄埔的毕业生。尽管孙立人原先是少将支队司令，但孙立人不是黄埔系人，所以只给他在军部留了个没有实权的"高参"闲职，叫他到西安胡宗南帐下报到。同年 5 月，黄杰率部担任策应徐州会战任务时临阵脱逃，丢失商丘，结果被撤职查办，而由税警总团改编的部队也被打散了。孙立人闻之悲痛万分，可见最好的部队若没有好的指挥官也是不能发挥战斗力的。孙立人一手打造出来的税警四团是一支精锐部队，只因第四十师师长黄杰既没有爱国之心，又没有珍惜部队之念，从而玷污了税警总团的光辉形象。对此，孙立人感到忍无可忍，随即萌生了夺回这支部队，重建税警总团之念。

抱着这个想法，孙立人找到了宋子文。其实，宋子文早已知道了税警总团的结局，但觉得不便出面，即让孙立人找当时的国民党财政部部长孔祥熙，请求帮助招回税警总团旧部，恢复税警总团。1933 年 10 月，宋子文辞去行政院副院长、财政部部长、中央银行总裁各职，虽继续任全国经济委员会常务委员，却以主要精力从事企业活动，接任他职务的是孔祥熙。

孔祥熙，字庸之，号子渊，是孔子的第七十五代孙。孔祥熙出生于山西省太谷县一个亦商亦儒的家庭。1901 年留学美国，毕业于美国耶鲁大学研究生院。回国后历任广东革命政府财政厅厅长、武汉国民政府实业部部长等职。1937 年，孔祥熙作为“中国特使”前往伦敦参加了英王乔治六世的加冕典礼，在英国受到了王室空前隆重的接待和礼遇。1939 年，孔祥熙还当选为中国第二个国际奥委会委员。孔祥熙时任中华民国南京国民政府行政院院长，兼任财政部部长，是一个银行家及富商。孔祥熙的妻子是宋蔼龄，由此也与宋子文、蒋介石为姻亲关系。孔祥熙长期主理国民政府财政，在其任期内，其主要政绩是改革中国币制，建设中国银行体系，加大国家对资本市场的控制等。1948 年，孔祥熙赴美国定居，1967 年病逝于纽约。

孔祥熙任财政部部长后，是否认识孙立人，无从判断。反正，孙立人找到孔祥熙后受到很热情的接待。在听完孙立人的汇报后，孔祥熙表示，保护盐税的税警团确有重建的必要。随后，孔祥熙与财政部德籍税警顾问史坦因商议重建税警部队之事，史坦因当即表示：“要重整税警总团，非孙立人不可。”孙立人在海州练兵时，经常请史坦因去教授射击课目，故史坦因对孙立人了解颇深，对孙立人独特的作风很是欣赏。孙立人后来在台湾任陆军训练司令时，还特请史坦因任特种兵搜索训练顾问，以报答他力荐之恩。

恢复税警部队的工作进展得很顺利。1938 年 3 月间，财政部盐务总局缉私总队成立。之所以叫缉私总队，而不恢复税警总团的旧称，据说是因为孔祥熙担心倘若袭用旧名，随时都有被调上前线的可能。实际上，一支刚刚编练的部队，并没有形成成熟的战斗力，这样的一支部队是不大可能马上被调往前线的。其实孔祥熙真正担心的是这支部队被别人吞并，为他人做了“嫁衣裳”。民国时期，各派部队借作战之后部队整编之机，吞并他人部队的事情屡见不鲜。一些实力人物之所以形成派系，如陈诚系、何应钦系等，大多都是靠吞并别人的部队发展起来的。税警总团在淞沪会战后被改编为陆军第四十师，就有这方面之嫌。

缉私总队成立后，孙立人选择了交通便利的湖南长沙为练兵基地。因长沙距武汉不远，交通便利；又自古有“两湖熟，天下足”的说法，在湖南筹备补给方便；更重要的是，湖南人吃苦耐劳，在战场上骁勇善战，近代史上更有“无湘不成军”之说。孙立人在税警总团时期，总团的主要将领及第四团官兵以湖南人居多，给孙立人留下了良好的印象。所以他将缉私总队练兵基地设在湖南长沙，以便就地获得充足骁勇的兵源。

建立了编制，确立了地点，接下来，孙立人进入了干部配备阶段。为了寻找到优秀合适的干部，孙立人没少费心思。功夫不负有心人，一天，孙立人在长沙大街上与清华同学齐学启不期而遇，真是他乡遇故知，强将遇良才，两人相遇自然是欢欣异常。齐学启是湖南宁乡人，出身书香门第，与孙立人同时毕业于清华学校，又一同考取公费留美，获得了工学学士学位。在美留学期间，两人就时相过从，情投意合，感情十分要好。早年，齐学启愤于西方列强肆意践踏和瓜分中华锦绣河山，而腐败无能的北洋政府对列强卑躬屈膝，妥协卖国，以致国将不国，因而认为所学工程知识将无用武之地，于是转入美国诺维奇骑兵军校学习军事，以便将来报效祖国。回国后，齐学启又与孙立人几度共事，在国民党宪警教导队、陆海空军总司令部分别担任大队长。齐学启后来任宪兵第六团团长，在“一·二八”淞沪抗战期间，率部参战，奇袭日本侵略军，从日军手中夺回闸北火车站，令军界人士刮目相看。齐学启后遭黄埔系的排挤，愤而解甲，离开了部队，任教于浙江大学。这次由于齐母病危，齐学启请假返乡省亲。孙立人顺势邀请齐学启协助他组建缉私总队，齐学启因曾受国民党军队内派系倾轧之苦，自己报国有心，却请缨抗日无路，认为不如退而执教，为国家培养人才，于是委婉地拒绝了孙立人的好意。孙立人则大不以为然，也不愿失去这样一位好战友。在孙立人一番慷慨激昂、掷地有声的劝说下，齐学启也不禁热血沸腾，慨然点头应允，再次投笔从戎，成为孙立人组训缉私总队的重要帮手。之后，孙立人又找到了衡山留美同学、原税警总团第一团团长赵君迈。流散到各军中的旧部听到孙立人重建税警团的消息后，原税警四团旧部近两千人都摆脱腐败的第四十师的羁绊，不远千里来投奔孙立人，李鸿、刘放吾、唐守治、陈鸣人等纷纷来归。孙立人又广聘当时爱国有志之士来归者，其中有清华学校和诺维奇军校毕业的贾幼慧、后来曾在哈尔滨医科大学任教的阴毓璋教授、清华毕业的体育教师魏振武和北平师范大学毕业的博学多才的孙克刚等前来投效。一时间，长沙成了原税警总团优秀分子会集之地。

缉私总队队部在长沙设立后，收容原税警总团旧部，孙立人任缉私总队少将总队长，赵军迈任副总队长，齐学启任参谋长。总队建立之初，困难重重，首先即是无办公场所和营地，孙立人率总队部借驻长沙街上谭延闿的故居办公。因清华大学从北平迁来长沙，与南迁的北京大学、南开大学合并成立临时大学，由于战局变化，已决定迁往云南昆明。孙立人遂请准清华大学校长梅贻琦暂时借用清华校舍，于 4 月 8 日迁入清华大学在湘江西岸岳麓山附近新建的一栋两层教学楼内。

其次是招兵困难。因缉私总队并非正规军，孙立人曾多次向湖南军管区、师管区等兵役机关要求拨派征集的兵员，却以孙立人所部并非军政部所辖正规军为由碰了钉子，未予照拨。最后还是齐学启给孙立人出了个主意才解决问题，即派湖南籍官兵分头回乡，找亲戚拉朋友，凡有志从军救国的，就介绍到缉私总队来。因当时国民党政府禁止募兵，所以在他们投军途中，常遇到兵役机关的严密盘查，一旦被发现就强迫充当壮丁。于是他们就变换手法，将成批新兵改为三两人为一组通过关卡。虽然经历了不少波折，但相率前往缉私总队投军的志士络绎不绝，这种招兵方式在当时的国民党军队中大概是绝无仅有的。

再次是干部缺乏。由于在淞沪、商丘作战时，税警总团基层军官损失较多，加之源源而来的新兵，急需基层干部。孙立人在组建缉私总队时，即设立官警教练所，自己亲任教练所所长，齐学启任副所长，王之任教育长。官警教练所本部最初设立在长沙荷池路东，后迁到清华大学教学楼开班授课。第一期学员即有四百多人，其中学员第一队、学警第一队分别由收容的税警总团和各沦陷区退出来的官佐、士兵、税警组成，接受短期训练；学员第二队，学警第二、三队则分别由湘鄂考取的高中、初中学生编成，接受严格的军事教育。开班之初，从武汉、长沙等地招来的流亡高中学生三百五十多人，都是热血爱国青年，一到缉私总队，发现部队是警察性质，就不愿意继续待下去，纷纷向孙立人请辞。对此，孙立人耐心细致地进行教育，推心置腹地进行交流，打动了一部分青年学生。他们留了下来，跟随孙立人埋头开展艰苦的训练。

在齐学启等人的协助下，孙立人一行筚路蓝缕，招贤纳士，收容旧部，广揽新秀，至6、7月间即组建了三个步兵大队（团）和直属部队，分别由贾幼慧（清华大学毕业后留学美国）、唐守治（黄埔军校第五期毕业生）、葛南杉（留学法国）任大队长，王之任工兵营长，张文龙任特务营长。至此，缉私总队已具雏形。

驻军都匀，练就精兵锐旅

就在孙立人轰轰烈烈地建立起缉私总队的同时，随着日军侵华铁蹄的不断深入，日军此时已经逼近武汉。1937年11月以后，日军相继攻占上海、太原、济南、杭州、南京，从北、东、南三面对中国腹地形成进攻态势。自南京失守后，国民政府军事当局立即部署徐州会战，以阻滞日军前进，为保卫武汉争取时间。徐州是华东战略要地。日军的意图是由南京和济南南北对攻，占领徐州，不仅可使南北战场连成一片，而且可沿陇海铁路西取郑州，再沿平汉铁路南夺武汉。为此，日军先后调集了八个师团又三个旅团共二十四万人的兵力。为确保徐州，中国军队由第五战区司令长官李宗仁指挥，先后调集六十四个师加三个旅约六十万人，以主力集中于徐州以北地区，抗击北线日军南犯，一部兵力部署于津浦铁路南段，阻止南线日军北进。此役，中国军队广大官兵作战异常勇猛，不仅打破了南北线日军会合的企图，而且于4月上旬在台儿庄歼灭日军万余人，取得了抗战以来最大的胜利。台儿庄取得大捷后，国民政府军事当局有些盲目乐观，不顾敌强我弱的总体形势，调集大军在徐州附近，企图与日军决战，结果在会战后期陷于被动，不得不突围撤退。5月19日徐州陷落。

徐州陷落后，日军沿陇海铁路西进，6月6日占领开封。为阻止日军西犯，蒋介石9日下令在郑州东北花园口附近炸开黄河大堤，河水经中牟、尉氏沿贾鲁河南泛。日军被迫向黄泛区以东地区撤退。此举虽迫使日军中止了沿淮河主攻武汉的计划，改由指挥主力沿长江两岸进攻。但黄河决口，洪水肆虐，使数十万平民百姓流离失所，啼饥号寒。

为保卫武汉，国民政府军事当局先后调集约一百三十个师和各型飞机二百余架，各型舰艇及布雷小轮船三十余艘，共一百余万人，利用大别山、鄱阳湖和长江两岸地区有利地形，组织防御，苏联志愿援华空军也参加了战斗。日军先后投入作战的兵力共九个师团、三个旅团和两个野战炮兵旅、两个战车团、三个航空兵飞行团各型飞机三百余架、海军第三舰队各型舰艇一百二十余艘，共约二十五万人。此役，从日军波田支队攻陷安庆起至10月25日中国军队主动放弃武汉止，历时约四个半月。时值酷暑季节，大别山区、江汉平原潮湿的暑气灼人，蚊蚊肆虐，爱国将士浴血战斗，备尝艰辛。

淞沪会战时，蒋介石打算与日本拼消耗，因而在日军占领大场、庙行，对上海市区守军侧后构成威胁时，坚持要支撑下去。蒋介石声称要于上海抗战三年，待到日军于杭州湾登陆才下令撤军。然而国民党军队连永久性战备工事吴福线（吴县—福山）和锡澄线（无锡—江阴）都来不及防守，日军便长驱直入，直逼南京城下。此次武汉会战，蒋介石吸取过往经验教训，决意保存实力，在日军达成对武汉包围的情况下，主动放弃武汉。对此，蒋介石在日记中写道：

> 观察敌势，在直线溯江而上，仅占要塞、据点，而不作野战，以期先占武汉，为唯一目的。余对防守武汉，决不做无谓牺牲，必须保持相当兵力，待机应用，以做最后胜利之基础。

所以，在预定计划放弃武汉的情况下，国民党军队从武汉撤军不像上海那样仓促，几十万军队完整地保存了下来。日本企图迅速消灭中国军队主力，迫使国民政府屈服以结束战争的战略目标没有达到。

日军占领武汉后，进而逼近长沙。8 月 21 日，孙立人、齐学启率缉私总队和官警教练所官兵撤离长沙，开往贵州。一路上风餐露宿，跋山涉水，步行一千余公里，历时近两个月，于 1938 年底抵达贵州省都匀、独山一带，在贵州都匀与独山间扎下营盘，开始了三年多时间的埋头练兵。

孙立人之所以选定贵州都匀一带为训练基地，因为它地处黔南，虽然地僻民艰，但是鉴于战时大后方驻军、机关并不多，所以这一地域也算得上是环境单纯，非常适合粗具雏形的缉私总队潜心训练。不仅如此，贵州都匀一带地形复杂，山坡、平地、河川纵横交错，十分适合部队开展野战训练，能使部队利用不同地形锻炼作战技能。从训练基地的选择上，足可见孙立人慧眼独具。

从 1938 年 10 月到 1941 年冬，三年多时间里，缉私总队不断地从湖南、贵州等地招收青年学生，从事整训。最后编成三个步兵团、一个特务团、一个学兵团及辎重、工兵、通信等五个直属营，总兵力达两万多，相当于两个正规师。孙立人除任总队长外，还兼任贵州第三绥靖区的指挥官，负责黔南十五个县的治安。在总队撤离长沙时，鉴于总队副赵君迈坚持留在湖南，在当地从事抗日活动，总队遂决定改由齐学启任副总队长兼参谋长。与此同时，官警教练所进一步扩大，设军官队、军士队及学员队、学生队。军官队、军士队分别抽调尉官及军士轮流受训，每期三个月。每期士官生毕业前夕，孙立人均亲自逐个考问，以便了解他们每个人的长处，作为今后任用的参考。在学员队、学生队受训的是要求抗日的热血青年，主要是高中、初中学生，其中甚至还包括一些清华大学学生。他们毕业后，大多被授予准尉级军官，分派到各部队充任见习官，也有视其特长派到参谋、副官等处见习业务。为了培养军事人才，缉私总队还增设特业兵训练队，1940 年初改隶教练所。此外，缉私总队还开办了专修大队（分为参谋、军需、战术三个区队）及重机枪、通信等训练班。孙立人尤为重视对高级幕僚人才的培养，为此，孙立人特地呈请军令部按照步兵师的有关规定，允准派员进入陆军大学受训，后来又陆续派出官佐分别到步兵学校、工兵学校及军校高教班等处深造。

正如前文所述，孙立人向青年学生透露的心声，他组建缉私总队虽冠以“缉私”之名，但并无缉私之实，其目的并不是缉私保护盐运，而是为打击日本侵略者。所以，1940 年 1 月，孙立人将官警教练所改名为干部教练所，“以符名实”，所谓“实”就是教练所培养的不是“官警”，而是陆军干部。诚如他在为《缉私总队官警教练所同学录》作序时，明确勉励学员“抱舍身卫国之决心，以救亡图存为己任”。该所设置的课程纯粹按陆军军校模式开展教学，主要有战术、射击、兵器学、自然科学、步兵操典、野外勤务、山地战、夜间教育等；教官也不是警官出身，而是他多方罗致的一批留美、英、法、德、意和日本等国学习军事的回国人才和外籍专门人才，如教射击技术的是财政部军事顾问、德国人史坦因，山地战教官是海外华裔、在意大利陆军大学专攻山地战的谭展超。教练所四年当中培养出千余名学员，成为后来的新三十师骨干力量。

在长沙、都匀组建与训练缉私总队时期，是孙立人练兵思想形成时期。孙立人继续贯彻训练税警第四团时提出的“经济公开、人事公开、训练严格、管理严格”的四原则。在经济上，孙立人廉洁自律，从不私用公款，并定期清查各处、各团队的账务，禁止“喝兵血”行为。孙立人从不用自己的亲戚朋友，军需官全部由盐务总局委派。全体将士每月伙食费账目公布接受监督。用人方面，孙立人提倡“唯才是举”，总队部八大处处长、各团团长没有一个是他的同乡。这与前国民党湖南省政府主席何键（湖南醴陵人）“非醴勿用，非醴勿听”的用人原则形成了鲜明的对照。为此，孙立人也赢得了广大官兵，特别是占绝大多数的湖南籍官兵的拥护和赞赏。

训练方面，孙立人将其在海州练军时期制订的思想政治训练、战斗技能训练、兵器教练、战术教练、体能训练等方案进一步做了修订、补充，使之完善。孙立人始终坚持向官兵灌输宋代抗金名将岳飞的“精忠报国”思想；同时宣传封建时代晚期湖南籍的“中兴名臣”曾国藩、胡林翼等人的治军思想，如曾国藩的“君子之道，莫大乎以忠诚为天下倡”；还有美国西点军校追求的“国家、荣誉、责任”精神。从而形成孙立人自己的以“义勇忠诚”为主要内容的精神教育思想，并以此作为缉私总队的队训。所谓“义、勇、忠、诚”这四个字包含了“礼义廉耻”四维，“忠孝、仁爱、信义、和平”八德和“智仁勇”武德的全部要义。简单概括地说，就是要求“官兵要对袍泽有义，战阵有勇，对国家民族永远尽忠，处世律己终身求诚”。而其中的核心即是忠于国家民族的利益，这与训练税警四团时期的团歌“常将天职记心上，爱国国必强，爱民民自康，为民保障，为国栋梁”的爱国主旨一脉相承并更加明晰。

孙立人很注重贯彻“义勇忠诚”教育，要求部队每天早晚举行升降国旗仪式，仪式完毕要齐唱总队歌（即原税警四团团歌）。孙立人常常亲自在仪式上训话，勉励官兵力行“精忠报国，存诚去伪”，共同创建爱国救民的“岳家军”。各团、队大张旗鼓地开展这种教育。总队营房内外大书“精忠报国”“还我河山”等标语，并将岳飞的《满江红》词谱曲教唱，“怒发冲冠，凭栏处，潇潇雨歇。抬望眼，仰天长啸，壮怀激烈……”，激越、高昂、嘹亮的歌声经常荡漾在营房内外、野营路上。又如干部教练所将“义勇忠诚”四字高挂在礼堂墙上，学员队门口写着“精忠报国，存诚去伪”的对联，过道墙壁上写着“军人五要”，即：要有铁一般的体力，要有钢一般的毅力，要有高尚的道德和敏慧的智力，要有勇敢牺牲的精神和决心，要有铁的纪律和艰苦朴素的作风。其他团、队也是类似的布置，总队上下无处不洋溢着“卧薪尝胆”、练兵杀敌的蓬勃朝气。

孙立人认为，对军人来说，只有平时多流汗，战时才能少流血。因此，孙立人对作战训练严格要求，特别强调注重射击教育、实弹射击、野外演习、体育锻炼等。比如射击教育，不仅教射击动作，也包括武器拆卸与擦拭。拆卸要求熟练，擦拭既要保持武器清洁，又不能损坏武器。一般步枪都附有用来擦拭枪管的铁通条，孙立人却规定平时不准使用铁通条，而代之以竹通条，用以保护枪管内的来复线。孙立人十分强调时空观念与训练的重要性，要求官兵事事做到平时与战时一样的习惯，不论是烈日黑夜，还是狂风暴雨，部队都要习以为常地作适应性克难制胜的磨炼，以养成即使在恶劣的环境中，部队也必能以坚强的毅力、忍力战胜敌人，发挥每一个人“以一当十”的作战功能。

孙立人要求部属“不但学术两科须要精通，即是品行体格，也要使之修养锻炼得很好，将来可以担负起保国卫民的大任”。孙立人认为“军人事业的基础建筑在强健的体格上”，特别强调士兵的体能训练，大力提倡体育活动。孙立人在总队设置体育处，约有专职体育教官十余人，官衔由上尉到中校不等，其中“多数为北师大体育系毕业之最负盛名者”。总队体育设施也比较完备，无论是体操、田径、游泳，抑或是各种球类等设备皆是一应俱全。总队平时开设有体育课，每年还举办一次运动会，内容包括越野赛跑、大队接力、武装游泳、爬吊杆、劈刺、枕木运动等活动项目，大都以队为单位。这些活动既调动了平时官兵锻炼身体的积极性，又有助于养成部队的“团结精神”。因此缉私总队始终保持了良好的体育风气，不仅提高了缉私总队的军事素质，也养成了缉私总队紧张活泼的生活作风。总队士兵在闲暇时因有体育活动，故而避免了赌博、酗酒等恶习，保持了良好的军风军纪。

孙立人练兵甚严，对管理不善、执行不力的军官，孙立人动辄疾言厉色地予以斥责，甚至鞭打。但孙立人绝不一味单纯地处罚，他赏罚严明，恩威并施。孙立人平日对部下出以至诚，并甘苦与共，从不草菅人命，对犯法的人不轻易地、也极少下令“枪毙”。副总队长齐学启则与孙立人性格又有不同，齐学启为人态度和煦，性情敦厚，浑身上下充满着书卷气。每当发现问题，齐学启总是进行和风细雨般的教育，使官兵们都能明白孙立人的良苦用心。尽管孙立人、齐学启两人性格迥异，处事方式也不尽相同，但孙、齐两人可谓志同道合，相辅相成，相得益彰，在官兵中享有严父慈母之喻，一个受到官兵的敬畏，一个赢得官兵的爱戴。

众所周知，国民党军队向来不仅有诸如黄埔系、保定系、日本士官系等系统派别之分，又有中央军和地方杂牌军之别。毫无疑问，隶属财政部的缉私总队不属于正规军范畴，在军政部被视为“异己”，所以缉私总队的发展并不是一帆风顺的，在很多方面都受到诸多限制。

当时贵州有陆军大学以及炮兵、工兵、通信、卫生等军校，为扩充兵源、充实部队，孙立人常向这些军校请求分配毕业生到缉私总队任职，但由于孙立人所部并非正规军，故而他的每次请求报告都遭到了拒绝，更遑论中央军校了。为此，孙立人也曾私下邀请，但那些学生却不愿意前来投效。所以，缉私总队扩充兵源仍然要靠自己，即便如此，总队所招收的兵源也常常被截留。一次，一个新兵连开往都匀报到，途经马场坪，当地的驻地部队要“吃掉”他们，以补充自己的兵额。带新兵的人不愿意，当地的驻地部队竟然架起机枪，几乎是强制性地将这一连手无寸铁的新兵拉走，以致大部分新兵都四处逃散了。而路过此地的军委会军法执行总监部的大员目睹这件事，竟也是不闻不问。孙立人要求惩凶，而那大员却置之不理。后来孙立人在谈到这件事时，依旧十分感伤。

孙立人对当时的国民党政府和军队中的腐败现象深恶痛绝。他在晚年回忆起抗日战争这段历史时说：“军人不能尽职保国卫民，使南京大屠杀发生于先，又决堤（指决开花园口黄河大堤）、放火（指当局授意放火烧毁长沙城，实行所谓焦土抗战）于后，稍有良知于心何忍！那些贪生怕死的军人真是万死不足以谢其罪。”“我联想到岳武穆的救国主张：‘文官不爱财，武官不怕死，则天下太平。’但是我们则是武官怕死又贪财，文官贪财又怕死。奈何！奈何！只有对空长叹！”

国民党当局不仅消极抗战，反而将主要精力用于积极反共，于1941年1月发动了使亲者痛仇者快的“皖南事变”。1940年10月19日，何应钦、白崇禧以国民政府军事委员会的名义，强令当时驻防长江以南的新四军、八路军在一个月内全部撤到江北。中国共产党从维护抗战大局出发，答应将皖南的新四军调离。1941年1月4日，新四军军部及所属的支队九千多人由云岭出发北移。6日，新四军行至皖南泾县茂林时，遭到国民党军八万多人的伏击。新四军奋战七昼夜，弹尽粮绝，除约两千人突围外，大部分被俘或牺牲，损失达七千余人，由此，也掀起了抗战时期国民党反共的一次高潮。在此背景下，孙立人始终主张应不分党派，共同抗日，对当局要求在军队中清查共产党人的命令置之不理。

孙立人在贵州都匀练兵时，中日战争已进入相持阶段。在正面战场，日军停止了战略进攻，战线相对稳定。练兵之余，他曾赴云南会见清华学友蒲逖生等。多年不见的学友相聚，自然有一番欢谈。当时在国民党军界出自清华学校的杰出者数孙立人与李忍涛，校友们也很是为他俩感到骄傲。蒲逖生约王化成、孙小孟等人陪孙立人荡舟湖中，游览西山。当时孙立人对现状颇为不满，认为国家遭强寇入侵，山河破碎，军人不应逢场作戏。孙立人亟盼奔赴抗日战场为国效力，然而鉴于自己是留美军校毕业，并非国军嫡系，因而遭国民党军队各派系排斥，苦于没有机会施展自己的抱负，为抗战救国而建功立业。所以，尽管一路上同伴欢歌笑语，却始终驱不散笼罩在孙立人心头的愁云。据蒲逖生后来回忆有关这次活动，写道：

立人自贵州都匀抵此。伊在沪抗战，身中八九枪，经医治复元，真是有福气。（王）化成、（孙）小孟均系同班，予曾介绍上学年政治系毕业学生前往服务。此次来滇，得畅谈战役经过，及日前在贵操练情形，甚为详细，大约我军作战，除器械不如人外，联络管理之人事，及进退左右之战略，均大改善。讲起立人之学识经验与战功，尽可独当一面，虽目前规模不大，却亦有其前途。但总是不属正途，且与正式军队之军官，或少联系。军人方面之大重系统，于此可见，伊现为财政部缉私大（总）队大（总）队长，实际上等于一师长。闻设备种种，总算详尽，清华同学中军界方面，目前要推立人与（李）忍涛两位。

立人来后，予曾邀化成、小孟、嘉炀夫妇，在共和春宴叙一次，并约定游西山。先在转塘集合，晤中央银行之林君，本亦请立人游山，故两队并成一队。坐乘有篷大船，开留声机，玩桥牌，颇不寂寞。同行并有一冯君，系自港赴渝，途经昆明者。抵三清阁用膳，则林君夫妇预备讲究西餐，大嚼一顿。归城时途遇一舟，均系男女票友，林君亦与熟悉，相傍而行。细听邻舟之清唱，引为巧遇。虽因国家破碎，不应逢场作戏，然朝野终日愁眉不展，亦无济于事，偶尔散散心，亦甚合理。

1940年秋冬之际，孙立人觉得缉私总队的名称始终有种名不正言不顺之感，也为了利用在“八一三”淞沪抗战中打出的声威，重返军界，为国效力，沙场建功，促使所部及早参加抗战，于是呈请盐务总局恢复税警总团的原名。不知此时孔祥熙是如何考虑的，总之是同意了孙立人的呈请，恢复了税警总团的原名。三年来，税警总团是鸡鸣即起，出操上课，没有一日空闲，官兵体魄健壮，军事素质过硬，军风军纪也非一般部队能比。缉私总队也逐渐发展到六个团和五个直属营，成为一支爱国心强、战斗力强、纪律性强的劲旅。

挫败戴笠阴谋

从长沙到贵州，三载春秋，孙立人历尽艰辛，苦心经营，好不容易将缉私总队打磨成一支威武雄师。无奈心忧未解，再添新愁。缉私总队顽强的战斗力、优良的作风引起了其他派系的眼红和垂涎，他们纷纷采取措施，企图将缉私总队划归己有，“盗取”孙立人的训练果实。其中，孙立人最难对付的当属国民党最大的特务组织军统头子戴笠。

戴笠，字雨农，浙江江山人。1922年任汉山县自卫团团长时，结识蒋介石、戴季陶、陈果夫等人。1926年春到广州投奔蒋介石，给蒋介石当过勤务兵。戴笠后因替蒋介石充当耳目，搜集黄埔军校各方面人物的情报，为蒋所赏识，进入黄埔军校第六期骑兵科。1928年后，戴笠担任蒋介石的侍从副官，为蒋介石收集军事政治情报，开始受到蒋的赏识。1932年，戴笠网罗一伙法西斯分子为蒋介石筹建起特务组织复兴社，由蒋介石兼任社长。复兴社下辖组织、宣传、训练、特务四个处，其中特务处处长就由戴笠担任，由此也正式开始形成其特务系统。1935蒋介石成立“国民政府军事委员会调查统计局”，以陈立夫为局长，戴笠任第二处（特务处）少将处长，使其便于公开搞特务活动。1938年4月，蒋介石为了加强对人民的统治，在国民党临时全国代表大会第四次会议上，改组“国民政府军事委员会调查统计局”：以第一处为基础成立“国民党中央执行委员会调查统计局”，简称中统；以第二处为基础成立“国民政府军事委员会调查统计局”，简称军统，局长由蒋介石的侍从室第一处主任兼任，鉴于戴资历不够，任少将副局长。先后担任局长的贺耀组、钱大钧、林蔚等均对蒋介石对戴笠的宠爱心知肚明，故而对军统的局务也是毫不过问，因此实际主持局务的是戴笠。

据曾任军统总务处处长的沈醉回忆：“由于戴不仅在国民党内的资历太浅，而且在黄埔学生中的期别也低（第六期），蒋介石要想提升他，又怕别的部下不服气，只好叫他任副局长，负实际责任，而由蒋介石侍从室第一处主任兼军统局局长。所以历任侍从室第一处主任的贺耀组、钱大钧、林蔚，都兼军统局局长。这些人也了解蒋介石的意图，更懂得戴笠的为人，所以这些局长从不过问军统局的工作和人事、经费等，全部由戴笠一手包办，直接对蒋介石负责。”戴笠认为特务越多越好，组织越大越好，所以军统从武汉撤退到重庆后，机构迅速膨胀。戴笠自恃蒋介石的宠爱，四处伸手，不仅在国民党的军队、警察、行政、财政、外交、税务、群众团体、青洪帮会中派遣特务，而且不断在这些部门扩充自己的势力。以至于“抗日战争期间，在蒋介石集团统治的区域内，几乎成为特务世界了。当时军统特务无孔不入，而特务横行无法无天，更是弄得天怒人怨。戴笠的全盛时期——抗战中期到末期，军统所直接掌握和控制运用的单位，大一点的有一百多，而由军统打入进去的外围组织和地方组织则无法统计”。

当时按正规编制，在蒋介石管区、沦陷区、海外的军统特务两万五千六百人可领取经费。而实际上人数超过这个数字的一倍以上。所以军统组织开支庞大，另外还有许多无法报销的支出，都得靠戴笠设法来弥补。于是戴笠挖空心思，搜刮钱财。如税收、货物运输管理等部门，他都瞄准机会插手，安插特务从中把持、控制，以为特务组织谋财源。当时重庆民间流传着这样的隐语：“从军不如为正(政)，为正不如从良（粮食部门），从良不如下堂（食糖专卖部门），下堂不如当娼（仓库管理），当娼不如直接睡（直接税）!”其中末句的“直接税”是指军统大特务王抚州把持控制的一种税务。军统早就视直接税征管部门为肥缺，怎奈税收和缉私一直归财政部掌管，而财政部又是宋、孔两大家族的势力范围，戴笠虽虎视眈眈，也不敢轻易下手。不过戴笠十分善于寻找机会、利用机会。当财政部直接税局局长高秉坊因贪污暴露被判处徒刑后，戴笠趁机帮助王抚州抢到了直接税局局长的职务，并将局扩大为署，大量安置特务征税。抗战时期，物力维艰，税收和缉私在政府部门被视为“肥缺”，特别是税警总团，人枪充足，训练有素，更使他垂涎三尺。于是，戴笠打起了税警总团的主意。

对于税警总团，戴笠采取主动出击，置其于囊中的做法。1940年，物价高涨，法币贬值，财政危机日深，走私贩私现象十分普遍。戴笠借此面呈蒋介石，要求成立一个全国性的缉私机关，隶属于军事委员会，并将中央与地方的缉私部队，统一整编，统筹部署，以便打击日益严重的走私现象，保证财政收入的稳定。无疑，戴笠的实际目的是借此抢夺税警总团的武装，并打着缉私的招牌，聚敛钱财。蒋介石对戴笠是有求必应，自然“恩准”。但是，由于缉私历来属财政部管理的业务范围，不便同意将它改隶于军事委员会。最后决定，在财政部下设缉私署，统管全国缉私工作。戴笠虽然未能达到将缉私置于军委会，实际等于置于军统管辖这一目的，但获得了组建缉私署和整编缉私部队的权力。受命之后，戴笠在重庆、西安、湖南衡山等地设立规模颇大的“查缉干部训练班”，命令军统局各单位，迅速将无工作作用与应行撤退人员，经过甄别后，一律送到“查干班”受训。缉私署各省分支机构所需工作人员，由“查干班”提供。

1941 年 12 月 15 日，孙立人接到财政部命令，说是奉行上级指示成立缉私署，要求孙立人交出税警总团的指挥权，由戴笠担任署长，孙立人担任副署长。孙立人以无意仕途为由，拒绝交出指挥权。随即，戴笠很快便发来了第二道指令，派遣由二十五人组成的校阅组来到税警总团开展校阅工作。校阅组这班人官气十足，颐指气使，对孙立人制定的校阅程序多方挑剔。校阅组在检阅战斗演习时，指手画脚，显得十分不屑又很不耐烦，甚至对孙立人所指定的训练内容提出质疑，认为税警总团并不是战斗部队，所训内容以实战部队为蓝本，并不符合缉私要求。由此，演习也不得不中途停止。吃饭时，税警总团官兵向来大锅饭菜，大家同吃，给他们破例招待羊羔美酒，他们却觉得不够意思，竟提出了更加过分的要求。总之，校阅组是百般刁难，吹毛求疵，其来意不善、居心不良之态可谓暴露得淋漓尽致。

果不其然，校阅组回重庆后不到半个月，上面即有批示下来，说根据校阅报告，税警总团纪律荡然，毫无中心思想，训练不切实际，着即交缉私署严加整顿。其所谓“纪律荡然”是无中生有的诬蔑。所谓“毫无中心思想”无非是指责孙立人大力提倡“精忠报国”，而不像他们念念不忘拥护“一个领袖、一个政党、一个政府”。所谓“训练不切实际”是指税警总团不该搞作战训练，远离缉私业务要求。对此，孙立人早就预料到了，估计第三道命令一定是要吞并税警总团。为寻求自保，抵抗戴笠的阴谋，孙立人和副总团长齐学启商量，决定由孙立人去重庆打听事态发展的情况，相机澄清是非曲直并寻求援助，齐学启则留在总团主持日常工作。

1942年元月5日，孙立人偕夫人张晶英到重庆，先去拜访财政部部长宋子文，不巧宋子文正在美国华盛顿开会。孙立人只好前去拜见行政院院长孔祥熙，报告校阅的具体情形。直到此时，孙立人方知原来蒋介石已经下令将税警总团划归戴笠整训。得知此消息，孙立人越来越激动。孔祥熙虽然看不起戴笠，但鉴于戴笠是蒋介石面前的“红人”，也不敢得罪蒋介石，表明自己也无能为力。在孙立人的一再请求下，孔祥熙只好答应将蒋介石的手谕暂时缓压几天。

辞别孔祥熙，孙立人先后找到侍从室主任贺耀组、军令部厅长刘为章以及与戴笠关系走得近的清华同学何浩若，然而却都没有结果。一日，孙立人在报上看到日军于元月20日越过泰国边境，进攻缅甸，缅甸的宗主国英国要求中国派兵支援。孙立人敏锐地觉得税警总团报国的机会来了，又去有关部门打听情况，托人帮忙让税警总团出国作战；一面再央求孔祥熙乘蒋介石访问印度期间，再将其手令拖延几天后发布。不久传闻中国政府决定派遣远征军协防缅甸，且已排定第五军、第六军，另外一军尚未排定。就在这个节骨眼上，负责编组中国远征军的军政部部长何应钦因手头无兵可派，想起了一心要参战的税警总团团长孙立人，即派人召见孙立人。在这种情况下，两人见面自然是皆大欢喜，何应钦是找到了可供组建远征军的生力部队，孙立人也是既保全了部队，又完成了抗日杀敌的心愿。

但是几天以后，军事委员会发布的命令却是把税警总团的第二、三、四团编为新三十八师，隶属于张轸的第六十六军，另三个团划归戴笠的缉私署。接到命令，孙立人见部队被人宰割是心如刀割，但又无可奈何。向孔祥熙辞行后，孙立人担心夜长梦多，随即连夜乘车返防。孰料，戴笠吞去税警总团的一半，仍不甘心，竟派手下的特务监视孙立人的行踪，图谋不轨。幸亏孙立人警惕性高，出了重庆，与司机轮流开车，风驰电掣般地飞返防地。当军统特务发觉孙立人已离开，立即驾车追赶，到了贵阳也未赶上，直到看见孙立人已进入自己的防地，才悻悻转回去。孙立人得以化险为夷。

对于戴笠使尽浑身力气，企图吞并税警总团的那段往事，孙立人可谓刻骨铭心，在孙立人的回忆录中，他花了大量笔墨，重现了那段艰苦、悲伤的往事：

> 12月15日（指1941年），本总队接到财政部的命令，说奉层峰的命令成立缉私署，由戴笠兼任署长。我接到这个命令时，真是丈二和尚摸不着头脑，不知道这到底是怎么回事。但我直觉中认为这一定是有人作谋。接着第二道命令就是戴笠派人到都匀实地校阅缉私总队，校阅委员共有二十五位之多，官派十足，如同钦差大臣来巡察。我们把校阅程序排定之后，他们总是多方挑剔。当战斗教练团对抗开始时，我们给校阅官准备了马匹，但是他们不要，并说，他们坐轿子坐惯了，没有轿子至少坐滑竿也好，真令我们啼笑皆非。这还是头一次听说阅兵的校阅官要坐滑竿的。
>
> 他们既有无上的权威，我们只好给他们准备了滑竿。演习到了中途，我们正在崇山峻岭之间，校阅官好像看得不耐烦，虽然再三地向他们讲解演习的经过，他们却说：
>
> “你们训练这些干什么？你们又不是作战部队，你们只是缉私税警。”
>
> 我当时就很不客气地说：
>
> “虽然我们是缉私为名，但实际上我们是作战部队。抗战，出生入死，有我们的份，任何人都没有办法将事实抹杀的，况且现在国家危急，正在与敌作生死之战，需要能征惯战的部队，我们作此训练有什么不对呀？”
>
> 当时大家很不愉快地勉强中止了战斗演习。这些校阅官，由言谈及各种举止看来，都是做官有道，不知军事训练为何物。但我还是忍气吞声地敷衍他们，尽量不使他们难堪。
>
> 吃饭的时候，我们官兵向例都是一样的大锅菜，为了

他们却破例供应羊羔美酒招待。他们校阅了二十几天，皮毛细微，不切实际，以搞情报的姿态来校阅部队，其来意不善，居心不良，可以想见。

他们回到重庆，不到半个月，上面就有批示下来，说根据校阅报告，缉私总队纪律荡然，毫无中心思想，训练也不切实际，着即交缉私署严加整顿。我早就料到有这一招了。当时我和齐副总队长学启商量这件事，认为下一招就是要吃掉这个部队了。国家在危急存亡之秋，大敌当前，这样一支训练精良的劲旅，求都求之不得，怎么反而来这么一手？这不是替敌人来毁灭自己，与汉奸有什么两样？无异是秦桧的化身！我决定到重庆去打听事实真相，以便争个是非曲直。

民国三十一年（即1942年）元月5日，内人看我急着要到重庆去，但是不知道为了什么，她也就跟着我去了。

到了重庆，我就去找宋部长，不巧宋先生正在美国华盛顿开会，我只好去见孔院长，把情形给他报告了之后，他说：

“是啊！这是委员长下的条子，要把缉私总队归戴笠整训，我也没有办法。”

我问孔院长：“手谕是不是还在院长这里？”

他说：“是，还没有发下去，但是也不能压得太久了。”

我跟他说：“院长为什么不把实际情形告诉委员长呢？”

我把校阅的实际情形报告了孔院长，并说：

“这种颠倒黑白的汇报，使我认为都是奸人作祟搞的特务行为，看到有部队训练好了就想据为己有。这是他们一贯的作风！可是现在是什么时候了，还只为自己打算，是不是一定要弄到把国家亡于异族，也亡于家奴，才算甘心？我个人事小，国家事大，我敢说，我们这支部队是全国第一流的，不管哪一方面都是最好的，如果这样随随便便就给一个搞军事情报的，会给糟蹋掉，最起码首先就给官兵一个大大的打击，认为国家没有是非，黑暗透顶，太危险了。”

孔院长听了我的话，叹了一口气说：

“我是知道你的，我也跟委员长说了你是非常地能干，在上海作战负伤，你的部队在上海成绩如何好，所以才叫你成立缉私部队，并且说你现在训练非常努力，也提到你在南昌行营三四十个师、一百多个团举行射击比赛，你的团得到冠军，蒙委员长发给银杯。但是委员长却一再否认说：没有，没有，他没有得到冠军。”

听了孔院长这番解说，知道他为此事已仁至义尽，无能为力了。我只向他要求，请他为国家，也为缉私总队全体官兵着想，暂时把这个手令压几天，让我找机会向其他单位想想办法。他说：

“好，那就去办吧。”

我从行政院出来就去看办公室主任贺耀祖，把经过情形跟他叙述了一番。他很表同情，但他说：

“这条子已经下去了，我们没有办法。”

我接着又去看军令部厅长刘为章，把情形给他讲了，他摇摇头也说：

“他条子已经下了，我又有什么办法？”

我跟他说：“国家正需要作战部队，急如星火，为什么把这样好的一支队伍葬送在缉私上？”他表示赞成我的意见，但是已成定局的事实，他也没有法子可想。后来我又去看了一位清华的同学何浩若，他人很能干，Norwich 军校毕业，又是经济学博士，文武全才，我知道他是走戴笠这条门路的，我去找他，看看他有什么办法可想。我把情形讲了后，由于我们平时很要好，他直截了当地跟我说：

“这还有什么话说，就交给我好了。”

但是我心里想：我真笨啊，我找他不是与虎谋皮吗？

当时我犹如热锅上的蚂蚁，简直是走投无路。

有一天，内人看我烦闷，她就要我到郊外走走，散散心，到胜观洞去玩，其实我哪里有闲情逸致游山玩水，但在无可奈何的情形下，也就跟她出去走走，排遣一下烦闷的心情。到了那儿，见地方很小，风景却不错，石洞很深，内有观音铜像。内人去烧了香，求了一个签并做例行祷告，同时她还劝我也烧了一炷香，诚心诚意地向观音菩萨求一个签。于是我仰首问苍天，很诚心地抽了签，想不到这支竟是上上签，大吉大利。签文的大意是说，你现在好比是只仙鹤困在笼子里，有朝一日，你会破笼而出，远走高飞，鹏程万里。这支签给了我很多鼓励，使我想到事在人为，不管怎么样，都该奋斗到底，到最后绝望时，犯颜直谏，为国家命脉、民族正义而殉道，亦在所不惜，这是我当时的决心。

不久我在报上看到日军于元月 20 日开始越过泰国边境，进入缅甸，同时英国要我国派兵支援的报道。我心里想，也许是机会来了。当时的国内已是山穷水尽，内无可用之兵，外无可来之援；缅甸与我们息息相关，是外援补给的一大动脉，万一缅甸被日本占领，我们对外也就完全断绝了，所以我们派兵帮助英国协防缅甸，是势在必行的。但这只是情况的一个判断，用不用我这支部队还是一个问题。我只有把握机会，向各方面去联络，去打听，但都是碰壁。可是我并不灰心，为国家效忠，为官兵请命，不管什么委屈，我都能够接受。我又急着去见孔院长，一见面他就问我：

“事情办得怎样了？”

我回答说：“还没有头绪，不过依照局势看，可能有一线机会派去作战，但是一般人私心为重，我就无法推测了。”

最后还是请他把手令再压一下，延后发布。他看我很着急的样子，就答应再压一下。

那时适逢委员长访问印度，可以把缉私总队归属的问题，稍微缓冲几天。同时又传闻我国要派远征军协防缅甸，说是已排定第五军及第六军，另外一军尚未排定。就在这个节骨眼上了，忽然军政部何部长派人来找我，我心中就像鹿撞似的，想到也许是机会来了，我就去见他。他说：

“你是缉私总队孙总队长吗?”

我说：“是的。”

他又问我们部队作过战没有，我就把在上海作战的经过告诉他。他又问我们愿不愿意去打仗，我告诉他：

“这是求之不得的，养兵千日，用在一时，打仗是军人的天职。”

他说：“那好，我就给你签上去，参加远征军的序列。”

我当时心里如释重负，喜不自禁地说：

“谢谢部长。”

我回去之后，就把情形告诉内人。她向我说：

“自从去年12月事情发生后，我就没有见你的笑容，今天总算又看到了。”

紧接着我去见孔院长，把何部长找我去的事说了一遍，他听了表示很高兴地说：

“成立缉私总队，我只是想为国家培养一点力量，并不是为了培养个人的武力来保护自己，平时人们对我有些误会，以为我是拥兵自重，但是我认为这支部队是取之于民，当然要用之于民，现在军政部既然有这样的打算，委员长可能会同意的。”

那时宋子文仍然在美国开会，没有办法向他报告。我打了个电报给副总队长齐学启，告诉他形势的发展，以免他焦念。我再去见刘为章厅长，向他辞行。他告诉我：

“这次你运气好，在后方兵力驻地表上再也找不着其他部队，只有你们缉私总队可用，所以就签了你们，望你好自为之。”

但数天之后，军事委员会发的命令却是把缉私总队的二、三、四三个团编为新三十八师，隶属于张轸的六十六军，另三个团划归戴笠的缉私署。

接到命令后，我心如刀割，我想到辛苦了数年才训练出来的六个团，现在一分为二，各奔东西，尤其想到第一、五、六团将来的命运，又要如何受人宰割，由他们那些不知用兵的人统辖，用来作威作福而不能达到杀敌报国的初衷，这样的部队拿来用作他们看门的家丁浪费掉，实在是太可惜了。尤其这六个团中，以第一团战力最强，结果硬是被挖去了，同时各团因为兵源困难，缺员很多，如果编足额以成为作战部队，战力当倍加大；戴笠原来是要把整个缉私总队吃下去，但为形势所限，不能整个吞去，也要咬去一半，不然他绝不甘心，这是他们的一贯作风。

但是事已至此，也是无可奈何。何况杀敌之事已急如星火，我接到命令后，马上去向孔院长辞行。他说：

“你这一次出国去打仗，要好好地打个胜仗回来，为国家争光荣，也给我们争面子。”

我当时回答他说：“请院长放心，我们一定尽到军人的天职，抱定不成功便成仁的决心。”

他说：“那好，希望你保重。”

我带着内人连夜乘车返防。到了都匀，见到齐副总队长学启，他是我的生死之交，也是我的良师益友，有许多话我只能向他吐露，他也了解我内心的苦闷。我们当时一见就相拥而泣，好半天才说得出话来。我们的哭，不是伤心，也不是痛苦，而是不平的哭泣。我们是赤诚爱国，贡献自己一切忠胆热血，但是为什么我们要受这样不平的待遇？

回到都匀，我几乎不敢向部下训话，更不敢向被迫留下的三个团告别，因为这些干部同样是我亲手训练出来的，我怎么忍心和他们挥手告别呢？但是不告别就一走了之，又岂合乎人之常情？我只好在 2 月 27 日集合全体官兵讲话。我那时心乱如麻，满肚子委屈，那凄惨哀怨的往事，直到现在仍然印象鲜明。

我忍痛开口向他们宣布说：

“现在奉军事委员会命令将本总队部与第二、三、四团编为新三十八师，即日起向云南安宁出发，到达目的地后即向第六十六军军长张轸报到；其余第一、五、六团仍隶属财政部缉私署。同时，我亲切地告诉你们，我们总队将分为两部分，一部分马上出发进入战场，留下来的兄弟，希望不久也能把握机会杀敌，大家一致的信念是为国家尽忠，为民族争光，我相信你们一定会信守不渝的。”

他们听了我的话，都明白我心中的痛苦，于是大家同声哭泣，就此告别。

从孙立人提供的这段回忆里，我们不难看出，实际上宰割孙立人的部队，不让这支精锐部队立功于疆场的，正是蒋介石本人。当初宋子文建立税警总团，却被蒋介石派进去的几个亲信把它改编为胡宗南的第四十师。这次宋子文怕重蹈覆辙，所以鼓动孔祥熙创立了这支缉私总队，即便这样，隶属财政部的缉私总队仍然被蒋介石视为眼中钉。孔祥熙所说的有人对他有些“误会”，明显地就是指蒋介石对他的“误会”。连孔祥熙、宋子文这样一人之下，万人之上的“皇亲国戚”、达官显贵都尚且庇护不了这样一支区区一万多人的部队，蒋介石的专断、不顾国家生死存亡的作风也就可见一斑了。不排除戴笠可能也在其中起了些挑唆的作用，但若不是蒋介石一心要剪除异己，连“国舅”都不放过的话，戴笠又何敢公然地与孔祥熙、宋子文作对？

本来，凭孙立人的洞察力，判断事情真相并非难事。只因孙立人如同他所最崇敬的英雄岳飞一样，是个被根深蒂固的“忠君”思想所束缚的人。孙立人通晓军事，却对政治涉入不深，所以遇到不平和委屈之事，只懂得“犯颜直谏”。孙立人痛骂戴笠，但不敢去想一想戴笠只不过是蒋介石的一个工具；孙立人对旧中国的腐败深恶痛绝，却又竭力维护蒋介石的统治地位。由此也造成了孙立人初涉军营的磨难，也酿成了他日后被蒋介石卸磨杀驴、幽禁台中长达三十三年的人生悲剧。

贵州练兵，练就精英锐旅。三年的时间里，孙立人可谓苦心孤诣，夙兴夜寐。针锋相对，走上远征道路。塞翁失马，焉知非福。怀着部队被分割的伤痛与上场杀敌的憧憬，孙立人踏上了远征缅甸的道路，也正是在这片陌生的土地上，孙立人的人生得到了转机，也成就了他的一世英名。

第四章　使命与光荣

“不鸣则已，一鸣惊人。”秉承着“以战胜为荣，战死为荣”的信念，“将有必死心，士无偷生念”，孙立人率领着他的新三十八师，满怀斗志地踏上了异国疆域，参加了第一次缅甸战役。担任曼德勒卫戍司令，孙立人成为中国将领在国外担任地方军事行政长官的第一人。获命危难之际，成就使命光荣。仁安羌一战，杀敌救援，力挽狂澜，孙氏威名遍地传。战局逆转，盟军撤退，孙立人从容殿后，圆满完成掩护任务。关键时刻，孙立人再次挺身而出，与杜聿明针锋相对，安全退守印度，成为缅甸盟军中唯一一支保持完整战斗力的部队。

组建中国远征军

太平洋战争爆发前，国际形势对中国抗战十分不利。“卢沟桥事变”后，国际上对中国抗战作壁上观。蒋介石虽向美、英两国政府一再呼吁斡旋，希望“国联”制裁日本，但美、英各国只是在口头上表示支持，并不采取任何实际行动，听任日军在中国大打出手。宋美龄曾在南京对美国发表广播讲话，对国际社会的不管不问进行了强烈谴责：

> 世界上的人们，忽略了当前正在中国逐渐扩张的灾祸实况。列强曾订立巴黎非战公约，防遏战争，并且设有国

联，用这双重的保障来制止侵略国家向弱国作无望的侵凌，奇怪的是，今竟荡然不存。更奇怪的是，积年累月，逐渐形成的战时国际法，……原是节制战时行为，保护非战斗人员的，竟也和这些条约一同化为灰烬。所以我们今天重复回到了弱肉强食的野蛮时代。

其实早在日俄战争之后，日本国内对西方，特别是对美、英就严重不满，日本海军的发展一直就将美国作为假想敌。第一次世界大战后，日本占领了德国在太平洋地区的殖民地——加罗林群岛一线，与美国在太平洋地区的防御圈已然相邻。在对华态度上，日本一直梦想独占中国，而美国则要求利益均沾。1931 年日本发动“九一八”事变，进占中国东北地区，再次尝到了扩张的好处。

1937 年日本发动侵华战争，并逐步扩大规模，严重威胁西方各国在中国的利益。为了独霸东亚、争霸世界，日本统治集团早就确定了南北并进的国策方针。1938 年和 1939 年，日本在中苏、中蒙边境上分别挑起张鼓峰事件、诺门坎事件，与苏联爆发了武装冲突，由于双方在军事力量上的巨大差距，日本关东军败北，被迫放弃北进计划，转入对苏防御。

1940 年，德国侵占西欧。英国、法国、荷兰在远东的力量逐渐薄弱；美国又忙于支援抗德战争，无力东顾。日本军国主义认为，这是南进的好机会。同年，近卫内阁抛出大东亚共荣圈计划，妄图建立一个包括中国、朝鲜以及东亚全区，进而包括大洋洲在内的日本殖民大帝国。1940 年 9 月，《德、意、日三国同盟条约》在柏林签字，严重刺激了当时已确定“扶英抗德”的美国。1941 年 4 月，日美谈判开始前后，日本陆续占领整个印度支那，发生法属印度支那进驻事件，使之成为战略物资供应基地和南进跳板，进一步加剧了美日间的矛盾，同时使美国对日本的扩张野心有了明确的认识。美、英等国强烈要求日本从中国撤军并停止扩张，并以限制废钢铁和石油出口对日本进行要挟，以图迫使日本就范。1941 年 10 月 18 日，主战派东条英机内阁成立。12 月 1 日御前会议决定向美、英、荷开战。8 日凌晨（日本时间 8 日 3 时 20 分，夏威夷时间 7 日 7 时 50 分），日军在联合舰队司令山本五十六的指挥下，偷袭美国在太平洋最大的海空军基地夏威夷群岛的珍珠港。同日，美、英对日宣战，太平洋战争爆发。

珍珠港事件后，日军以秋风扫落叶之势，迅速击败了驻扎在印度支那、中国香港、新加坡、马来西亚、印尼以及菲律宾的法、英、荷、美各国军队。在日军迅猛的攻势面前，西方军队可谓不堪一击。反观中国抗日战场，中国军民为世界反法西斯战争的胜利做出了极大的民族牺牲，拖住了日军整整二十一个师团和二十个旅团以及为在东北镇压我东北抗日军民并警戒苏联的十三个师团。

而日军在太平洋、印度洋沿岸同西方各国作战的部队总共才有十一个师团和三个旅团。倘若中国沦陷，日军就可以把半数以上的在华侵略军抽调出来对付西方，日寇同希特勒军队在印度、伊朗会师的计划极有可能得逞。直到此时，西方国家，特别是美国的有识之士才逐渐认识到了支援中国抗战的重要性。同时，美国罗斯福总统、马歇尔总参谋长、艾森豪威尔将军等美国军政领导人都清楚地预见到，由于中国离日本本土最近，拥有众多的人力、物力和为数众多的机场、港口，从中国去轰炸日本本土和从中国港口出发在日本登陆，远比从太平洋诸小岛与日军逐岛争夺要好得多。中国将是日后反攻日本本土最理想的战略基地和大后方，所以美国对于援华抗日一事也便更加积极。

自 1937 年“七七事变”爆发到 1938 年 10 月 21 日日军攻陷广州，中国军队坚持抗战所依赖的外国援助的军用物资运输线，主要有以下四条：香港通向内地的交通线，西北连接苏联的公路线，云南昆明通往越南海防的滇越铁路，昆明通向缅甸仰光的滇缅路。但是随着 1940 年 9 月日军占领越南，滇越铁路被切断；1941 年 6 月苏德战争爆发后，苏联全力投入卫国战争，无力东顾，通过新疆公路的援华运输也中止了。同年 12 月，日本为了实现其所谓“大东亚共荣圈”，继发动“珍珠港事件”后，又在东南亚、太平洋实施大规模的进攻，连下中国香港、马来西亚、新加坡、印度尼西亚……因此，由香港通往内地的路线也被切断。这样一来，滇缅公路成了中国抗战唯一的输血管和生命线。

早在1938年，鉴于日军经常对粤汉铁路和滇越铁路狂轰滥炸，外国援华的各种物资难以正常运输，所以中国政府动员了数十万民工，胼手胝足，翻山越岭，经滇西横断山脉，跨怒江、澜沧江、漾濞江三大河流，克服天险，用八个月时间抢修了滇缅公路。由此，滇缅公路也成为当时世界工程史上的一大奇迹。滇缅公路东起昆明，向西过大理折向西南，从畹町跃出国门，与由腊戍伸展过来的缅甸公路会合，然后穿过缅甸故都曼德勒，向南到缅甸的首都仰光，全程两千多公里，其中在中国境内九百六十三公里。滇缅公路1938年正式通车，1939年欧洲战争爆发前每月运送物资仅约两千吨，1940年6月达到一万吨，年底即达到每月1.5万吨。1942年初日寇攻占越南进驻泰国后，滇缅公路就成了中国赖以与国外友邦联系的唯一交通命脉，所以中国必然要不惜一切代价保卫这条关乎自己生死存亡的交通命脉。

日本军国主义者对缅甸早就垂涎三尺，志在必得。并且早在20世纪30年代初就向缅甸派遣了大批特务，以僧侣、商人、医生、护士和教师等伪装身份在缅甸定居，搜集情报，收买缅奸，挑拨离间中、缅关系。新三十八师在缅甸作战时，所缴获的日本刊行的《缅甸兵要地志》中写道：

> 以现在及未来的世界情势而论，缅甸实在占有极其重要之地位，为确保大东亚战争之胜利，而与“满洲国”共同形成两大据点，若能确保缅甸，不但能控制去就彷徨之泰国及安（越）南，又能封锁英属之马来半岛及苏门答腊等地，借以阻止英人东进之企图。
>
> 上缅甸（即北缅）之地形：北部突伸与云南及印度接壤，其西部因有“阿拉干”及“卡查尔”山脉，构成一弧形之地势。再北上与“巴豆开”山脉相连，最北部与安南北上之山脉及“其培特”高原相会，而形成地理上之要冲。

在作战之时，若能确保北缅甸地区，不但能遮断中印间之交通，又能挟制重庆政府，更能阻挫英、美利用中国大陆进攻日本本土之雄心。

日军大本营在东印度群岛顺利得手后，便将魔爪伸向有“金孔雀”之称的缅甸。其目的就是想截断美、英对中国军队进行补给的滇缅路，以便有效地孤立中国政府，尽快结束在中国战场的军事行动；同时以此作为进攻印度的跳板，与德、意法西斯会师中东，共同称霸世界。

在这种形势下，中、美、英在缅甸联合抗击日军的入侵，就成为历史的必然了。

缅甸是中南半岛上面积最大的国家，1885 年沦为英国的殖民地，并为英属印度的一个省。1937 年改为英国的直辖殖民地。缅甸战役爆发前，英国认为日本不会进攻缅甸，对其防御并不重视。特别是欧洲第二次世界大战爆发后，法西斯德国军队在欧洲长驱直入，席卷西欧，1940 年 6 月 4 日英法军队在敦刻尔克撤退后，英伦三岛岌岌可危，更是无暇东顾。于是，英国在远东奉行绥靖主义政策，于同年 7 月与日本缔结封锁滇缅路三个月的协定，幻想以妥协为代价来换取缅甸这块殖民地的平安。由于中国和美国的反对，以及战局的变化，1940 年 10 月起，英国又重开滇缅路，想借助中国的军事力量，支援其在远东殖民地的军队，挽救其远东大后方的危机。

自日本侵占海南岛和印度支那，切断了中国经南海和印度支那的海、陆对外交通以后，中国政府对滇缅路这条国际交通线的安全日益担心。当时外交部部长宋子文惊呼：“倘若日寇进犯缅甸，断我赖以生存的滇缅路，我后方军民无异困守孤城，坐以待毙。”因此，中英双方酝酿成立军事同盟。1941 年 1 月，应英国政府之邀，“中国缅印马军事考察团”到缅甸、印度、马来西亚做了三个月的军事考察。事前，孙立人获得消息，通过孔祥熙写信给侍从室，希望安排他随团考察。因负责组团的何应钦对孙立人走孔祥熙的门路颇为不快，以税警人员不宜参加军事考察为由，拒绝了他的申请。考察团经过三个月的考察，最后双方提议中英建立军事同盟，中国派军队进入缅甸布防，并制订了保卫缅甸的共同防御作战计划。

根据共同防御作战计划，中国准备派三个军前往缅甸协助英军作战。这三个军是第五军、第六军和第六十六军。第五军、第六军均是蒋介石嫡系。其中第五军下辖第九十六师（师长余韶）、第二〇〇师（师长戴安澜）、新编第二十二师（师长廖耀湘）；野山炮混合炮兵团、特务团、工兵团、辎重兵团、补充团各一；战车防御炮、重迫击炮、搜索营（骑兵、摩托车混合编战）、通信兵营各一；汽车大队、特务队各一，全军4.2万人。第五军军长杜聿明，字光亭，陕西米脂人，黄埔军校第一期毕业，曾参加北伐战争、长城抗战。1937年，任国民党首支装甲部队装甲兵团团长，率部参加淞沪会战。1938年装甲兵团扩编为中国第一支机械化部队——陆军第二〇〇师，他任师长。翌年升任第五军军长，率部参加桂南会战，取得昆仑关大捷，击毙日军第五师团第二十一旅团旅团长中村正雄少将及以下四千余人，声名大噪。1941年下半年，蒋介石酝酿成立中国远征军第一路，将其定为副司令长官兼第五军军长。

第六军下辖的部队有：彭璧生的第四十九师、吕国铨的第九十三师、陈勉吾的暂编五十五师。第六军全部接受过德式训练，所有装备全都是德式装备。军长甘丽初，字日如，黄埔军校一期毕业生。曾参加国民党东征和北伐，因立有战功，抗战爆发前升迁至国民党陆军中将。抗战爆发后，甘丽初于1938年率部参加台儿庄会战，9月即升任第六军军长，又率部参加武汉会战。1939年参加桂南昆仑关战役，与杜聿明所部协同，给了日军以沉重打击。中国远征军成立后，甘丽初又率领所部第六军参加了入缅作战。

第六十六军是新组建的，下辖新编第三十八师、新编第二十八师和新编第二十九师。新编第三十八师即是由孙立人的税警总团改编而成的。1940年后，国民党军队师的编制通常为：一个师下辖三个正规团，一个补充团，炮兵营（山炮六门）、辎重兵营各一，骑兵、战防炮、工兵、化学兵、通信、特务连各一，野战医院一所，全师约一万人。武器装备为步枪三千一百支、轻机枪一百六十二挺、重机枪五十四挺、迫击炮三十六门、战车防御炮四门。实际上新三十八师只有三个团，每团三个营十二个连，加上四个直属连，共四十个连的兵力。

然而，英方虽希望中国军队抵抗日军，却又担心中国在历史上与缅甸的宗藩关系，一旦中国军队入缅，将来赖着不走，势将危及其殖民统治，所以不同意中国军队入缅，仅允许中国军队在中老（挝）、中缅边境布防。太平洋战争爆发后，日本向美、英宣战，中国国民政府正式对日宣战，同时向德、意两国宣战，并提议中、美、英、苏、荷、澳等国成立军事同盟，英国表示赞同，于 12 月 10 日派武官邓尼思请求蒋介石派军队入缅布防。蒋介石即于次日向第五、六两军发布入缅作战动员令，并令第六军第九十三师和第四十九师一个加强团开赴中缅边境，归英缅军总司令胡敦指挥。16 日，蒋介石又下达第二次动员令，并向英属印度全军总司令、美英荷澳远东战线最高司令官韦维尔爵士表示："如有充分计划，愿以精兵八万援缅。"鉴于当时获得国际援助的困难，中国方面对派军队入缅协同英军保卫仰光是非常积极的。在 1941 年下半年，中国政府就成立了国民政府军事委员会驻滇参谋团，以军令部次长林蔚为团长，策划中英有关作战的一切业务。参谋团先是驻扎云南昆明，中国远征军入缅后，改称"驻滇缅参谋团"，驻缅甸腊戍。

韦维尔始终对中国抱有强烈的偏见，认为中国军队仍如晚清时期一般，毫无战斗力，他国凭借几门大炮即可打开中国国门。为此，韦维尔要求中国军队入缅人数"不超过一个团"。对此，蒋介石也是大为不满，下令第五、六军暂勿入缅。

1940 年 11 月，罗斯福第三次当选美国总统，逐渐改变了以前美国政府对远东实行的绥靖政策，关心着中国抗日战争的前途。罗斯福担心一旦中国屈服，日本就会长驱直入，占领澳大利亚、印度，进而与法西斯德国会师中东，瓜分世界。从美国长远利益考虑，罗斯福希望战后中国成为名副其实的东方大国，首先站在美国的一边，以填补日本留下的真空，并成为抵御苏联的广阔地带。因此，他经美国军事代表团团长马格鲁德准将向蒋介石建议，派中国军队从速入缅，保护仰光和滇缅公路的安全，并召集联合军事会议。12 月 23 日，中、美、英三国联合军事会议在重庆召开，三国代表达成五点协议：成立由美国人主持的联合军事委员会；建立保卫缅甸的中英联军统帅部；中国派远征军三个军入缅布防；由美国向中国军队和空军志愿队提供武器弹药和燃料；派美国空军志愿队协防缅甸和云南。同日，韦维尔代表英国与中国在重庆签订《中英共同防御滇缅路协定》。但韦维尔借口交通补给尚无准备，仍然拒绝中国军队入缅。经美国人居中斡旋，韦维尔终于接受中国派遣一个师入缅。这样，第六军第四十九师开往缅甸掸邦萨尔温江东西两岸的景栋、昆欣等地接防。

1942 年元旦，苏、美、英、中等二十六国在美国华盛顿发表联合宣言，声明一致对抗德、意、日法西斯轴心国，绝不与敌单独媾和。中国成了华盛顿宣言的四大领衔签字国之一。1 月 3 日，盟国根据罗斯福的建议，成立中国战区盟军统帅部，蒋介石出任最高统帅，战区范围包括中国、泰国和越南的一部分以及北缅（后来北缅划归东南亚战区）。经蒋介石请求，美国任命史迪威担任中国战区盟军统帅部参谋长。

史迪威，1904 年毕业于西点军校。1920 年至 1923 年美陆军部派他为语言官来北平学习华语。1926 年至 1933 年任美陆军驻天津第十五步兵团营长。1935 年至 1939 年任美国驻华大使馆武官。在华期间，他的足迹遍布各省，通华语，深谙中国文化历史，对中国军界的了解亦很深。此次来华他的职责和任务是保持滇缅公路的畅通，指挥归他节制的中国军队，协助提高中国军队的战斗力和提高美国援华作战物资的作用。

很难想象蒋介石这样一个嗜权如命的人会把十万大军交给史迪威去指挥，然而事实却又如此。其实，蒋介石抬出史迪威不过是为了在他和英国人之间多一些缓冲的余地，好避免直接同英国人发生冲突，而不是真正让史迪威全权指挥中国远征军，实际上真正指挥中国军队的仍是蒋介石本人。对此，杜聿明也是心领神会。为此，史迪威也抱怨道：

出于愚蠢、害怕和防御态度，我们失去了在东吁痛击日本人的大好机会。根本原因在于蒋介石的干涉。……他如果不在我的前后和杜及林蔚打交道，他们或可服从我的命令。他不肯缩手不干预，远在前线一千六百里之外，他根据零星的情报和不正确的战略概念，不断地下令做这样做那样……他的经常干涉和写信所造成的后果是使得我微小的权力全然无效，我没有部队，没有警卫，没有权力枪毙任何人。军和师的司令官所最感兴趣的事是干他们认为他想要干的事，他们何必服从我？

为了指挥权的问题，史迪威曾由缅甸前线飞回重庆与蒋介石会晤。会晤中，史迪威用强硬的措辞，毫不留情地提出，要么接受他的辞呈，要么就给他指挥一支部队的全权。为平息史迪威的愤怒，缓和史氏与杜聿明之间的矛盾，蒋介石任命罗卓英为中国远征军第一路司令长官。罗卓英，字尤青，别号慈威。保定军官学校八期炮科毕业生，早年参加东征，随后又参加北伐，历任北伐军炮兵连连长、副营长，国民革命军第二十一师参谋处长、参谋长，第三十三旅旅长，第十师师长。1928 年，因“整军经武，屡建殊勋”，擢升为第八军副军长，第五军、第十八军军长等职务。抗战爆发后，先后参加了上海抗战、南京保卫战、南昌会战、长沙会战等重大战役，1942 年出任中国远征军第一路司令长官。罗卓英是陈诚系的干将，而杜聿明属于何应钦系。在蒋介石的嫡系中，陈、何两系既是主力，又是对头。随后，蒋又召集罗卓英、杜聿明等，当着史迪威的面，明确地表示由史迪威负责指挥中国远征军，他“将对付英国人”，“有全权提升、罢免和处罚中国远征军的任何官员”。但据杜聿明后来回忆，蒋介石并未明确规定史迪威与罗卓英相互间的地位。不仅如此，蒋介石还要了个小手段，答应给史迪威一枚刻着史迪威官衔的大图章，以确认他的指挥权，任何远征军的文件只有盖上这个图章后才能生效。不久，史迪威收到图章，但与蒋介石当初的许诺大不一样，上面刻的中文字是“同盟军总参谋长”，而不是“援缅军总司令”。此外也没有随图章一同送到给予奖惩之权的权限证明书。缅甸之役结束后，到印度的新三十八师的军官说，刻着“同盟军总参谋长”字样的图章表明史迪威仅仅是个“顾问”，而不是指挥官。史迪威悲哀地感叹：

> 我在缅甸和中国人、英国人、我自己的人就给养、医务等问题，做拼命的挣扎。偶然地，也和日本人做斗争。

指挥系统如此紊乱，权限不明，各有所私，焉有不败之理。

正当中、英两国为缅甸问题争执不下的时候，日本已迅速做好了进攻缅甸的准备。担负攻缅作战任务的日本部队是陆军第十五军，司令官为饭田祥二郎陆军中将。日军陆军第十五军下辖第三十三师团和第五十五师团，总兵力共计 3.5 万余人。日军第十五军于 1941 年 12 月 8 日在曼谷登陆。12 月 19 日，日军一部进入缅甸南端的丹那沙林地区，夺取了三个机场，切断了英军从印度、缅甸对马来西亚的支援。紧接着，日军加紧修筑泰缅之间的道路，并通过特务机构“南机关”组训缅甸反英亲日分子，搜集情报，加紧做好进攻的准备工作。23 日，日军五十四架轰炸机空袭仰光，造成交通中断，城市瘫痪。一时间，战云密布在缅甸大地。

1942 年 1 月 20 日，日军主力第五十五师团从泰国向缅甸发动进攻，于 31 日占领南缅要冲毛淡棉及其以南地区；第三十三师团于 2 月 4 日占领帕安，向缅甸首都仰光逼近。当时，英方的防御兵力只有新编成的英缅第一师、英印第十七师，作战飞机三十七架以及美空军志愿队第三队二十五架飞机，陆军兵力仅约 3.3 万人，其中号称训练有素、战斗力较强的英印第十七师在撤往锡唐河西岸时，被日军包围在东岸的末克贝林，损失达九千余人。增援部队英澳第六十三旅和装甲兵第七旅尚未到达，仰光告急。英缅军总司令胡敦连电告急，傲慢的韦维尔一反常态，转而向中国紧急求援，要求第五、六两军从速入缅。蒋介石在重庆召集军委会议，决定以卫立煌（卫立煌因病并未到任，后由罗卓英继任）、杜聿明分任中国远征军第一路正副司令长官，率第五、六、六十六军迅速从云南边境入缅。

在盟国飞机的掩护下，中国远征军的千军万马，组成一条钢铁巨龙，沿着滇缅公路，直向缅甸开去，拉开了第一次缅甸战役的序幕。

仁安羌大捷

孙立人自重庆回到都匀后，即收到了军事委员会的正式训令：

> 一、着税警总团现有的六个团的第二、三、四团编为国军第六十六军新编第三十八师。税警总团总部人员及其直属部队编为该师师部人员及师直属部队。师长由该总团长孙立人接任。
>
> 二、原第一、五、六等三个团仍隶属财政部缉私署。
>
> 三、该师师长接到命令后即日率部开拔向昆明进发，并于行军前进中改编就绪，不得停留，到达目的地后即刻向该军军长张轸报到归队。
>
> 新编第三十八师由孙立人任师长，齐学启任副师长兼政治部主任，何钧衡任参谋长。新编第三十八师下辖三个步兵团：第一一二团（团长陈鸣人）、第一一三团（团长刘放吾）、第一一四团（团长李鸿）。

在接到命令后，1942 年 2 月 28 日清晨，在孙立人的带领下，新编第三十八师离开驻地都匀，徒步向贵州西南方向的兴义前进。都匀距离兴义约五百公里，新编第三十八师全副武装，扛着机枪，背着迫击炮，一路风雨兼程，于 3 月 11 日赶到了兴义。次日，新编第三十八师在兴义举行了声势浩大的誓师大会。誓师结束后，新编第三十八师离开兴义，进入云南，经罗平、师宗至宜良，再南绕滇池至安宁，前往六十六军军部报到。在途经昆明、下关等地时，新编第三十八师遇到了戴笠控制的水陆交通检查所多方刁难。为了抗日大业，孙立人隐忍周旋，一路奔波近半个月，终于率领全师赶到了军部所在地。

第六十六军军长张轸原是十三军军长，对于国民政府赋予的新职务和赴缅抗战的任务内心并不满意。1939 年在枣随会战中，张轸与集团军总司令汤恩伯发生矛盾，后被调到军委会补充训练总处任处长。补充训练总处下辖三个补充训练处，师的编制，装备优良，士兵素质比一般部队好。张轸在四川督练新兵，并兼任渝南警备司令，生活可谓优哉游哉。1941 年下半年，军政部长何应钦命他将补充训练总处改编为第六十六军军部及直属部队，以孙立人的税警总团编为新编第三十八师，康泽的军委会别动队为新编第二十八师，陈刚的第十九补充训练处为新编第二十九师，而他所管辖的三个补充训练处没有编上一个，这是他的第一个不满。在当时的历史背景下，不管身负何职，没有属于自己的基干部队，军令都难以执行。张轸久历戎行，当然知道其中的道理。第六十六军成立之初，张轸以为加入远征军序列，是蒋介石对他的鼓励和培植，后来才知道蒋介石把黄维的第五十四军、宋希濂的第七十一军、王凌云的第二军留在云南，伺机解决云南王龙云，而以新成立的第六十六军参加远征军。表面上看，六十六军参加远征是“应付英国”，而“实际上也就是把第六十六军作为牺牲品”，这也是张轸的第二个不满。张轸的不满倒也不是毫无根据。第六十六军在兴义一带整训，军政部派人点校，只有孙立人的新三十八师表现出色，令人满意。后来入缅实战中也证明，新二十八师和新二十九师基本上是不堪一击。

奉命参加远征军序列、入缅抗日的孙立人的新三十八师，于 3 月 27 日晨，乘汽车离开云南安宁，沿滇缅公路开赴缅甸。4 月 2 日至 5 日，新三十八师官兵陆续抵达缅甸东北重镇腊戍，并立刻接受守卫腊戍飞机场的任务。4 月 7 日，除奉命留下一一四团一营（彭克立营）兵力守卫腊戍机场外，新三十八师全师乘火车开赴曼德勒。曼德勒是缅甸的古都和第二大城市，因曼德勒水陆交通四通八达，所以缅甸有句名谚语："条条道路通曼城。"

早在十多年前，日本特务和"黑龙会"就遍布缅甸，并以"亚洲是亚洲人的亚洲""把榨取压迫我们的白种人赶出去""我们不要为英帝国主义利益而效死"等蛊惑人心的口号迷惑了相当多的缅甸人。有一部分缅甸人在欺骗诱惑之下充当了日军的耳目和爪牙，更多的缅甸人对英缅当局的命令阳奉阴违，对正常工作消极怠工，使铁路交通几近瘫痪，电信联络几近中断；就连缅甸的警察在战争期间也都怠工，致使社会秩序一片混乱。4 月 4 日上午 11 时，由于缅奸破坏了曼城的警报系统，日本大队的飞机轰炸了曼德勒，引起一场空前大火。当时曼德勒城内除旧王宫以外，全城民宅多由竹木瓦片构成（故曼城又有瓦城之称），几乎全部被焚毁。趁着大火和一片混乱之际，日特缅奸又袭击了英军仓库、医院、中国远征军伤兵医院以及一些华侨商店住宅，杀了许多中国的伤兵和侨胞。

在大火余烬未熄的情况下，新三十八师开进曼城，随即便发布了印有中、英、缅三国文字的安民告示，组织消防队全力扑灭仍在燃烧的大火；颁布戒严令，清除道路污垢瓦砾，掩埋尸体，控制瘟疫发生；管制交通工具，寻集交通机构的技术人员，努力恢复交通。在师政治部的指挥和华侨的协助下，新三十八师组成了便衣侦探队以镇压日特缅奸，张贴"中国军队救助一切受灾的缅甸人民""中国缅甸是兄弟之邦"等标语，并让侨胞集中居住加以保护。同时，按照孙立人提出的"能防空、能防雨、能抗毒、能持久"的原则，新三十八师官兵抓紧时间构筑起曼城的防御体系。4 月 9 日，蒋介石率史迪威、罗卓英等来曼城视察，看到孙立人雷厉风行的做法、新三十八师团结奋战的面貌和扎实有效的成绩，蒋介石十分满意。因英国亚历山大将军迟迟不发布对曼城的防御命令，也不做出任何决定，曼城人民反英情绪高涨，英国当局已完全失去对曼城的控制，所以蒋介石遂任命孙立人为曼城的卫戍司令。孙立人接受此职后，即派人去四乡宣传招抚，并在曼城四郊设立难民登记站，对归来的难民发给卢比和粮食，召回了不少曼城出逃的居民，仅一星期，曼城市容市貌便开始发生好转。

孙立人率新三十八师镇守、整治曼德勒，使其恢复了往日的安宁。然而新三十八师官兵并未因此松懈，一直坚持操练，严整装备，严密注视着战局，等待出击的机会。

中国远征军进入缅甸之初，当时在缅甸的英军有英缅军第一师及英印军第十七师、英澳军第六十三师、装甲兵第七旅，有坦克一百五十余辆，总兵力五万多人。但这支军队的“中下层军官多来自律师事务所和大农场主，其官衔和他们的财力与社会地位相称”，是一支毫无战斗实力和战斗经验的“老爷”部队。

日军先期进入缅甸的部队是第三十三师团、第五十五师团、第五十六师团以及第十八师团（日军“王牌”军，即“久留米”师团），总兵力约十万人。

两相比较，明显可以看出英军缺乏战斗力，日军在兵力和素质方面占有很大优势，又加上缅甸民众对英缅当局的不合作，导致英军在 3 月 7 日就过早地放弃了仰光。仰光失陷后，蒋介石致电美国总统罗斯福，认为：“仰光陷敌，今后缅甸作战必须重订计划，尤其中英两军更应统一指挥。我赴缅各军，实力超过英军，担负任务更重。史迪威将军受命入缅指挥中国各军，实应由他统一指挥中英联军，期收协调行动克敌制胜之效。希转商于丘首相，酌予办理。”丘吉尔坚持中英联军由英方指挥，并派危急时刻曾指挥英军撤出敦刻尔克而煊赫一时的英雄哈罗德·亚历山大上将接替胡敦指挥英缅军。罗斯福总统从美国在远东长远利益考虑，执行提高中国在亚洲乃至国际上地位的策略，也十分赞同由史迪威统一指挥中英联军。但又考虑到英国的强烈立场，最后不得已而采取了折中办法：由亚历山大统率英军在西线作战，史迪威统率中国远征军在中、东线作战，两人均受韦维尔的节制。实际上，统率中、英两国军队的指挥机构根本没有建立起来。直到 4 月上旬，蒋介石才勉强同意将中国远征军置于亚历山大指挥之下。

英军的迅速溃败使英缅当局在缅甸人民中进一步丧失了威信和号召力。在放弃仰光之后，英军向缅甸西北节节败退，在缅西普罗美一带集结。此时正值我军入缅之初，我第五军第二〇〇师已进驻缅甸中南部的同古，第六军已进驻缅甸东部的棠吉和罗列姆，这四个地点恰成一线。3 月 18 日，日军第五十五师团的先头部队与第二〇〇师配属的军骑兵团在同古以南发生激战。19 日，日军派尖刀部队直插同古城北的飞机场，企图切断我第二〇〇师与后续部队之间的联系。

从 3 月 20 日开始，日军第五十五师团主力与我第二〇〇师展开激烈的同古城争夺战。当时日军的编制是每个师团两万五千人，我军一个师是一万两千人。从人数上来看，敌方兵力是我方的两倍多；就飞机与炮火方面而言，更是相差悬殊。当时英、美的作战飞机都在欧洲和太平洋战场上，制空权完全被日军掌握。因交通阻滞，第五军的炮兵、坦克都还在云南边境，第二〇〇师总共只有二十四门 81 毫米迫击炮。所以敌军陆、空合作，步炮协同，集中火力日夜攻城。当时中国远征军的司令部和“参谋团”打算趁日军被牵制于同古城之际，迅速集中主力，围歼日军第五十五师团于该城一带。所以命令第二〇〇师坚守同古城，第二〇〇师官兵在师长戴安澜的指挥下，前仆后继，愈战愈勇，孤军喋血，使有优势兵力及装备的日军不能越雷池一步。

师长戴安澜，少将军衔，安徽无为人，黄埔军校第三期毕业生，抗战爆发后屡立战功，善打硬仗，两次荣获国民政府颁发的宝鼎勋章。戴安澜带队练兵，以严格著称。1940 年春，国民党部队整训后进行军事大演习，第二〇〇师的综合成绩被评为全军第一。此次入缅坚守同古，在没有空军掩护、友军协同的情况下，戴安澜率领第二〇〇师抗拒日军进攻，表现极为出色。为此，战后蒋介石特向其颁发奖金一百万元，罗卓英也向其颁发奖金五十万元。在后来的战斗中，因为后方交通运输的梗阻和迟缓依然如故，不仅使围歼日军第五十五师团的计划付诸东流，白白搭上了第二〇〇师三分之二的兵力，师长戴安澜也在撤退途中不幸以身殉国。尽管蒙受了巨大的损失，戴安澜将军和第二〇〇师官兵的英雄业绩仍令全国同胞和盟邦、友人肃然起敬，打出了中国远征军入缅抗战的第一个光辉篇章。

在日军第五十五师团进犯同古的同时，日军第三十三师团向缅西英军据守的沙拉瓦第及普罗美进犯。3 月 29 日中午，新二十二师赶到同古，在新二十二师的掩护下，牺牲很大的第二〇〇师得以在 3 月 30 日撤往后方。新二十二师接替第二〇〇师后，在斯瓦河南北构筑了数个梯形阵地，且战且退，企图诱敌第五十五师团主力深入到平满纳的既设阵地前加以围歼。不料西翼英军于 4 月 1 日突然不战而放弃普罗美，使这一计划落空。

英军弃守普罗美后，亚历山大和史迪威经过几度会商后决定，由中国第五军以平满纳一带为主阵地迎击敌第五十五师团，令西翼由英军负责在阿南苗与马格威之间构筑防御战线，阻击敌第三十三师团。日军经过侦察，得知我第五军将士士气旺盛，正严阵以待，而英军已斗志松懈，早成为惊弓之鸟，所以南路敌军不与我第五军交锋，转而迂回夹击英军，企图将英军一举围歼于伊洛瓦底江东岸。这时，英军再度不战而退，自动撤离了阵地，英军在撤退过程中，其第一师被敌两个联队包围于伊江东岸的重镇仁安羌。

仁安羌在马革威之北五十五公里，西濒伊洛瓦底江，北临拼墙河，东有小山、丛莽、沟壑及油田，并有通曼城公路横贯其间，从地形上看是比较有利于防御的。当时，仁安羌油田是缅甸最大的油田，又是伊洛瓦底江流域各城镇的总发电基地。攻占缅甸石油产地仁安羌，获取战略资源，是日本占领缅甸的一大意图。饭田中将给第三十三师团的任务之一便是攻占仁安羌。为此，日军早把仁安羌油田视为囊中之物因而不予轰炸，而英军则因溃败得太快，只顾逃命，根本未想到破坏油田。看到英军有意在仁安羌固守，日军派出两个联队的强大兵力跟着英军紧追不舍，并飞速迂回包抄，于 16 日率先占领了油田，切断了英军退路，将英军第一师和坦克营一部包围在仁安羌市镇地区。

英军以坦克为先锋，反复强行突破。然而，仁安羌地形高低起伏交错，断崖纵横，井架林立，坦克在作战中的优势受到很大限制，英军的多次突破都遭到日军山炮兵第三大队的阻挡。无奈之下，英军只好就地构筑工事防御，等待援军。日军第二一五联队（又称原田支队）附装甲车大队主力、独立速射炮第十一中队、山炮第四中队、独立第二十一旅团炮兵队、高射炮第五十一大队，在独立工兵第二十六联队协助下，由米昌耶乘船急驶仁安羌，于16日下午2时占领仁安羌及附近村落。与此同时，日军还派出一个大队的兵力抢占了拼墙河北岸西侧的渡口一带，企图阻击英军的救援。

4月14日、15日，英缅军总司令亚历山大连续两次分别向中方代表和蒋介石请求接应英军。16日，英缅军被日军围困后，水源日渐断绝，逐步陷入困境。英缅军第一师师长斯高特再次告急，求中国军队为之解围，以避免被瓜分瓦解的危险。根据中国远征军第一路司令长官罗卓英的命令，新三十八师所部第一一二团、一一三团开往纳特曼克、乔克巴当布防，掩护第五军侧背，相机援救英军；只留下一一四团的两个营担任曼德勒的卫戍任务，而该团第一营仍在腊戍。26日下午，刚赶到乔克巴当的一一三团团长刘放吾即接到英军第一军团长斯利姆的命令，要一一三团火速乘英军卡车开往仁安羌援救英缅第一师突围。刘放吾经请示孙立人同意后，随即率部向滨河方向挺进。

对罗卓英而言，考虑到敌军兵力强大，罗卓英对英军的救援其实只是故作一番姿态，企图以一一三团应付一下，保存中国军队的实力，并没有想到英军的存亡。而孙立人则不以为然，他从缅甸战局的全局着眼，认为英军的西翼一旦被日军攻破，出现一个缺口，则中国军队的阵脚也势必大乱，而且中国军队入缅抗战同样要播仁义于异邦的，不能不管他人的死活。同时，并不满编的一一三团钻进日军两个联队中去能否生还的问题，孙立人也放心不下。

在接到罗卓英的命令后，孙立人先打电话向罗卓英总司令申诉己见，要求改派他亲自指挥一一三团去营救被围困的英军，但遭到拒绝。此时孙立人焦急万分，既然电话不准，孙立人于是决心亲闯远征军司令部。他驱车去位于纳特曼克以南三十公里派奥贝的远征军总指挥部，求见罗卓英总司令。孙立人到达时已是当晚9时，不料罗卓英已经入睡，孙立人只能见到罗卓英的参谋长杨业孔少将。无奈之下，孙立人只能寄希望于杨业孔，但求能够以充足的理由说服杨业孔，但是不管孙立人如何劝说，杨业孔始终不肯松口，没有答应孙立人的请求。孙立人见状也不肯放弃，始终坚持己见，经过大约三个小时的软磨硬泡，杨业孔总算是答应了孙立人的请求。得到批准后，孙立人第二天早晨即驱车去追赶已从乔克巴当徒步向五十五公里以外仁安羌疾行的一一三团，追赶这支只有一千一百二十一名战斗员的英雄部队。途中，孙立人布置了战斗命令，命令第一一二团调往乔克巴当，警戒乔克巴当以西至滨河的公路；一一四团（欠一营）集结乔克巴当待命。至于曼德勒的防守任务，罗卓英已命令第六十六军新编第二十八师接替。

新编第三十八师一一三团在副师长齐学启和团长刘放吾的带领下，日夜兼程，于17日黄昏时分赶到滨河北岸八公里的地方，进入攻击准备位置，并在当晚敲掉了日军的搜索警戒阵地。次日拂晓，攻击日军主阵地的战斗打响，第一一三团在英军十二辆战车、三门炮的协助下，向公路两侧的日军勇猛冲杀。这时，孙立人乘车从后方赶到，亲自上阵指挥。见师长赶赴阵地、亲自上阵，一一三团全体官兵士气大振，勇往直前，与日军厮杀在一起。见到中国军队突然间士气高涨，勇猛无比，日军误以为盟国有驰援“大军”赶到，心惊胆寒，接战不久即渡河撤退。

日军败退之后，一一三团一路追击败退之日军，于正午12时左右抵达滨河北岸。未及喘息，英军就催促孙立人立刻渡河攻击。当时，一一三团兵力只有一千二百余人，除了马夫及后勤人员，战斗人员只有八百余人。而滨河南岸方面，日军第三十三师团步兵第二一四联队第一大队于17日夜由马圭出发，由独立工兵第二十六联队从水上机动，溯伊洛瓦底江而上，于18日傍晚时分到达仁安羌，与作间部队的步兵第三大队、山炮兵第三大队会合。这样，挡在英军面前的是日军建制完整的步兵第二一四联队。而与此同时，日军荒木部队正沿公路向仁安羌急驰，预计19日下午便可到达。此外，滨河南岸地形开阔，日军又是居高临下，一一三团处于仰攻位置，如果攻势稍微受挫，日军便可窥破我军实力。这样一来，非但不能达成解救英军的任务，并且可能使一一三团陷入危险的境地。考虑到这些情况，孙立人于是决定停止进攻，计划在黄昏以前用各种方法把当面的敌情和地形侦察清楚，再利用夜间周密部署，准备在第二天拂晓发起攻击。

当晚，孙立人即找到一一三团团长刘放吾，两人合计之下，孙立人决定采取新三十八师的"熟悉战法"，以发挥自身优势，弥补自身不足。所谓"熟悉战法"，即是新三十八师从税警四团时训练和养成的看家本领，也就是夜战、近战、劈刺格斗战，射必准确，弹无虚发，趁敌以胜利者的姿态包围、追歼英军之际，必对我掉以轻心，根据"兵之情主速"的教导，以迅雷不及掩耳之势杀入敌阵，打日军一个措手不及，逼其进行近战肉搏，并以班组小股兵力到处突击，打了就走，乱其军心，使敌一时无法判断我之实力。所谓我们的优势就是把距离拉近，使其重武器不能发挥作用。

英缅军第一军团军团长斯利姆中将，原本同意孙立人所制订的作战方案。从军事角度出发，这也是必然的。但如何才能使他的被围部队立刻突围出来，却是斯利姆更为关心的问题。随着日军兵力的加强，斯利姆的心情也更为焦急。特别是当他接到被围的英缅第一师师长斯高特将军的告急无线电话，报告被围的官兵已经两天断绝水粮，无法继续维持下去，若是再不能解围，便有瓦解的可能时，斯利姆是寝食难安。故而在当天下午，斯利姆就驱车来到前线指挥所，不顾军事常识，要求孙立人无论如何要立即渡河攻击救援，不能等到明天。孙立人不得不一再解释利害，并请他通知斯高特师长，务须再忍耐一天。

斯利姆将军看着孙立人平静坚毅的目光，他似乎感到这是一个可以信赖的盟友。然而，当斯利姆想到他的职责是要把部队尽可能多地带回印度（这是英国人在战争一开始就抱有的打算，英军选择靠近印度的西线作战，正是出于这种考虑），他就心神慌乱。此时英军前遭堵截，后有追兵，一旦被合围，必将全军覆没。正在此时，斯高特师长又第二次打来告急的无线电话，说是被围部队已经到了最后关头，再也不能忍耐一刻了，斯利姆的脸色都变了，凝视着孙立人，神情紧张，不知如何回答。看着犹豫不定的斯利姆，孙立人坚定决心，斩钉截铁地表示："中国军队，连我在内，纵使战至最后一个人，也一定要将贵军解救出险！”这句话一经说出，宛如给斯利姆吃了一颗强力定心丸，斯利姆大为感动，连忙把这一消息告诉斯高特，并叮嘱他一定要死守待援。斯利姆还委任孙立人为第七装甲旅司令官，并立刻派该旅第二皇家坦克团卢德卿少校率C中队坦克向孙立人报到，协同一一三团作战。

19日凌晨4时30分，天尚未破晓，第一一三团在夜幕掩护下，蹚过滨河，向南岸日军发动突然攻击。此时，日军第二一四联队已集中到仁安羌东北角，开始疯狂反扑，但日军忽视了左翼防范的加强。在英军三门山炮和一一三团轻重机枪及各种口径迫击炮的掩护下，一一三团以第一营向左翼进攻，第二、三营集中右翼，突破敌左翼，于拂晓前占领第一线阵地，并向山地油田区渗透。

战斗转进到山地里，日军不顾一切猛烈反扑，一一三团已得的阵地三失三得。在日军优势兵力的压迫下，孙立人组织了许多小部队进行扰乱突击，虚张声势，使日军一时无法判定攻击部队的虚实。主攻部队利用山炮、轻重迫击炮及轻重机枪的掩护，反复肉搏冲杀。其间，一一三团第三营营长张琦在率部冲锋时中弹阵亡。

日军作间部队在英军与中国远征军的夹击下，拼死苦战，但由于作间部队是突袭部队，所带弹药有限，随着战斗的逐步深入，作间部队的武器弹药渐渐不支。特别是中国远征军从滨河以北突入滨河以南后，密集的火网中夹杂着白刃肉搏的战斗一直从凌晨4时持续到午后3时，日军坚守阵地的意志终于被一一三团击垮，日军丢下五百多具死尸，开始向南退却。

下午5时，枪炮声渐渐稀远，一一三团官兵占领了日军阵地。他们首先将被俘的英军、美国传教士、新闻记者五百余人解救出险，然后将夺回的英军辎重汽车一百多辆交还英方。接着英缅第一师、英皇家第七装甲旅的步兵、炮兵、骑兵、战车部队等七千余人和一千多匹马，都在一一三团的掩护下向滨河北岸退去。经过日军三天的围困，英军早已是狼狈不堪。在撤退的路上，面对解救他们的中国官兵，英军个个都竖起大拇指，高呼“中国万岁”，更有许多官兵甚至压抑不住感激之情，抱着一一三团的官兵跳了起来。

就在一一三团突破日军作战部队阵线，救出英军之时，日军荒木部队的先头部队已进入仁安羌，原田部队也于20日凌晨到达。这就是说，日军第三十三师团的主力，在4月20日清晨，全部集中到仁安羌附近。这时战斗已经结束，英国人渡过滨河到达安全地带。难以想象，如果19日一一三团突破不了日军的阵线，英国人将会是怎样的结局。

仁安羌战役的捷报传到远征军司令长官部，司令长官罗卓英自就任以来，第一次将胜仗的消息电告蒋介石：

> 委员长蒋：
>
> 孙师原派乔克巴当之一一三团，筱日（17日）扫荡平河以北敌人后，进而救援在彦南扬破（被）围之英军。现据孙师长皓未（19日）报称：刘团经两昼夜激战，占彦南扬，救出被围英缅军第一师七千余人（情形狼狈，不复成军），并由敌人手中夺获之英方辎重百余辆，悉数交还。敌向南退却，其死伤五百余名，我亦伤亡百余，该团暂在彦南扬占领阵地，等语。查孙师刘团作战努力，除奖励外，谨闻，罗卓英。

罗卓英还赋诗赞扬了这一战役的胜利，连在国内的军政部长何应钦对于自己“参与指导”这场战斗也十分得意。

仁安羌一役，新三十八师仅以战斗员一千一百二十一名的一一三团，与七倍于我之敌军三十三师团的二一四和二一五两个联队主力激战，为国捐躯的官兵计二百零四名，负伤三百一十八名，几占全团战斗力的一半。但新三十八师却击毙、击伤敌中队长吉柳仲次以下官兵一千二百多人，并且挽救了七千多英军的生命，这一牺牲的代价是很值得的。这是第二次世界大战中以少胜多最著名的范例。这一胜利大大鼓舞了盟军的士气，并且新三十八师的战斗实力也第一次为盟军高层指挥官所认识。

仁安羌一役不但表明中国军队中有新三十八师这样训练有素、

士气旺盛的劲旅，有孙立人这样判断力超群、深谋远虑和坚毅果断的出类拔萃的将才，也表明在新三十八师这样一支优秀部队官兵身上具有中国的传统美德：义薄云天，侠骨铮铮，舍己救人，不背盟信。

仁安羌大捷是第一次缅战中盟军公认的唯一胜利，孙立人也因之成为威名远播的真正英雄。史迪威将军的中国战区参谋长窦恩曾记述：

> 一向目中无人的史迪威对孙立人将军备加赞许，他骄傲地说："好得很，这家伙太有种了，又不怕打仗，一个货真价实的军人，我希望我们有更多的孙立人，我希望英国人永远记住孙立人为他们做了些什么。

被一一三团救出来的各国记者，都以自己的亲身经历，如实报道了中国军队英勇无比，战胜七倍于己的敌人的经过。包括大英帝国路透社记者在内的各国记者，都认为：这是近百年来中、英、日军队在同一时间、同一战场所做的第一次较量，结果中国军队赢得胜利。

跟随新三十八师入缅参战的记者孙克刚也在战后出版的《缅甸荡寇志》中写道：

> 仁安羌之役，在军事上是一个奇迹，国军是以少胜多，以客胜主，以寡救众。这一仗，不但表现出中国军队是有严格的训练和旺盛的士气，更表现出中国的指挥官有卓越的将才，有优良的判断能力，有超人的战术眼光，有胆大心细的截然处置。同时，这一仗还不只是表现出中国军队作战的英勇惊人，并且显示出中国文化传统的优越性来。从孙立人将军回答史林姆（即斯利姆）将军的"中国军队战至最后一人，也一定要把贵军解救出险"一句话中，就充分发扬了中国军人舍己救人和不背盟信的美德，以及中

国军队和中国人民对道义的高深教养。后来新三十八师转进到（印度）英法尔时，又和英军第一师碰到一起，彼此言语不通，相互以目光表达情感，有些英军官兵见了我军，眼中竟都含有感激的晶晶泪水。这种表情不只是在美慕新三十八师的战功，也不只是在感谢中国军队当日解救他们出险的好处，而是他们被中国军队舍己为人的精神所感动了。对于这种亲挚的友情协助，他们当会终生感念不忘的。

英军在仁安羌获救的消息传到英国后，朝野为之轰动。伦敦一位人士称这一战役是“暴风雨前暂时沉寂中之一道清流”。亚历山大和斯利姆都以个人名义在 5 月 3 日派专人给孙立人送来了“感谢信”。亚历山大的信大意是：

孙师长将军麾下：

谨代表我军第一军及其他英帝国军队对阁下热诚襄助及贵师英勇部队援救比肩作战之盟军美德，深致谢忱。本人奉英皇陛下命赠阁下以“英帝国司令勋章”尤感欣慰。因阁下受命掩护贵国第五军之故，未得盘桓，殊以为憾！

谨祝阁下及无比之贵新三十八师康泰百益。

斯利姆将军的信大意是：

欣喜亚历山大上将已代表英皇赠阁下以“英帝国司令”荣誉勋章，借兹表扬。阁下对鄙第一军无价之援助，为此敬请接受本人及鄙军全体官兵之衷心感谢敬贺。在未将该勋章奉上之前，谨先将该勋章之绶带奉呈，敬乞佩戴为祷。谨此再申谢忱，并代表全体官兵致意。

1992 年 4 月下旬，美国纽约中文报纸《世界日报》的一份剪报上面赫然刊登了该报记者沈正柔的洛杉矶专访《仁安羌战役 50 周年纪念，英国军民不忘救援之恩，撒切尔向刘放吾致谢》，报道说：4月上旬，在原里根总统的经济顾问拉菲尔博士的安排下，英国前首相撒切尔夫人在芝加哥的卡尔登酒店大厅里接见前新三十八师一一三团团长、目前定居在美国洛杉矶的九十三岁高龄的刘放吾将军及其次子刘伟民。撒切尔夫人见到刘放吾先生后，立即快步向前握住刘将军的手，殷殷致意，说：

> 今天我代表英国政府和人民，对你表示深深的感谢与敬佩，希望将来有时间能坐下来听你详细述说当年怎样打赢仁安羌战役的。我听过很多关于你的英勇故事，当年你不但救了七千多名英国人的性命，同时也救了许多其他人的性命。

由此可见，时隔多年，孙立人指挥的仁安羌大捷仍深深铭记在英国朝野和人民的心目中，是永载史册的英雄史诗！

仁安羌大捷对于孙立人本人和新三十八师来说，是一个历史性的转折点。在此之前，孙立人超人的军事指挥天才一直被国民政府当局漠视、压制、埋没。孙立人在长沙、贵州练兵三年，三年间默默无闻，饱经磨砺。一走上抗日战场，就首战告捷，扬威异域，真可谓“不鸣则已，一鸣惊人”。仁安羌大捷之前，新三十八师也一直被蒋介石和军事当局视为“杂牌”军，企图一口“吞并”。即便在入缅之初，新三十八师也被分割使用。自从仁安羌一战打出威风之后，才令人刮目相看。

战后，为表彰孙立人及新三十八师的战功，国民政府颁发给孙立人四等云麾勋章一枚，第一一三团团长刘放吾获六等云麾勋章一枚，副师长齐学启、参谋长何钧衡均记大功一次。

在仁安羌一役中壮烈殉国的烈士张琦是湖南人，盟军当局感念张琦营长的功绩，1943 年初向孙立人授勋的同时，特追赠“银星勋章”一枚，由孙立人代为领取保存。近半个世纪里，孙立人一直在寻觅张琦营长的家属，未尝一日释怀。直到 1988 年夏末，孙立人旧属蒋元（台湾）与胡德华（澳大利亚）二位先生，在报上看到孙立人以“张琦勋章未能发出”为念的消息，先后主动写信到湖南祁阳县政府和公安局，并嘱咐故乡亲友（蒋元是祁阳人）查询张琦遗属与家庭情况。得到的答复是：张琦的父母早已亡故，有独生女张锦兰，嫁婿杨得规，现在祁阳县标准计量管理所工作，是一名科技人员。得知情况后，孙立人郑重表示：张琦是抗日殉国的军人，蒙获盟国追赠“银星勋章”一枚，这是国家的荣誉，迄未颁赠给张琦的亲属，希望台湾“国防部”将张营长列入忠烈祠祭祀，颁发褒扬令，颁一次抚恤金，并派人去香港将勋章转颁给张营长亲属。

上述四项要求虽经台湾《中国时报》刊登，蒋元也曾多次向台湾“国防部”申请，但是，最终的结果是除列入忠烈祠奉祀一项外，其余均未照准。为此，孙立人特竭力为张琦烈士遗孤筹集生活补助金，鉴于自身尚且陷于囹圄之中，难以抽身，最后只好委托蒋元回大陆探亲时将勋章带回，转颁给张营长独生女张锦兰。孙立人自愧有欠隆重，故为张琦撰文立碑，并题：

> 精忠报国，严于律己，勇于任事，绝甘分少，感怀畴昔，不禁老泪渍纸也。

抗命转战印度

孙立人率一一三团克复仁安羌后，因英军无心再战，向敏扬一带集结休整。20日上午，日军四百余人向一一三团左翼发动试探性进攻，并增派援军。孙立人指挥一一三团鼓勇再战。与此同时，孙立人飞调一一二团、一一四团（仍欠第一营）开赴仁安羌，准备以一一二团为主力，于21日拂晓向敌右翼包围，断其后路，压迫敌军于伊洛瓦底江东岸，一举聚而歼之，以剪断日军“钳形”攻势中的左“钳”。

20日下午，陈鸣人率一一二团如期赶到指定区域，第一一四团正乘汽车向仁安羌前进，反攻计划在顺利地准备当中。为此，孙立人定于子夜12点下达攻击命令。不久，陈鸣人、刘放吾两位团长报告准备就绪，只等一声令下，即利用夜色掩护，发挥夜战特长，予敌痛击，再创一次“仁安羌大捷”。而正当孙立人摩拳擦掌、跃跃欲试之际，远征军长官司令部传来命令：新三十八师速向乔克巴当集中，以棠沙为依托，阻击向基荣当进犯的日军，掩护远征军第五军西侧的安全。

原来，由于左翼英军一退再退，一直退至平满纳右后方约二百公里的仁安羌，中路主力又受到日军第三十三师团侧击威胁。当时，东路罗衣考方面的暂编第五十五师的处境也很危险。日军如突破第六军的防线，中国远征军归国之路就有被断的可能。在此情况下，史迪威与罗卓英制订的平满纳会战计划被迫流产。

日军分三路北攻，对中国远征军主力取一路直攻、两路夹击之势。所以远征军同古会战、平满纳会战，皆因侧翼暴露而被迫放弃。当此东西两路吃紧之际，实在不应再举行类似的会战。然而史迪威、罗卓英仍企图在曼德勒一带与日军举行决战，进而击败日军。4月18日，史迪威、罗卓英发布命令：一、放弃平满纳会战，守梅克提拉（即密铁拉）、敏扬（即密沙）一线；二、第六十六军新二十八师固守曼德勒，先一步占领敏扬、棠沙（即东沙），对西南警戒；三、第五军先抽二〇〇师回占梅克提拉、飘背（即标贝）之线，掩护主力转进；四、以第五军第九十六师在平满纳坚强抵抗当面之敌，该军以棠吉为后方，准备在梅克提拉、他希（即达西）一带阻击北犯之敌。

以上作战计划将第五军和第六十六军（欠新二十九师）分布于长达三百余公里的平（满纳）曼（德勒）公路线上。这样一来，我军兵力便大为分散，既不能攻，也不能守。而与此同时，日军第十五军司令官饭田祥二郎正在大胆地实施他们早已制订的作战计划：要以有力兵团切断腊戍方面敌之退路，以主力自沿东吁（同古）——曼德勒大道和伊洛瓦底江地区，重点保持在右翼向曼德勒方面前进，包围主力之两翼，并压向曼德勒以西的伊洛瓦底江予以歼灭。而后，于腊戍、八莫、杰沙一线捕歼残敌，同时，乘势以有力之一部向怒江一线追击。

在正面进攻曼德勒的同时，日军正向东枝逼近。杜聿明惊呼："腊戍门户洞开，我军处境甚危。"本来杜聿明就不认同史迪威、罗卓英制订的战斗计划，杜聿明认为，根据远征军的利益和当前局势，应集结远征军主力于棠吉和眉苗，堵塞日军入侵腊戍的门户，以巩固远征军的后方，并保护堆集在缅北的大批美援军用物资。国民党政府军事委员会参谋团也向史迪威、罗卓英建议先破东路之敌，确保腊戍、眉苗安全，然后回师迎击中路之敌。否则，就应迅速向腊戍或密支那转移，尽快脱离敌人，重新寻求决胜的战机。而史迪威、罗卓英却执行亚历山大那套"防御西线，保全英军，破当面之敌，确保曼德勒"的"曼德勒会战"方针。实际上，亚历山大奉行的是其上司韦维尔"弃缅保印"战略，借此以达到保全英缅军实力的目的。19 日，罗卓英又将前方部队进一步分割，命令戴安澜第二〇〇师和廖耀湘新二十二师西开乔克巴当，攻击北进之日军。

20 日，前去堵击日军的二〇〇师和新二十二师到达乔克巴当后，并未发现日军踪影，才发现原来是亚历山大虚报军情。此时孙立人正率新三十八师一一三团与日军在仁安羌夹河对峙，掩护英军北撤。集结在茂奇、包拉克等地的日军第五十六师团，侦悉第五军主力西进援助英军后，即以主力在飞机掩护下向暂编第五十五师阵地进攻。因英方未能及时将甘丽初派出的援军输送到前方，抢占阵地，20 日罗衣考即失守。21 日，日军先头部队攻占索吉。23 日，日军继续北窜，又攻占甘丽初军部所在地雷列姆。

21 日，罗卓英见东路吃紧，命令杜聿明率二〇〇师及第五军直属部队一部增援东线，二〇〇师往返折腾，白白浪费了三天时间。二〇〇师于 24 日克复索吉后，杜聿明拟配合甘丽初挽救东线危机。25 日，蒋介石发来电令："第五军、第六十六军以八莫、畹町为根据地，确保密支那，在缅北活动，维护印度—密支那—昆明的空运走廊和缅北国际交通线。第六军在景东（景栋）一带活动。第二〇〇师如尚未撤到瓦城，可向景东转进，归甘军长指挥。长官部可移往密支那，张轸可率一部退回国境，改隶昆明行营。”

根据蒋介石的命令，罗卓英除令第二〇〇师向索吉以东进攻外，军直属部队一部、新二十二师、第九十六师均向北撤退，准备曼德勒会战。罗卓英的这一命令实际上也就拒绝了杜聿明加强东路、确保腊戍的建议。

4 月 11 日起，西路英军继续北撤。28 日，东路要地腊戍被日军攻占，中国远征军的后方面临极大的危险。罗卓英部署的曼德勒会战计划完全告吹，不得不令远征军分路向国境撤退。

根据罗卓英的部署，新三十八师随第五军撤往英多、八莫、密支那，归中国远征军副司令长官兼第五军军长杜聿明指挥。孙立人奉命率新三十八师于 26 日退到敏建，经由英军第七装甲旅运到曼德勒西南郊的阿瓦；28 日渡过伊洛瓦底江，占领东北岸的色格附近地区，构筑防御工事，以掩护友军和盟军撤退。至 5 月 2 日，盟军大都已过江，北撤的远征军主力也都已渡过伊洛瓦底江，最后一批是第五军第九十六师的迫击炮连和机关枪连的收容队。因阿瓦大桥已被英军在 4 月 30 日深夜炸毁，第九十六师收容队便在第一一四团阵地的对岸渡江。半渡中遇日军便衣队和追踪而至的先头部队的进攻，第一一四团奋力阻击，消灭敌人，掩护友军安然过江。至此，新三十八师掩护撤退的第一阶段任务圆满完成。

当日，孙立人接到杜聿明在瑞波北五十公里处的车岗军部下达的命令。主要内容是：一、全军以安全脱离敌人、准备此后作战之目的，拟沿曼（德勒）密（支那）铁路向英多、南马方面逐次转移；二、新三十八师应即开始向瑞波转移，并在其东西之线占领阵地，联系英军掩护主力撤退，并应于模河东岸各道路要点派出精干的掩护部队，现在伊洛瓦底江东岸马打牙的第一一四团一个营，俟新二十二师渡江后向瑞波转移，归还建制；三、新二十二师应即一举脱离敌人，经马打牙渡江后经瑞波向英多、南马前进。

接到新的任务，孙立人即派刘放吾率第一一三团乘火车星夜驰往杰沙（卡萨）占领阵地，对八莫方面实施警戒，掩护友军的右侧。孙立人自己率师部和李鸿、陈鸣人所部两个团乘车前往瑞波，于当天傍晚到达，随即下令由第一一四团占领掩护阵地，其余部队就地宿营整顿。在孙立人布防时，廖耀湘率新二十二师也赶到这里。廖耀湘一到瑞波就找孙立人了解当地英军及长官部情况、米内瓦方面敌情。廖耀湘得知史迪威、罗卓英分别乘汽车、火车赶往英多的情况后，即准备连夜赶到瑞波的下一站金宇，前往寻找火车或汽车运输部队，并劝告孙立人不要在瑞波久留。

孙立人判定，日军采用的是双重钳形攻势战术，即：一路沿远征军退却路线，占领色格，中路由同古陷曼德勒和马德亚直趋辛古，这是内钳；外钳的企图则更大，左翼由棠吉攻腊戍，再攻八莫、密支那，剪断远征军归路，右翼一部沿钦敦江侵入蒙育瓦，一部溯江而上直趋葛礼瓦，截断英军归路，欲将中英联军装进一个大袋子里面。鉴于此，为做好防备日军准备，打破日军企图，孙立人匆匆从色格赶到金乌，见英缅军司令亚历山大将军，建议英方配属给新三十八师一部炮兵和几辆战车，新三十八师先和侵入蒙育瓦的日军决战，把它的左钳斩断，然后再从容部署，使日军不敢有进窥葛礼瓦的打算。这样，中英联军才可以安全退出缅甸。亚历山大虽然十分称赞孙立人的意见，但对孙立人要求英军炮兵和战车配属作战，则以英军已经奉命撤往印度，不便再做攻击，而且炮兵和战车都已后撤，一无汽油，二无给养，不堪再战为由婉词谢绝。尽管孙立人一再请求，陈述利害，最终还是没有结果。后来日军第三十三师团荒木支队追击英军，直抵卡里瓦，惊慌失措之下，英军将重武器及车辆全数丢弃在亲敦江东岸，逃进阿拉干山中去。可惜二十余辆坦克、四十门火炮、八百辆汽车不但未能为打击日寇侵略发挥作用，反而成了日军的战利品。

5月5日，史迪威总部和罗卓英的长官部乘车到达英多。这里是通往八莫、密支那与孟拱、霍马林的十字路口。这时东方的畹町、八莫已失陷，日军主力正分途向怒江、密支那和杰沙兜击；西面日军第三十三师团正向卡里瓦追击英军，并以两个纵队分别沿曼密铁路、亲敦江向北追袭中国远征军。史迪威、罗卓英认为经密支那回中国的道路已被切断，而卡里瓦方面的入印路线也已经被日军控制，为了保存实力以利再战，决定全军改由西边的霍马林渡亲敦江退入印度。

5 月 6 日，史迪威、罗卓英两次电令杜聿明率部从温藻、纳巴取捷径向印度境内英帕尔撤退，无奈杜聿明仍然坚持由密支那转进，并在当日复电罗卓英："我军战败入印，将为印人所不齿，拟仍向密支那转移，与由畹町、八莫进攻密支那之敌决一死战，胜则便能保存缅北之一隅，败则在腾冲国境守备，当否乞示。"见杜聿明不服从命令，罗卓英即将杜聿明的复电转报蒋介石，请其定夺。

5 月 7 日，杜聿明在温藻接到蒋介石的手令："转史参谋长、罗长官，望速令我军全部向密支那、片马转进，勿复滞缠。盼复。"但此时史迪威、罗卓英已折向霍马林，撤往印度去了。杜聿明派他的参谋长前去追寻部队，却已不见他们的踪影。杜聿明在"召集各部队长及参谋长商讨后，决心按照蒋介石命令向国内撤退，当时各将领均无异议"。而实际上，与会的各师长并不以为然，只不过没有作声，做无声的反对罢了，其中就包括孙立人。

孙立人回师反击蒙育瓦之敌的构想未能实现，便决心按照原定计划行动。5 月 8 日早晨，孙立人赶回到驻科林的新三十八师师部。顾不上车马劳顿，孙立人立即召集副师长齐学启、参谋长何钧衡和陈鸣人、李鸿两团长开会。鉴于眼下密支那的情况尚未可知，而杜聿明又已派第九十六师前去占领密支那，而且孙立人所部一一三团还远在杰沙，所以孙立人决定北上东进，先到温藻、英多再做定夺。孙立人命令李鸿率一一四团沿曼密铁路掩护友军向北撤退；师部随一一四团行动，向英多前进；陈鸣人率一一二团在温藻断后。

5 月 10 日，孙立人率师部到达纳巴西边的小镇米咱，得知八莫、密支那已先后沦于日军，由北面归国的道路被阻断。孙立人判断此时日军已经完成了对远征军主力的钳形攻势。同时，孙立人还得到了一一二团在温藻被围、一一三团在杰沙苦战的报告。面临如此险恶的局势，孙立人认为如果不能出奇制胜，便会遭到不可想象的结局。于是孙立人下定决心，率部转回温藻，先解救一一二团，打击尾追的日军，以顿挫其追势，然后再做打算。

12 日拂晓，连夜赶到温藻的第一一四团对包围第一一二团的日军第三十三师团福田支队发起突然进攻。此时的日军正等待走投无路的一一二团束手就擒，没料到背后冒出一队人马，喊杀声震天动地，顿时被打得惊慌失措。一一二团团长陈鸣人本就决定舍生取义，拼死一搏，看到师长亲自率军来救，战斗精神更加强烈，号召官兵拼死冲杀。经过一昼夜血战，第一一二团安全出围，击溃福田支队。此役，孙立人部击毙日军八百余人，毁敌炮十门、汽车二十多辆，缴获大批武器弹药。

13 日，日军福田支队主力再次自科林北犯，进攻新三十八师主力左翼，并切断了温藻通往八莫、腊戍的交通线。此时，温藻东北百余公里的杰沙已被日军占领，第一一三团也不知去向。新三十八师主力陷入前、后、右三方受威胁的危险境地。与此同时，杜聿明因密支那已于 5 月 8 日失陷，“决心先遣第九十三师在右翼掩护，并于孟拱附近占领掩护阵地，使主力经孟拱以西以北进入国境，和敌军打游击”。同时，杜聿明还派参谋蔡岳、熊瑛送来命令：“……望以迅速脱离敌人为目的，即改由曼密铁路以西地区向大洛、孟关转进。……新三十八师应击破温佐之敌，然后经纳巴至班毛，沿军之进路跟进。”除此之外，蔡岳等还带来了日军第五十六师团一部窜至怒江西岸，一部渡河，被中国守军击退，另一部于 10 日攻陷云南腾冲等消息。掌握了情况之后，孙立人下令部队停止行动，就地扎营，以决定前进道路。

何去何从，新三十八师面临着生死抉择：向东突围回国的道路已经被日军截断，且一路上关山险阻，取道东向，无异于自投罗网。如果取道向北，按照杜聿明指引的路线，则势必翻越荒无人烟的野人山。三国时期，蜀汉丞相诸葛亮在《后出师表》中所说的“五月渡泸，深入不毛”，其所谓“不毛”之地即是指这一地区，是军事上的“绝地”。而取道向西，撤往印度，不仅路途较近，尚未发现敌情，而且史迪威、罗卓英也已从这个方向撤往印度。孙立人思前虑后，权衡再三，觉得往东已不可能，往北也是一条死路，然而蒋介石的手令、杜聿明的命令都是叫他“遵令回国”。为此，孙立人曾两次给重庆的军委会发去电报，说明由于往北去的路已被敌第五十五师严密封锁，无法遵照杜聿明将军之命向北撤退到野人山去，新三十八师只能根据实际情况向西撤往印度，特向军委会请示以免事后追究。不知何故，军委会一直没有回电。孙立人“因此食不下咽，坐立不安，实在关系重大，全师万人的性命，就在他一念之间而决定也！当夜坐在一棵大树下，不言不动，整夜未睡”。最后，孙立人狠下决心，按史迪威、罗卓英的指示，率部往西撤往印度。

当时，因为副师长齐学启已经前往杰沙，在师部主持军务的除孙立人外只有参谋长何钧衡。对于这一重大决策的经过，何钧衡的回忆录中有详细记载：

> 根据情况判断，如我师向国境敌人实行袭击，直接回国，因兵力单薄，且距国境路途太远，不但不能取胜，反有被敌人围歼的危险。当时是5月中旬，到6月以后，缅北即为雨季，在一望无际的原始森林中，既无人烟，又无道路，在淫雨中行军，就有可能陷入兵家所忌的“死地”。此外，我军自过伊洛瓦底江后，英国又通知，今后给养不再供应，由中国自己解决。各部队只携带少数给养，及临时拾得的牛奶粉、葡萄干等类的食物（这些食物是在曼德勒街头捡来的，当时因遭日军空袭，该城人民逃避一空，商店物品散掷街头，故可拾到），勉强度日。为了全师生存，不得不下决心向印度转进。不久孙立人来到师部，他认为师属各部队距离拉得太远，集结困难，如再向北前进，实属危险。孙问我有什么意见，我即将向印度转进的决心和计划及应当下达命令的稿子，一齐送上。孙立人看完后，略为思索，即在命令稿上签字，并批注限半小时内将命令发出。

上述材料足可见关于撤退的决策并非孙立人独断专行的结果，而是与何钧衡等人共同商量做出的决定。既然计议已定，孙立人便巧言打发走杜聿明派来的蔡岳等人，率新三十八师师部及第一一二团、一一四团迅速甩开温藻方面的追敌，折入西北山林地带。孙立人心知，由于敌军机械化程度高，所以现有公路、铁路都已被敌人牢牢控制，如果沿公路撤退，则必遭敌军包围，很难摆脱被歼灭的厄运。唯有走极少有人烟的山间小道，并不时故布疑阵，让小部队打着新三十八师的旗号去迷惑敌人，使敌人不知新三十八师之所向，方可跳出敌人的包围圈。缅甸西北山林地带山高林密，不见人烟，初入森林时，尚有羊肠小道可循，后来没有路可走了，前后经常失去联络。为了避免部队走散，孙立人下令士兵们用绳索或绑腿，前后牵连而行。当晚到达温藻西方三十五公里处的品列库，收容整顿，等待一一三团归队，却仍迟迟不见一一三团踪影。第二天，孙立人派出骑兵到四方探路，并寻找一一三团，均一无所获。正在焦急时刻，警戒部队发现了英方派到新三十八师的联络官马丁中校，只见他身后还跟着几名缅甸人。马丁中校是在脱离温藻战场后走散的，他所带来的缅甸人当中有一人是当地管理森林的小官。孙立人立即请他做向导，带领部队继续西行。走出山林不远，又进入一个密林里，荫翳蔽日，行军十分艰难。孙立人下令部队将所有车辆辎重彻底销毁，只带轻武器和食物前进。远征军入缅后，弹药粮食均由英方提供，自从撤退开始，英方便通知远征军，今后不再供应粮弹，所以各部队带的，只是十分有限的口粮。又经十余日鏖战，所剩不多。孙立人考虑到部队尚不知要在林海中受困多少时日，所以命令各部队严格控制食物，维持最低水平。

追击的日军以为新三十八师必定逃向北方，所以一路沿铁路线穷追，却始终不见其踪影，徒唤奈何。新三十八师进入巉岩林立的山谷，陷入无路可走的境地，向导也迷失了方向，部队只好沿着谷底的一条河，涉水前行。幸好缅甸此时是旱季，水不太深，浅不过膝，深处仅及腹部。部队白天涉水前进，晚上就在沙滩上露宿，两岸不时传来虎啸猿啼，令人不寒而栗。一路上，孙立人与官兵们围着篝火，共话行军的苦与乐，借以鼓舞士气，提升官兵意志。连日的行军和水中浸泡使许多人的腿部浮肿起来，但官兵众志成城，坚持向前。18 日，新三十八师终于走出山口，进入小盆地。

当日下午 6 时抵达亲敦江左岸旁滨附近。此时，侦察员送来报告，称：“一、敌利用小汽艇到处扰乱，本日上午有敌兵四五十名分乘小炮舰两艘，有由伊洛瓦底江支流沿清德温江北犯之企图；二、本日下午 2 时，敌机六架轰炸了旁滨以南十六公里的渡江码头；三、旁滨街市民中混杂有敌人的便衣队，不过目前暂无异动；四、船只竹排、民夫及照明器具等一切渡河工具均已准备齐全。”

根据侦察兵的报告，孙立人断定日军将会利用亲敦江水上交通之便，沿江前来追击，为此，孙立人一面下令迅速准备竹排木筏，趁着黑夜将师主力渡过钦敦江；一面则与当地的县长虚与委蛇，扬言将在此地布防，并传令派一连人构筑工事，做出将要久驻的模样，以迷惑日本人。夜幕降临后，孙立人令李鸿率一一四团先行渡河，迅速占领锡当、唐都，掩护师主力进出，孙立人率师直属部队和一一二团分乘竹筏、木排随后过江。果不其然，天犹未晓，日军乘浅水炮艇和汽艇溯江而上，追到旁滨，与新三十八师后卫接火战斗。新三十八师主力遂向缅印边境前进，后卫部队则在敌后空隙处，偷渡钦敦江，追上部队。

第一一四团先后在锡当和唐都击溃了来犯的日军第二一三联队、山炮兵第二大队和独立工兵第二十六联队主力，新三十八师主力得以安全通过唐都和锡当。5 月 27 日，除一一三团因在卡萨战斗时失去联络外，新三十八师其余部队全部到达印度英帕尔以东约四十公里的普勒尔镇。

至于新三十八师一一三团方面。4 月 25 日，远征军司令长官部下令新三十八师掩护盟军和友军撤退时，孙立人为体恤一一三团官兵在仁安羌作战的辛劳，指示免除服勤。5 月 5 日，孙立人又特许他们乘火车先行，一一三团一路走走停停，于 6 日到达温藻车站。一一三团刚到不久，远征军副司令长官兼第五军军长杜聿明即召见团长刘放吾，令他带一营兵员，另配属山炮兵一连，乘卡车直赴杰沙，戒备八莫方向，防止日军渡河，其余部队由副团长率领继续跟进。

当日下午 2 时，刘放吾率先头部队抵达杰沙，即与营长杨振汉侦察地形，部署部队，占领阵地，构筑工事。同时派一个连渡河到对岸，往八莫方向搜索敌情。

杰沙一带负山带河，形势险要，绵延曲折的伊洛瓦底江自高黎贡山奔腾而下，在八莫拐弯向西，到了杰沙附近又折向南流往曼德勒。杰沙同曼德勒、米内瓦有公路、铁路相通，为缅北与缅中之间的交通枢纽，历来是兵家必争之地。日军第五十六师团一一三联队一部于5月3日攻陷八莫后，即顺流而下，企图占领杰沙，堵住中国远征军主力，与西线北上的日军第三十三师团完成钳形攻势，聚而歼之。

9日，卡萨江边发现大批新砍的树枝、竹子和木板等物顺流漂下。刘放吾断定一定是日军利用河中漂浮的稻草等物为掩护，向第一一三团左翼阵地运动，吩咐左翼部队要严加防备小心，注意北方的动静。10日，日军果然发动攻击，大批日军从前哨连左侧猛扑而来，跟着江东岸炮火齐发。另一批日军在江东岸的炮火掩护下，强行渡江；同时，上游还有日军乘坐十多艘用帆船加装汽车马达改装成的汽艇，冲过一一三团的正面防御阵地，在右翼强行登陆。在一一三团的英勇阻击下，左、右翼两路日军均被击退。当时沿曼密铁路北进的孙立人收到一一三团正在苦战的报告后，当即派副师长齐学启前来指导作战，并允相机行事。正在战斗最激烈之际，齐学启赶到前线，亲自指挥，打退日军又一轮进攻。一一三团官兵备受鼓舞，虽敌众我寡，仍拼死作战。齐学启向刘放吾面授机宜后，即趁日军被击退之机，率伤病兵先行后撤到安全地带。

当日，孙立人即打电话要求齐学启转回师部，并约定次日凌晨3时派车在指定地点迎接。第二天，孙立人派副官叶遇春率领汽车按时到达指定地点，等了四个小时，竟没有发现齐学启前往，最后只得转回师部。孙立人得到禀报后坐立不安，多次派侦察人员到当时的战斗地点去探寻，却毫无消息。

5月11日晚上9时左右，鉴于第五军主力已撤往英多以北地区，新三十八师完成掩护任务，于是孙立人向刘放吾下达命令：“一一三团立即撤离卡萨（杰沙），向印道（英多）、旁滨方向，相机撤退，以免做无谓的牺牲。”接到命令后，刘放吾立即率部突出重围，趁着夜色向英多方向撤退。日军仅以小部队追击，大部由北往纳巴截其后路。12日拂晓，一一三团抵英多，发现日军先头部队已到达纳巴车站，即兼程向品列库前进。13日，一一三团在南坑车站又遭遇由温藻北上的日军，激战三小时，伤亡二十余人，击毙日军四十余人。为了甩开日军的大部队，刘放吾率一一三团转入孟放大山。孟放大山一带是穷山绝谷，无路可行，部队粮食告罄，不得已再折向北行。途中多次与日军遭遇，且战且行，备历艰险。24日，一一三团到达霍马林，当时已与师部失去联络，又不知第五军的去向。大约在25日以后，即新三十八师主力渡过亲敦江一周之后，第一一三团以无线电与师部重新取得联系，询问第五军去向，想靠近大部队取得保障。孙立人一听，非常着急，随即复电告诉刘放吾“绝不可北撤，以自入绝地”。

刘放吾因部队弹尽粮绝，无奈之下，打算将部队化整为零，分途突围。孙立人“急电制止”，认为分兵容易被日军各个击破，绝对不可。于是刘放吾召集连长以上会议，决定遵照师长的指示，集体行动。第一一三团到达亲敦江边时，因日军已先到达，无法强渡，仍向北撤退。孙立人得知后，即指示第一一三团撤退方向与甩开日军的方略。刘放吾即率部于28日夜迅速秘密回渡乌有河向南转进，三昼夜不生火，以炒谷度日。在师长亲自指示下和师主力安全撤退的消息鼓舞下，第一一三团士气不但没有衰退，反而日益旺盛，团结力更加增强，谁也不愿落伍，均愿玉碎，不为瓦全。经两昼夜强行军，翻山越岭一百一十余公里，终于突破重围到达亲敦江边。刘放吾即电告师部：“决心由海宁、南先庆之间抢渡，成功成仁，在所不计。”30日，第一一三团官兵们在山中准备了四米长的大毛竹作为渡河工具。当夜10时，全团趁着黑夜，各人怀抱毛竹，横渡亲敦江。自霍马林南下的日军汽艇发现情况后，开枪阻击，被担任掩护任务的第三营击退。次日，江东岸海宁、南先庆的日军先后赶到一一三团渡河点，但见波涛滚滚，不见中国军队的人影，唯有望江兴叹。

在渡江时，一一三团的无线电台浸水受损，再次与师部失去了联络。6月1日，刘放吾得知霍马林方面的日军沿西岸南下，图谋堵截一一三团退却之路，刘放吾即率全团迅速行动，冒着炎炎烈日，忍着饥渴，穿过光秃的茅山道，终于在傍晚时分登上了四千多米的山巅——印缅分水岭。一一三团官兵们极目西望，但见林海无涯，霞光满天，大放异彩，不禁为撤退的胜利而欢呼雀跃起来。

6月初，一一三团行进在印度的崇山峻岭中，在英印边防军的帮助下，获得了食品等给养，并与师部取得了联系。6月7日，一一三团按照师部电令继续前进，孙立人亲驾吉普车，携粮载药前来迎接。官兵们与师长一行相见，心中无比欢快。历尽千辛万苦、冲破日军围追堵截的第一一三团开往师部驻地普拉村，重新回到了新三十八师的怀抱。

第一一三团的官兵饱经曲折，辗转安全归队，孙立人感到由衷的安慰。但当孙立人从人群中没有发现与自己情同手足、辅佐得力的副师长齐学启时，神情中按捺不住地闪出一丝痛楚。这以后，孙立人多次派人想方设法探寻齐学启的下落，却一直杳无音信。后来部队转到兰姆伽整训期间，孙立人才由英方医院转来一个追随齐学启却孤身脱险的第一一三团士兵口中得知齐学启的一段遭遇。

原来，齐学启和刘放吾在杰沙分手后，率领负伤连长顾纪常等官兵，乘坐第五军配属给他指挥的装甲车，赶往第五军军部，把车辆归还建制，并报告第一一三团的战况及孙立人师长要他回师部的情况，经杜聿明同意之后，齐学启即寻车前往孙立人约定迎接地点。但当时第五军主力正仓皇撤退，齐学启半天也找不到一辆汽车，因此延误了约定时间。齐学启想起第五军的野战医院尚有一部分负伤官兵，齐学启对他们撤退的情况放心不下，立即赶往病房探视、抚慰。此时，这些受伤官兵正为没有车辆运送回国而发愁，一见副师长到来，如同见到亲人一般，要求副师长带他们一道行动。齐学启素来爱兵若子，不肯临难舍弃受伤的袍泽，即慨然答应。因负伤官兵行动困难，远远落在撤退队伍的后头，齐学启到第二十二师师长廖耀湘那里借到五百盾卢比，以备紧急时使用。当时齐学启无法与远在温藻的师长孙立人和正在苦战的刘放吾团长取得联系，于是按事前孙立人决定的撤退意图，率受伤官兵向西进入山林，甩开追敌，寻找三十八师主力。穷山恶水，无路可循，开始大家尚能勉强往前走，后来便渐渐支持不住。一路上，齐学启搀扶着重伤部属，并鼓励其他人勉力向前。后来齐学启在一个小村中买了几头黄牛，载着不能行走的重伤官兵。终于辗转到达亲敦江边的孟坎。这时，因重伤官兵伤口溃烂发炎，在牛背上坐不住，齐学启便向缅甸居民买来竹子编成筏，乘坐竹筏一路漂流到霍马林。5 月 19 日，齐学启乘坐竹筏划到霍马林以南约十三公里的地方，突然遭到追来的日军骑兵轻重机关枪的扫射，顷刻间筏上的伤病官兵纷纷中弹落水，只有一一三团那个士兵因奉命上岸做饭，没有被日军发现，才侥幸逃脱得以赶到印度，而齐学启等人则下落不明。

后来，直到抗战胜利前夕，《大公报》驻仰光特派员黎秀石才得知齐学启在霍马林受伤被俘，被日军送到仰光战俘集中营，关押了将近三年。其间，不仅日军，汪伪政府也多次派人前往诱降，不管是威逼抑或是利诱，都遭到齐学启的严词拒绝。1945 年 2 月，在新一军反攻缅甸胜利前夕，齐学启被汉奸刺伤，因伤重不治而壮烈殉国。一个月后仰光被盟军克复，齐学启的尸体才被空运至加尔各答，随后转运回国，葬于湖南长沙岳麓山。

齐学启副师长的失踪，是新三十八师赴缅作战以来最大的损失。到达印度的新三十八师，全师绝大部分官兵均安全撤退，三个团的建制基本完整如初，尚留七千余官兵。武器装备方面，除重武器丢弃外，轻武器一律随身携带，未有丢失。经过长途跋涉、一路犯险，新三十八师官兵虽是疲惫不堪、衣装不整，但绝不是一支仓皇溃退的队伍，这在当时的中国远征军中是少见的。

与新三十八师相比，撤往野人山方向的杜聿明亲率的第五军主力却没那么幸运了。

杜聿明奉蒋介石命令，不接受史迪威、罗卓英要他率部赴印度的建议，率远征军主力回国，沿曼德勒至密支那铁路西侧北行。5 月 3 日，杜聿明得知日军占领八莫。8 日，杜聿明再次收到日军攻占密支那的广播，决定由孟拱以西绕道回国。罗卓英随军退至纳巴，于5月7日与史迪威弃车步行，向西撤往印度。杜聿明则率部分路北撤，继续向孟拱北方挺进，进入崇山峻岭、山峦重叠的野人山及高黎贡山。对此，杜聿明后来回忆道：

中路我军于5月1日全部撤完，并将伊江大桥破坏。史、罗原计划退伊江后，利用火车由密曼铁路向八莫撤退。不料史、罗乘第一列火车从斯威堡开出二里即碰车，竟日修通后，开至坎巴拉车站，以后再无车可开。此后第五军直属部队第二〇〇师、第九十六师，及第六十六军新编第三十八师，即徒步轮流掩护撤退；部分以汽车分段利用牛车道转运。8日，到卡萨南印岛时，始悉史、罗已于三日前，丢下部队只身逃往印度。我派参谋长罗又伦追赶，亦未追到。罗并来电，令全部向英普哈尔东一百五十公里之温藻撤退；同时又奉蒋介石8日令，向密支那、片马转进，勿再犹豫停顿。我召集各部队长及参谋长商讨后，决心按照蒋介石命令向国境撤退，当时各将领均无异议。

野人山及高黎贡山一带森林蔽天，蚊虫成群，人烟稀少，给养困难。本来，杜聿明预计部队在雨季前可以到达缅北片马附近，可是由于沿途可行之道多被日军封锁，不得不以小部队牵制敌人保证主力得以安全转进，因此一路上曲折迂回，费时旷日，以致迟误到雨季来临。雨季来临后，缅甸遍地成河，无路可走，加上瘟疫流行，第五军官兵死亡累累，沿途尸骨遍野，惨绝人寰，杜聿明自己也在途中染病，险些丧命。6月初，第五军直属部队一部、新编二十二师到达大洛，后经新平洋，被迫改道进入印度，于7月底在新三十八师的接应下到达印度利多（列多）。第九十六师及炮兵团到达孟拱后，师长余韶虽取得杜聿明同意自己选择回国路线，经孟拱、葡萄、高黎贡山返国，但损失同样惨重，副师长胡义宾、团长凌则民牺牲。第二〇〇师及新兵训练处补充第一、二两团自东枝开始攻打罗列姆，沿途穿过日军占领区，突破重重封锁线，经南盘江、梅苗、南坎以西返国。一路历尽艰辛，师长戴安澜不幸身负重伤，在茅邦殉国，团长柳树人也在途中阵亡。

中国远征军（包括第五军和第六十六军）入缅之初共计十万官兵，撤退回国者仅余四万人左右，而其中在撤退中死亡的人数超过战斗死亡人员一倍以上。以新二十二师为例，该师为进攻作战任务最多的一个师，全师九千人，作战伤亡为两千人，撤退死伤人数为四千人。第五军全军四万两千人，战斗伤亡人数七千三百人，撤退死伤人数一万四千七百人。尤其在正式作战中未损失团长以上军官，而在撤退中竟损失四人之多，其情况之惨烈可想而知。连杜聿明本人后来也不得不承认“丧师辱国，罪无可恕”。同时杜聿明还承认：“其他两军，除新编第三十八师在仁安羌之役外，其余损失也都是溃退中的损失。”

对于此次缅甸作战失败的原因，杜聿明归结为：中英在战略上的矛盾，中国迁就英、美，放弃指挥权；中国远征军将领失职，主要指罗卓英。而关于他自己的问题，杜聿明说道：

> 我的最大责任是 1942 年 4 月 19 日未与史迪威、罗卓英彻底闹翻，未能独断专行，下令让第五军全部向棠吉集中，反而委曲求全，选遣了一个团到乔克巴当去。对于史迪威的命令，我并不在乎（因为我可以直接向蒋介石请示），而对罗卓英应服从到如何程度，却未曾得到蒋的指示，心中无底，未敢断行。以致造成不可收拾的局面，以后又未料到敌人先我侵占八莫、密支那，丢车上山的决心太晚，又造成雨季困于野人山的惨境。

而对于这场战役，史迪威也在撤退途中的 5 月 15 日的日记中，对战役做了痛切的分析：

> 敌视的（当地）人民；无空军；日军的主动；劣等装

备（大炮、坦克、机关枪、迫击炮）；军火不足（迫击炮每门五十发，大炮每门一百发）；运输工具不足（三百辆卡车，大部分在第五军）；无供应机构，临时凑成的医疗服务；愚蠢、懦弱的指挥；蒋介石的干涉；英国人管理铁路的一团糟；不健全的通信；英国人的失败主义态度；脆弱的战争形势；明知无望。

由于地理方面的因素，相比之下向西撤往印度要比向北撤退回国安全和容易得多，所以，与杜聿明的第五军在缅北深山密林中艰难跋涉相比，史迪威、罗卓英的转进要轻松一些。此外，第六军和第六十六军处于东路，距国境较近，故撤退回国的时间较早，损失也相对少一些。

鉴于杜聿明与史迪威、罗卓英有矛盾，当他下达向缅北撤退的命令后，各部均按照杜聿明的命令执行，唯独孙立人所部并未执行杜聿明的命令，反而跟随史迪威、罗卓英的脚步，向西转进印度，因此迁怒于孙立人。杜聿明说：“撤退的命令下达后，各部队均遵令转进，独新编第三十八师未照命令，而是照史、罗命令一直向西，经英普哈尔入印度。”杜聿明认为孙立人是留美学生出身，以美国为第一靠山，蒋介石为第二靠山，所以不服从蒋介石和他的命令，而听史迪威的命令。尽管血的事实证明了孙立人的行动是正确的，却不为杜聿明所谅解，以至于两人后来在东北公开发生矛盾。

无论如何，孙立人在缅甸战役中的卓越表现，让史迪威等英美人士刮目相看。美国现代战争史专家罗曼诺斯和桑德兰所著的《美军在中缅印战场史实》对孙立人做出了实事求是的评价：

从第一次缅甸战役开始，第三十八师及其才华横溢的师长应运而出，建立他们的声望。除了仁安羌的战功外，英勇能干的孙立人还有另一次卓越的成就，就是远征军首次战败，孙立人率领第三十八师越过青岭，成为完整的战斗部队，纪律和军心士气丝毫未受损折。

在印度的日子

孙立人率新三十八师撤入印度境内后，总算是摆脱了日军的追击。鉴于新三十八师在进入印度之前并未征得英印殖民当局的允许，不知对方的态度如何。为了有备无患，孙立人下令叫三十八师官兵们洗理干净，缝补衣服，擦亮武器，加强戒备，向英帕尔东南约四十公里的普勒尔镇挺进。

从旁滨到英帕尔，一路上由缅甸逃出的难民和华侨成千累万，络绎于途。因为缅印气候干燥炎热，难民大都痛苦狼狈。见状，新三十八师的很多官兵多自动把水壶里剩下的极有限的水，倒给病人喝，分出背袋里的干粮给难民吃。看到难民拖家带口、肩扛手提、艰苦行进的惨况，孙立人把担任曼德勒卫戍司令时蒋介石奖赏的印度卢比拿出来，一并分发给沿途难民，作为救济之用。中华仁义之风，泽被他乡异国的百姓。

驻守普勒尔镇的英印军第十四师的步兵营长坎尼逊少校侦悉一支中国军队进入印度境内后，急忙向上级报告，英印军第四军军长兼东方警备司令艾尔文闻报后，颇感惊慌，当时守缅甸的英军四万多人，一路败退，损兵折将，损失达 2.2 万多人，残部为了逃命，沿途丢弃枪械、装备，逃到印度时已溃不成军，个个衣衫褴褛，饥寒交迫，狼狈不堪。沿途居民屡遭抢劫，叫苦不迭，使艾尔文大伤脑筋。如今中国军队事先没打招呼而且来得这么快，他感到非常吃惊。艾尔文猜想，这支中国军队殿后掩护英军，长途跋涉，一定比英军更加狼狈，甚至已经成了毫无纪律的溃兵，如此一来，印度的社会治安必受其影响。因此，艾尔文给新德里的英印军总司令韦维尔爵士发了一个紧急电报，建议“应令其解除武装，方准入境”。韦维尔随即将这一情况向英国政府报告。伦敦当局生怕中国军队的到来会对兴起的印度民族独立运动产生影响，指示韦维尔对退到印度英帕尔的中国军队实行缴械，声称：“不列颠王国准许中国在缅甸的军队及其装备到印度避难。但有一点需要说明：按照国际惯例，中国军队入境前须申报难民身份，由英国军队予以收容，并在指定地点集中管理。”起初，韦维尔打算遵从英国政府命令，对新三十八师实行缴械。正巧英缅军总司令亚历山大上将在场，听到韦维尔的打算，认为不妥，于是向韦维尔详细地陈述了新三十八师在仁安羌营救英缅军，在大撤退中奋勇抗敌，掩护英缅军第一师、英印军第十七师及装甲旅余部顺利撤入印度的经过和功劳，建议电告艾尔文务必对来印度的中国军队以礼相待，妥善安置。

英缅军第一军团军团长斯利姆中将当时正在因帕尔养病，听到艾尔文有缴除新三十八师武装的意思，也马上扶病前往劝阻。斯利姆告诉艾尔文，新三十八师对于英国军队帮助甚大，于情于理都应该加以协助，绝不可以无礼相待，况且该师具有坚强的战斗力，不但英军不能顺利将其缴械，恐怕还会引起不必要的国际纠纷。斯利姆劝艾尔文先亲自去视察一番，便可明白究竟。艾尔文听后将信将疑，因韦维尔复电不可轻率将中国军队缴械，就决定顺从斯利姆的劝告，亲自前往视察，待看个究竟后再做打算。

孙立人虽奉史迪威、罗卓英之命撤到印度，但由于不知道英方的态度如何，所以一直保持着警惕。后来，孙立人得知英方不顾中英已结成军事同盟，欲将新三十八师缴械的消息，义愤填膺，当即下令部队停止前进，召集干部会议，决定做好两手准备：全师严阵以待，“倘英方无理对待我军，余将率部以武力反抗”；向下封锁消息，以免激起义愤，同时在远离城镇的地方扎营，避免与英方及居民发生冲突。对英方官员的到来应以礼相待，争取妥善解决问题。

艾尔文在一大群宪兵的护卫下，如临大敌，乘车来到新三十八师驻地。一到大营门时，孙立人亲率一连士兵列队欢迎。艾尔文看见新三十八师的士兵精神饱满，随身装备因辗转作战而稍显破旧，但却整洁齐全，军容颇为壮肃，和零星从缅甸退回的英军相比，简直是天壤之别。不禁大为惊异，随之赞叹不已，表示英军要向中国军队学习。

艾尔文返回自己的司令部后，即向韦维尔报告自己亲眼看到的情形，并称“新三十八师真不愧是一支劲旅”，认为可作为东印度边防的一支力量，应给予补给。韦维尔接受了亚历山大和艾尔文的建议，并经请示伦敦，免去了缴械的不义之举。第二天，英军用卡车运来了大米、盐、油、肉、豆、蔬菜、汽油、药品等。

新三十八师到达印度边境前，孙立人就已派陈麓华中校偕英军联络官马丁中校带着一部电台，在一个排的护送下，先行赶往英帕尔，设法同史迪威、罗卓英等人取得联系，请示行止，并要求补给。后在英军协助下，陈麓华等到汀江向正在与从新德里赶到的韦维尔会谈的史迪威、罗卓英汇报了新三十八师撤退的经过及现状。

史迪威见孙立人能听从他的命令撤到印度，非常高兴和赞许，特地向罗斯福总统申请，颁给孙立人“丰功”勋章。罗斯福批准了申请，并在功勋章的颂词中说：

> 中国孙立人中将于 1942 年缅甸战役，在艰辛环境中，建立辉煌战绩。仁安羌一役，孙将军以卓越之指挥，击灭强敌，解救英军第一师之围，免被歼灭。后复掩护盟军转进，于千苦万难中，从容殿后，转战经月，至印后犹复军容整肃，不减锐气，尤为难能可贵。其智勇兼备将略超人之处，实足为盟军楷模。

凭借卓越的战功、严正的风纪、威武雄壮的阵容，孙立人及其率领的新三十八师赢得了英、美等盟国将领的交口称赞，在印度声誉鹊起，备受印度各方面的尊重和礼遇。

1942 年 6 月，驻印度盟军在新德里举行庆祝联合国日阅兵典礼，特向中国远征军新三十八师发出了邀请函。孙立人认为机会难得，要在这个重要的日子里向盟邦展示中国军人的优秀风采，宣扬国威。孙立人亲自从新三十八师中挑选身高 1.7 米以上、体格健壮、五官端正、操法熟练的六名下级军官和一个加强排的士兵，并督促进行兵操强化训练，随后派遣他们代表中国军队随中国远征军司令长官罗卓英赴新德里参加 6 月 14 日盟军联合举办的阅兵典礼。比赛中，新三十八师官兵形象威武，为盟国军民刮目相看；他们所表演的分列式，步伐最为整齐，精神最为饱满，军容最为壮盛，成绩名列美、英、苏等十一国军队之首，获得莅会的印度总督的高度赞扬。印度各报纷纷报道中国军队夺冠的消息，称一支久战疲惫之师竟能压倒一切崭露头角，实在是无上的光荣。

新三十八师代表队在回师途中，路过印度最大的港口城市加尔各答，该城六千多名华侨举行游行，迎接来自祖国的抗日英雄，庆祝他们取得的优异成绩。过去，英印殖民当局规定华侨在街上结伴行走不得超过十人。而今，英印殖民当局第一次允许华侨举行如此大规模的游行活动，而且其中还有不少英国人自动参加引导游行路线。这表明新三十八师的杰出表现使英国人改变了对中国人的看法，打破了英印当局对华侨的歧视政策，开创了印度华侨生活史上的新纪元，也为后来新三十八师在兰姆伽练兵创造了一个良好的环境。

每年1月2日的这一天是印度的传统节日——达尔巴日，通常印度政府都会在这一天向对社会和国家有重大贡献的人员颁奖或授勋。而与往年相比，1943年的授勋活动却不同寻常。这一年的1月2日，英皇乔治六世将向中国的孙立人将军授勋。本来，英印军总司令韦维尔爵士奉命作为英皇乔治六世的特派代表在印度新德里举行授勋仪式，但孙立人因军训繁忙而要求就近举行。于是韦维尔即请比哈尔省督在离孙立人师部较近的兰溪柔拉学校达尔巴厅堂，为孙立人铺上了红地毯，将“英帝国司令勋章”授予孙立人。授勋仪式上，比哈尔省督宣读了勋章颂词：“奉皇帝陛下的命令，今天本人代表陛下将CBE勋章授予孙立人将军阁下，以纪念阁下去年在缅甸首创的惊人功绩，表达对阁下这种英勇行为的崇敬。”整个仪式简短但不失隆重，中、英、美高级将领均应邀出席观礼，他们纷纷与孙立人握手致贺。孙立人致简短答辞，表示与盟军将士一道，努力作战，彻底打败日、德、意法西斯。仪式结束后，比哈尔省督设盛宴招待了孙立人。

自孙立人率新三十八师完整地撤入印度后，先期到达印度的中国战区参谋长史迪威心中重新燃起收复缅甸的希望之火。美国基于自身的利益，需要中国军队重返缅甸作战，重新打通国际对华运输线来维持中国对日军作战，以减轻美国在太平洋战场上的负担和兵力消耗。就史迪威个人来说，史迪威在缅甸遭受沉重打击，屡战屡败，丢尽了颜面，渴望重整旗鼓，收复失地。为此，史迪威计划在印度组建中国的两个野战军，各辖三个师，另建三个炮兵团和战车、工兵、通信兵、汽车兵、空降兵等部队。为此须向印度调运十万名中国士兵，营长以下指挥官由中国军官充任，较高级的指挥官和主要参谋人员最初将由美国军官担任，直到中国军官能胜任为止。史迪威计划用四到六个月完成部队训练。作战行动将分为两个阶段：第一阶段收复缅甸，决定性的进攻将从印度做出，助攻由中国及缅甸掸邦北部做出；第二阶段将日军逐出泰国和越南。史迪威的建议获得了美国陆军参谋长马歇尔的支持。4 月底，罗斯福总统获知缅甸行将不保，忧心忡忡，立即下令："要寻找途径把飞机和弹药运给蒋委员长的军队。"罗斯福重申对中国的信念，说道："一个不可征服的中国不仅会在维护东亚和平与繁荣方面充分发挥作用，而且会在维护世界和平与繁荣方面发挥应有作用。"中国战区统帅蒋介石也在原则上同意了史迪威的建议，但蒋介石拒绝了由美国军官充任中国军队指挥官和参谋长，并坚持应由中、美、英三国军队从印度和海上同时反攻，要求美国增加对中国的空运量，增拨作战飞机。

英国方面，除亚历山大主张"尽快收复缅甸"外，韦维尔等均持消极态度。考虑到中国与缅甸长久的历史渊源和友谊，英方总的态度是不希望过多的中国军队涌入缅甸，担心中国军队收复缅甸后会留下不走，影响它对缅甸的殖民统治。英方希望中美军队在别的地方尽快打败日本，以便它可以不费气力直接从日军手中收回缅甸。

因此，史迪威关于反攻缅甸的作战计划，从筹划到实施，历经年余，费尽周折，几经变更，到 1943 年 11 月下旬中、美、英开罗会议前后付诸实施时，已大打折扣。

1942 年 5 月 24 日，史迪威带着费尔德等人飞到新德里，同韦维尔商谈十万中国军队驻印营地、补给，以及收复缅甸的计划等事项。韦维尔以各种借口拒绝十万中国军队调运印度，对收复缅甸更是多方推托。史迪威无奈之下只好请马歇尔出面交涉，华盛顿美英联合参谋长委员会从中敦促，英国人不得不同意将位于印度加尔各答西北三百二十公里处的比哈尔省兰溪附近的兰姆伽军营划归中国军队使用，并负责提供给养。史迪威还要求马歇尔派遣一个或更多的美国陆军师给他，加上他重新训练和重新装备的中国军队，把日军驱逐出缅甸。史迪威在给美国军部的报告中说道："我坚信中国在战略上具有决定性重要意义。我认为美国不向这一战区派出作战部队是犯了严重错误。"马歇尔与罗斯福一样，极力想"使中国继续待在战争中"。但马歇尔认为"人力和运输情况不容许这样做"，即不同意派遣地面部队去参加收复缅甸、泰国和越南的军事行动。接着，史迪威于6月初飞往重庆，向蒋介石面陈自己的计划，为蒋介石所同意。

6月20日，孙立人奉命率新三十八师由英帕尔开赴阿萨姆省的马黑里达休整。7月6日，孙立人接到蒋介石的电令："新三十八师着改为独立师，由罗卓英长官指挥，即开赴比哈尔邦之兰姆伽整训。"7月15日，孙立人率师开拔，于20日抵达兰姆伽。

韦维尔选定兰姆伽作为中国驻印军营地是颇费了一番心机的。韦维尔之所以选定兰姆伽，是因为兰姆伽位于印度北部的比哈尔省，这一带满目荒凉，山坡地上只有一些茶园，人烟稀少。军营原是英方收容意大利战俘的集中营，设在这里能够有效地防止俘虏逃跑。现在将大量中国军队搁在这里，也能防止中国军队影响印度内地的人民，起到良好的天然隔绝作用。兰姆伽唯一的有利条件是加尔各答通往新德里的铁路从旁经过，有公路与附近的小镇相连，交通方便。

8月中旬，廖耀湘率新二十二师残部三千余人也开进这里。因营房不够分配，孙立人便率部在营房四周搭起一排排草黄色帐篷；操场不够大，官兵们便刈除杂草，砍去灌木丛，平整山坡荒地，建成几个训练场地和靶场，一向冷寂荒凉的营区从此充满蓬勃的生机。

新三十八师和新二十二师在兰姆伽的主要任务是接受美国的军事装备和训练，为重新打通滇缅公路做好准备。因此，蒋介石将中国远征军第一路司令长官部撤销，另成立中国驻印军总指挥部和副总指挥部，以史迪威、罗卓英分别任正、副总指挥，柏特纳为参谋长，下辖新三十八师和新二十二师，共九千余人。同年冬，原驻守腊戌的第一一四团第一营先后掩护新二十九师、新二十八师撤退回国后，经孙立人联系力争，乘飞机来到兰姆伽归还建制。

从10月开始，中国政府陆续由国内向印度空运补充兵员，每师按照新编制约一万两千五百人补充齐全。在建制上，每师下辖三个步兵团、一个炮兵营（后来增加一营）、一个工兵营、一个通信兵营、一个辎重兵营、一个卫生队和一个特务连。每团下辖三个步兵营、一个迫击炮连、一个平射炮连、一个通信连、一个卫生队和一个特务排，兵员约三千人。每营下辖三个步兵连、一个机枪连。每连下辖三个排，每排三个步兵班、一个轻迫击炮班。总指挥部的直属部队计有：三个炮兵团，每团重炮三十门；六个战车营；汽车兵团拥有载重汽车四百辆；两个工兵团；两个化学兵团（后改为重迫击炮团），每团有重迫击炮四十八门；一个骡马辎重兵团；还有一个特务营、一个通信营和一个战车训练处。各部队装备由美国供给，装备齐全后即进行整训。

中国军队在兰姆伽的训练由美国的麦凯布准将主持，教官也都是美国人，中国人主要负责行政管理。训练内容视不同的对象而定，其中，占主要地位的是步兵训练，各部队士兵们轮流到训练场接受美国教官的训练。美国人训练军队同中国传统练兵方法有很大不同，美国人对训练的分工很细，要求十分严格。前两周是学科学习，让士兵了解、熟悉并能分解组合各种兵器，达到熟练使用的要求。训练方法主要是“讲解”，如采用口述、黑板图解、模型，讲原理，讲构造，讲性能。第三、四周为射击训练，由美军教官示范，再进行实习，让受训者善于使用各种枪械，充分发挥其威力。因此时弹药充足，射击训练大多是实弹射击，所以中国士兵在训练中十分积极。第五、六周是战术训练，主要是沙盘教育和班、排、连的实兵指挥。

训练六至八周结束后，即进行丛林战训练。因缅甸境内多为茂密的热带森林，在史迪威看来，中国远征军在缅甸的失败，除了指挥原因外，主要原因是缺乏丛林作战的经验和技能。如现代化的第五军撤退途中不是败在日军手中，而是败在野人山区大自然的严酷考验面前。所以他决心要将中国军队练成“森林之虎”，教会他们如何在丛林中找“路”，如何在丛林中找“食物”，如何利用生活、战斗的工具。除此之外，士兵们还要学会如何在丛林中用眼、耳发现敌情，判断敌情。

除了普通兵训练外，中国军队还在美军的协助下举办了特种兵训练，如炮兵、汽车、战车、通信、卫生、工兵等各种训练班。后来又办了一个战术学校，分期调派国内军队将校到这里接受为期六周的战时课程，例如参谋作业程序、战略、战术和后勤的训练。

由于训练之初缺乏翻译人员，训练主要靠示范进行。新三十八师、新二十二师政治部也开办过几期英、印、缅语训练班，因是速成教育，所以效果并不好。中国士兵十分聪明，他们能在教官的示范后，相当快地掌握战斗技术，成绩非常好，由此，中国士兵也得到了美国教官的一致好评。

训练中，史迪威也经常出现在拉姆格尔的训练场上。史迪威对待士兵非常和蔼可亲，而且很“士兵化”。史迪威常常沿着一排排卧倒的中国士兵来回走动，耐心地卧在每个士兵的身旁，为他们做示范，或校正瞄准点。他经常站在中国国旗下，向驻印军做演说。他用汉语向士兵们讲述中国历史故事，给士兵们留下深刻的印象。史迪威告诉受训部队，他是蒋介石的参谋长，如果他不努力工作，他就有负重托。他提醒中国士兵应对自己的国家有所贡献，也就是克复缅甸。史迪威告诉中国官兵不必为武器和装备担心，他会亲自保证部队得到与日军同样精良的武器，关于这一点，史迪威确实是言出必行。

中国士兵在接受美军教育轮训后，大部分时间的训练仍然是由中国军队自己的军官负责的。美军训练有其长处，但也有严重的缺点，如强调空军、炮兵的支援，对攻坚作业、夜战教育不甚重视，至于对官兵的精神教育则更是无从顾及。有鉴于此，孙立人在让官兵们接受美式训练的同时，也组织部队进行“中国式”训练，即精神训育、体能锻炼、战斗技术等方面的训练。孙立人继续提倡“义、勇、忠、诚”，号召部属继承和发扬中国传统的武德，爱护士兵如同父兄爱护子弟。孙立人虽荣获英皇颁发的“英帝国司令勋章”，但从不居功自傲，反复公开强调自己获得的荣誉“是新三十八师全体官兵，尤其是死难的袍泽用血肉之躯换来的光荣”。

在兰姆伽训练期间，孙立人夜以继日地督促官兵们刻苦训练。因白天训练多为美国教官主持，为了实施自己的“中式”训练，他每天起五更，披星月，利用清晨、傍晚率官兵们操练。孙立人与官兵们同甘共苦，打成一片，受到了官兵们的爱戴。印度是一个历史悠久的文明古国，有许多名胜古迹，如释迦牟尼苦修得道的佛教圣地伽雅、举世闻名的泰姬玛哈陵等，这些名胜古迹都离兰姆伽不远，但孙立人整日忙于军务，从不离营旅游。兰姆伽的夏季气温较高，孙立人因劳累病倒在训练场上，被送到加尔各答医院治疗，两周后孙立人又回到官兵中间，出现在训练场上。官兵们为他的精神所感动，训练从不懈怠，因而取得了良好的成绩，为美国训练官所赞佩。

1943 年，宋子文、何应钦等军政要员先后从国内到印度与英、美方面商讨军事问题期间，专程到兰姆伽中国驻印军营地视察，慰勉官兵。何应钦检阅了新三十八师射击表演后，对官兵精良的战斗技能大加赞赏，回国后还专门为该师优秀士兵颁发了奖章。实际上，何应钦对新三十八师官兵的赞扬也是对孙立人练兵成绩的肯定。

但是，当孙立人在印度埋头练兵时，国内的各种流言蜚语却不断地指向他，使之不胜其烦。杜聿明率第五军直属部队和新二十二师历经劫难留下的残余官兵辗转撤入印度后，即率军部人员乘飞机回国。不久国内有人控告孙立人在撤退过程中违抗军命，重庆国民党最高当局召他回国述职。孙立人向当局直陈当时的事实真相、是非曲直，因罗卓英从旁说公道话，才得以免遭军法审判。后来，国内又传来谣言，说孙立人排挤黄埔军校出身的军官；还有人说孙立人亲美，一身“美味”，充当美国人的“帮凶”。为此，蒋介石派军统特务头子戴笠布置对孙立人进行“忠贞调查”。戴笠派出调查人员到新三十八师了解情况，还通过国民党政府驻印度加尔各答领事、总领事及军统人员进行调查。调查的结果是新三十八师副师长唐守治、参谋长何钧衡、团长刘放吾和李鸿以及基层军官大都是黄埔军校毕业生，受到孙立人的信任，证明所谓“排挤黄埔军校出身的军官”的说法是有人妒忌孙立人而有意造谣中伤和蓄意毁谤。一些人认为孙立人是亲美派，但在拉姆格尔整训期间，并没有任何材料能证明孙立人与美国人有过密切的接触和交往，或有过损害国家荣誉与主权的行为。相反，孙立人在许多问题上坚持维护国家的尊严。

对于国内传来的中伤，孙立人颇受困扰，常被召回国述职。据孙立人清华同学、一道留学美国的吴文藻的妻子冰心回忆，“所谓述职，就是向蒋介石解说‘同袍’们对他的诬告。他不是‘天子门生’，不是‘黄埔系’，总受人家的排挤”。

面对无端的烦恼，孙立人无心钩心斗角打派系仗，孙立人心中的对手是日本侵略者。因此，尽管“述职”一事费心费力，孙立人依旧将全部的精力用在如何打败敌人上面。

兰姆伽火热的训练营地不仅仅是单纯的军事训练，而且伴有激烈的思想冲突和争吵。美国是第二次世界大战中反法西斯阵线的一支重要力量，国力强大，对中国抗日战争提供着有力支援，由此一些美国人头脑里产生了大国沙文主义，产生了对中国人的轻视现象。这一现象在兰姆伽营地尤为突出，东方文化与西方文化、中国人的民族自尊心与美国人的大国沙文主义在这里直面碰撞。中国军官，包括孙立人在内，并不习惯没有参加缅甸实战的美国人的批评和在训练中指手画脚。作为中国军队的将领，又有美国军校毕业的历史背景，孙立人在与美国人的合作中，始终不卑不亢，维护民族尊严，对抢夺中国军队指挥权、歧视中国人的美国人毫不姑息，坚决抵制。

在兰姆伽与孙立人交锋的美国人当中首推担任中国驻印军总指挥的史迪威。史迪威曾在冯玉祥的西北军中亲眼看到过中国士兵艰苦作战和生活的情形，在头脑中产生了一种信念：如果中国士兵能得到正规的训练、精良的武器、充足的给养，那么中国的军队将成为世界上不可战胜的军队。史迪威对中国国民党军队指挥系统混乱，军官贪污、吃空额的现象深恶痛绝。因此他在组建中国驻印军时，提出“要中国士兵，不要中国军官，尤其不要中国将领”，准备驻印军营长以上军官由美国人担任，并从美国调来了三百多名军官，打算接替中国军官的职务，以便控制中国驻印军。这种“越俎代庖”的做法，严重伤害了孙立人的民族感情，理所当然地遭到了孙立人与中国全体将士的激烈反对。孙立人与廖耀湘等在直接发给蒋介石的电报中，控诉史迪威的做法是要控制中国驻印军的命脉，把中国军队当作史迪威个人的政治资本，如同英国人统驭印度军队一样，也企图把中国驻印军变成美国的殖民军、雇佣军。孙立人甚至还请示蒋介石允许他率军队经西藏回国，不甘寄人篱下，受人侮辱。

蒋介石是凭借军事力量起家的，历来视军队如生命，绝不容忍兵权旁落，更不愿意让兵权落入史迪威之手。但为了争取美援，故而决定成立中国驻印军，以史迪威任总指挥。为对史迪威进行牵制，蒋介石也成立了副总指挥部，以罗卓英任副总指挥。后来，史迪威、罗卓英之间经常在对驻印军的指挥控制权力问题上发生冲突。史迪威一再发电报给蒋介石，批评“罗长官终日绕室彷徨，对于军队之教育训练毫无办法”等，列举了罗的十大罪状，迫使罗卓英于1942年冬回国。于是，蒋介石干脆撤销中国驻印军副总指挥部，把驻印度部队改编为一个军，即中国驻印军新编第一军，选派黄埔军校出身的第八军军长郑洞国担任该军军长，但仍受史迪威直接指挥。1943年3月，郑洞国率军部人员抵达兰姆伽营地。

孙立人对郑洞国很尊重，郑洞国对孙立人也很赏识，两人关系融洽。但孙立人与史迪威在指挥训练部队方面仍有分歧。如前所述，1943年2月，何应钦曾赴印度与英方商谈反攻缅甸军事计划时，到兰姆伽训练基地巡视中国驻印军。何应钦此行不仅在于商谈反攻缅甸军事计划，也希望借助此行来调和孙立人、廖耀湘等将领与史迪威的矛盾。何应钦向孙立人等传达了蒋介石的秘密指示，嘱咐孙立人等忍辱负重，不要同史迪威闹翻，争取领到美国的武器装备。

由于孙立人等的坚决抵制，史迪威只得将从美国调来的三百余名军官分别改派到兰姆伽训练中心任教官、管理人员和中国驻印军中的各级联络官，希望借此对新一军军部编制和军长权力进行限制，将部队的指挥、训练、人事、经理、卫生等权力都集中到总指挥部。孙立人等对此心怀不满，但限于蒋介石、何应钦等人的指示，故仅在私下流露。在兰姆伽及后来反攻期间，当史迪威提出的战略战术不合理时，因事关战斗成败与士兵生命安全，孙立人据理力争，不稍退让，直到史迪威优容接受为止。史迪威曾因总指挥部副总参谋长温鸣剑、新二十二师第六十五团团长傅宗良顶撞美军军官而将他俩撤职，以美国军官代其职，中国将士们皆愤愤不平，孙立人与郑洞国、廖耀湘也向史迪威表明对此断难接受，迫使史迪威自行纠正。

驻印军总指挥部的参谋长柏特纳是一个大国沙文主义分子，因受史迪威的信任，恃宠而骄，对中国官兵的态度一向恶劣。孙立人不畏权势，对他言语不逊、克扣军需物资等行为，总是当面斥责。1943 年春，宋子文到新德里参加会议，顺便到兰姆伽营地视察。宋子文当时任国民党政府外交部部长，又是孙立人尊敬的老上司，所以孙立人在欢迎他时派了一个仪仗队，不料柏特纳事后算账，在会议上对孙立人私自派遣仪仗队迎接宋子文一事大做文章，恶意中伤。孙立人据理力争，强力反驳，柏特纳方才无语作罢。然而，这类事情不一而足，数不胜数。孙立人曾赋诗一首赠一一四团团长李鸿，以此来砥砺部属保持自立自强的民族气节：捧檄出神州，天涯作壮游。关山欣聚首，风雨感同舟。束手非长策，依人岂善谋。重温西汉史，无语对班侯。

1943 年 10 月，柏特纳趁史迪威不在印度，不与孙立人商量，自作主张派新三十八师一一二团分兵深入大洛、于邦等地，结果被日军分割围困并遭受重大损失。孙立人得知后，找到柏特纳，据理斥责其指挥失当，力争亲自率新三十八师主力前往增援。柏特纳怀恨在心，向在埃及参加开罗会议的史迪威告状，诬告孙立人不服从命令。参加开罗中英美三国首脑会晤的蒋介石与夫人宋美龄返国，途经印度加尔各答时，专程到兰姆伽视察，不明就里的蒋介石对孙立人顶撞上司的行为大为不满。孙立人将事情如实汇报，蒋介石方知是柏特纳胡乱指挥，造成中国军队蒙受损失。不久后，史迪威回到兰姆伽，孙立人强烈要求将柏特纳撤职。史迪威虽以种种借口拒绝撤换柏特纳，却开始对柏特纳的权力加以限制，并从此将指挥权交还驻印军各师长。在兰姆伽的美国人都佩服“孙立人坚强自信，敢于面对任何人，包括史迪威在内”。从此以后，柏特纳收敛起嚣张气焰，再也不敢轻视中国军人。

无论如何，中美人员毕竟是为了共同打败日本法西斯而走进兰姆伽的，所以，在坚决抵制对抗美国妄图控制中国军队的同时，孙立人也尽力注意搞好与盟方人员的合作，言行谨慎，顾全大局，与美军将领及工作人员结下了深厚的友谊。如史迪威，尽管他有孤傲、尖刻、擅权的一面，但也有值得肯定的一面：史迪威为人正直，有军事才华，富有政治远见，办事认真，讲求效率，作风朴实，从不摆官架子，善于接受不同意见，待士兵们非常友善，他真诚地希望中国人民打败日本侵略者，并愿为此贡献全部力量。史迪威反对贪污，在驻印军中实行补给到连、供应到人的追送补给体制，革除了国民党腐败落后的补给制度。所以，史迪威也赢得了孙立人等中国将领的敬重，对他的正确意见、命令，孙立人总是努力贯彻实施。随着时间的推移，他们之间建立起一种患难与共、相互信赖、彼此亲密的关系。这也是新三十八师在兰姆伽短期内训练有成，而后又在反攻缅北战役中屡建功勋的一个因素。

第五章　挥师鏖战缅北

扬名仁安羌，撤退显智谋，尽管中国军队第一次远征缅甸折戟沉沙，铩羽退印。在血雨腥风中，孙立人揽获殊勋，建立荣光。重整旗鼓，孙立人再次踏入缅甸大地，挥师战缅北；孙立人首战野人山，踏破“鬼门关”，打破所谓中国军人不可能打出野人山的预言。从反攻到会师，孙立人率部血战大龙河，而后屡出奇兵，攀高山，越深壑，过丛林，闯险隘，力挽狂澜，扭转败局，为打通中印公路、决战决胜打下坚实基础。历经风雨，饱经鏖战，孙立人一展中国雄风，再创百战经典。

打出野人山

1942 年 7 月 18 日，史迪威正式向蒋介石提出“反攻缅甸计划”。不久，蒋介石口头表示同意。7 月 29 日，史迪威又进一步提出了“太平洋前线计划”，其要点是：

十二个中国师从云南进攻，一个美国师、三个英国师和在印度的两个中国师，从曼尼普尔邦推进。这些盟军将在曼德勒以上集合，然后呈扇形展开，通过缅甸南部、泰国，到达印度支那的海岸……中国在云南成立预备军，使用九个师于印度支那边境，以河内和海防，或广州和香港为目标发动攻势，或最终在两个地区进攻。

蒋介石接到史迪威提交的反攻计划后，指示军委会驻滇参谋团团长林蔚和参谋本部作战部长刘斐进行研究。自 1942 年 4 月滇缅公路被切断后，重庆方面便立即失去了百分之九十的军需品和工业必需品，要获得外援物资只有通过印度空运，穿越喜马拉雅山脉东部危险的“驼峰航线”运至昆明。但维持这条航线的运输机很少，运量也很有限，远远不能满足国统区的军需民用。还在珍珠港事变发生前夕的秋季，国民党政府已预感到海防、河内和仰光可能被日寇占领，滇越铁路和滇缅公路也可能被日军切断，所以决定研究开辟一条从中国到印度公路线的可能性。为此，重庆政府曾派出两批工程技术人员，勘察可能利用的路线。他们不畏艰险，深入北缅的高山密林，大胆探索，终于从胡康河谷的新平洋一直摸索到了印度的利多。从而证明一向被英印当局宣扬为疟蚊、蚂蟥遍地和毒蛇、猛兽所统治的野人山区是能够通行的，因而也是能够被人类征服的。既然能够通行，那么从印度利多修筑一条穿越那加山，经胡康河谷、孟拱河谷、密支那、八莫、南坎与滇缅公路相衔接的中印公路也是可能的。

鉴于此，蒋介石反复指示要以打通中印陆上交通为反攻重点。林蔚、刘斐与史迪威交换意见后，于 11 月 12 日拟定作战指导纲要，经蒋介石批准。其内容如下：

> 英美联合空军先一举击毁缅、泰、越、马来敌空军根据地，获得优越之制空权掩护海陆军之作战。
>
> 英美联合海军先以强大潜艇舰队进出中国海及爪哇海，截断敌海上交通，而后以海军主力攻略安达曼群岛，控制孟加拉湾，掩护陆军在仰光登陆，包围攻击缅境之敌人。
>
> 英美中联合陆军应以主力渡钦敦江向斯威藻、曼德勒方向，一部沿吉大港海岸向阿布恰、仰光方向攻击。
>
> 中国陆军在盟军空军掩护之下由澳西攻击敌之侧背，并以一部向滇南出击威胁敌之背后联络线。

从以上作战指导纲要，可以看出蒋介石坚持的是“南北缅水陆两路夹攻”的战略。蒋介石曾面告史迪威：决不能重蹈上次缅战之覆辙；此次反攻缅甸作战之中心问题，在于英国能否对孟加拉湾取得制空、制海权及实行仰光登陆；倘若英方海空军无此准备，中国将不派一兵一卒参战。尽管缅甸是英国的殖民地，但英国首相丘吉尔认为："对英国来说，放弃一百个缅甸也不会比丢掉一个印度重要。"丘吉尔关心缅甸只是担心日军在缅甸的力量得到巩固后会西进印度，除此之外并无所谓，不想"为中国人看守缅甸的大门"。韦维尔始终对收复缅甸缺乏热情，对中美提出的作战方案，韦维尔借口缺乏海军，无法实行两栖作战，只同意收复缅北。后来韦维尔又直接通知史迪威取消缅北作战，英军将只用三个师攻占缅甸若开邦及钦敦江上的葛瓦礼、锡当，此外不愿做任何承诺。12 月底，蒋介石获悉英方态度后，致电罗斯福，称中国已准备就绪，只因英国违诺，反攻缅甸计划将无形取消。罗斯福于 1943 年 1 月上旬复电蒋介石，请蒋介石在他和丘吉尔商量之前勿做最后决定。

1943 年 1 月，罗斯福与丘吉尔在非洲卡萨布兰卡举行会议。当时隆美尔统率的德军在非洲大败，盟军在突尼斯登陆在即，攻略西西里势在必行。与此同时，苏联在列宁格勒和斯大林格勒对德军的反攻已取得巨大胜利，第二次世界大战正处于历史性的转折点。由于战胜德、意已大有希望，英美双方遂将东亚对日作战列入重要议程，而反攻缅甸则是对日作战的主题之一。卡萨布兰卡会议制订了收复缅甸的"安纳吉姆"计划，并将之通报蒋介石，蒋介石也表示同意。嗣后，因英军在缅甸若开遭到日军痛击，英国又退缩回去。1943 年 5 月，罗斯福、丘吉尔在华盛顿举行代号为"三叉戟"的会议，继续讨论欧亚战略问题。中国坚持实行以收复全缅甸为目标的"安纳吉姆"计划。英国则持反对态度，主张采用"绕过缅甸，进攻苏门答腊，最终收复新加坡"的"长袍"计划。马歇尔、史迪威极力反对英国的主张。最后罗斯福抛出一个缩小了"安纳吉姆"计划作战范围和目标的"茶碟"计划，即作战目标主要是收复缅北和打通由莱多经胡康河谷、密支那、八莫连接滇缅路的中印公路。计划没有对"仰光登陆、南北缅水陆两路同时夹击"做出部署，而且把反攻缅甸的任务落在中国军队头上，英军只担任助攻。

计划反反复复，其中心实质是英国不愿承担反攻缅甸的主要任务。直到1943年8月，英美首脑魁北克会议，成立了东南亚盟军统帅部，由英国蒙巴顿勋爵和史迪威任正副统帅，英国才同意“作战部队、进攻路线概如前案”，但对水陆夹攻的实施，尚在游移之中。1943年11月，英、美、中三国举行开罗会议，反攻缅甸方案最后通过，英国终于逃避了在仰光登陆实施水陆夹击的任务，而把反攻侵缅日军的重担，基本上都推在中国军队的肩上。

早在1942年10月，就在中英美三方议而不决、决而不行的时候，史迪威在与韦维尔达成协议后，即将中印公路的修筑提上日程。同年11月，美军第四十五工兵团和第八二三航空工程营、中国驻印军工兵第十团调集利多，阿鲁·史密斯上校任筑路工程负责人。12月10日，利多段公路正式破土动工，美军最初投入的筑路机械不多，只有一些轻型推土机和卡车。而中国工兵和英印政府招募的印度民工使用的主要是斧头、铁锹、十字镐等手工工具。修路大军一路披荆斩棘，艰难地向前推进。为掩护修筑中印公路，1943年初，驻印军总指挥部又任命孙立人为前敌司令官，率新三十八师第一一四团为先遣部队开往利多，担任利多地区的地面及防空警戒。

卡萨布兰卡会议后，鉴于美国的一再敦促，当时英国批准了准备在1943年反攻缅甸的作战计划。在此情况下，美国为修路大军提供了大量的筑路机械，工作效率大为提高。美军工兵三三〇二团和中国驻印军工兵第十二团也投入施工。中、美工兵部队和印度、尼泊尔、中国西藏的劳工总计达七千多人，在团结协作、昼夜轮班作业之下，筑路工程取得了较快的进展。至2月28日，中印已经从利多基地向前推进了69.5公里，已经越过印缅边界，进入缅甸境内。

就在中美筑路大军一路高歌猛进，进入缅甸后，环境险恶的野人山和以逸待劳的日军，成为筑路大军前方的“拦路虎”。当时，日军派出若干小分队袭击印缅边境一带的英军前哨阵地，进逼筑路工地附近，直接威胁建有简易机场和英军营地的赫茨要塞。英军不支后退，美军工兵部队的通信和医疗单位也奉命后撤。此时，倘若不击退日军的袭扰，则势必危及筑路工程的进行。

野人山区位于中、缅、印边境，是一个纵深二百多公里、平均海拔两千六百米以上的三角地带。这一地区山势高峻，崎岖无径，重峦叠嶂，密林蔽空，蚊虫遍地，疟疾横行，杳无人烟，雨季来临即成泽国。第一次缅甸战役中，溃退的中国远征军第五军一部和印、缅难民被迫走入这一绝境，在这里留下堆堆白骨。

占据野人山及其南端的胡康、孟拱河谷的敌军是日军第十五军第十八师团，也就是侵华日军中血债累累的久留米师团。该师团曾参加淞沪会战、南京大屠杀，太平洋战争爆发后进攻印度支那、马来西亚、新加坡，1942 年进攻缅甸，同年 8 月起进驻缅北，以密支那、孟拱为根据地，按照丛林作战的要求严密布防。该师团下辖三个步兵联队、一个骑兵联队，另外又临时配属一个野战重炮大队、一个独立速射炮大队，装备精良，兵力雄厚，共计三万多人，是日军的一支“王牌”，有“热带丛林之王”之称。第十八师团师团长田中新一中将在进驻缅北后，即派遣第一一四联队及印缅傀儡军一部，击退了当时戍守胡康河谷的英军，将防线推进到缅印边境，据守野人山区的重要隘口，并以师团主力沿胡康河谷和孟拱河谷层层布防，准备长期坚守。

面对这样的天险，面对这样的强敌，史迪威考虑这场前哨战关系反攻缅甸全局，是对中国驻印军士气、战力的考验，同时关系到中印公路工程的进度，经再三权衡，将重任交给了孙立人的新三十八师。先锋部队一一四团出发前的一天夜里，孙立人与史迪威、李鸿共商对敌策略，彻夜未眠。3 月 9 日，李鸿率第一一四团奉命徒步赶往野人山区，南行二十五公里，即到进入野人山的唯一隘口——历史上有名的“鬼门关”。临行前，一名英军少校断言孙立人部不仅难以打通中印公路，更难爬过野人山。为了拿下日军占据的几个重要山头，李鸿派一个连组成突袭队，在师谍报队侦察兵的引导下，神出鬼没，先行攻下了日军腹地的一个山头阵地。“攻其所必救”，其他几个山头的日军沉不住气，急忙以炮火支援，暴露了火力点。李鸿趁机率全团出击，一日之内连夺敌四个山头，其他几个山头上的日军为求自保，各自作战，反而被一一四团各个击破。一一四团敲开了“鬼门关”的大门，成功进入野人山。

在没有人迹的原始森林中，第一一四团披荆斩棘，开出一条通道。遇到日军哨卡和据点，即以火焰喷射器一一拔除。在野人山区，一一四团官兵目睹第一次缅甸战役败退时中国远征军第五军死难官兵的一堆堆白骨，忍着悲痛，招忠魂，收忠骨，在丛林中垒起一座座坟墓，并立山石为碑，李鸿亲笔在碑石上写着：“此恨不雪，愧为炎黄后裔。”经过十余昼夜的跋山涉水，风餐露宿，奋勇冲杀，第一一四团打退了追击英军的日军，接替了英军在卡拉卡、唐家卡一线的防务。3 月 31 日，日军企图破坏中印公路的修筑，纠集一千余兵力分两股向卡拉卡、唐家卡等阵地发起猛攻。一一四团坚守阵地，与日军持续战斗半个月，击毙击伤日军二百余人，迫使日军撤退。但日军不甘心失败，改用小股兵力常来袭扰，与中国军队作长期纠缠。一一四团痛歼来犯敌军，有力保障了工程部队的施工安全。

一一四团打入野人山时，新三十八师第一一二团、一一三团及直属营、连，随师司令部陆续开到利多。根据一一四团进攻野人山的战况来看，孙立人深感部队进入野人山作战，尚不能得心应手，必须强化针对性的训练。为此，孙立人下令在利多附近羊口原始森林中开辟营区，升起帐篷，实施丛林战术训练。与此同时，针对丛林地区恶劣的自然环境，孙立人制订了许多有针对性的举措，例如明令饮食卫生规章、加强野战医疗建设等。在后来的反攻缅北战役中，孙立人一直重视督促执行这些措施，保证了部队的健康和战斗力。

到了 5 月中旬，一一四团作战两个多月，因山高路险，联络和救护困难，补给虽然有飞机空投，但常受多重云雾等环境限制，粮弹缺乏；又由于雨季已来临，疟蚊肆虐，带来疟疾病害，全团官兵疲劳过甚。5 月 22 日，孙立人命令第一一二团前往换防。日军也因为胡康河谷洪水泛滥，补给时常不继，于是将大部人员撤退，谋求将未来战斗置于野人山进入胡康河谷的隘路口——新平洋，使主力在河谷纵深地带进行持久战。此后野人山前线除了少数日军搜索兵出没外，双方均没有较大接触。到 9 月上旬，第一一二团推进到大沙坎及秦老坎一线；10 月 29 日，第一一二团再次攻占了胡康河谷的前进基地——新平洋。

从 1943 年 3 月到 10 月，孙立人率领的新三十八师在极其恶劣的环境中，度过了八个月艰苦的战斗生活。在严酷的自然环境和凶悍的日军面前，新三十八师官兵克服一切困难，开辟出了一条路线，赶走了盘踞在野人山区的日军，打破了英军少校关于中国军队打不出野人山的预言。筑路大军在新三十八师的掩护下，沿着他们战斗过的足迹，排除困难，将公路逐步向前推进。至 1944 年元旦，中印公路已经通到新平洋。至此，坦克和大炮第一次开进野人山，缅北反攻也进入了新阶段。

扭转战局

9 月底，缅北雨季即将结束，中国驻印军总指挥部率兰姆伽的中国驻印军开赴利多，准备发起反攻。当时，史迪威赶赴重庆与蒋介石商洽反攻事宜，故而中国驻印军暂由总指挥部参谋长柏特纳代为指挥。10 月 10 日，柏特纳下令新三十八师第一一二团由驻防转向进攻，占领大洛至大龙河及大奈河的交汇点及下老家一线，掩护在新平洋前进基地建筑新机场，以便盟军后续兵团进出野人山区，胡康河谷的争夺战由此展开。

胡康河谷是由大洛盆地和新平洋盆地组成，南北纵长二百公里，东西幅宽约二十至七十公里。胡康原名“户拱”，曾属中国滇西孟养宣慰司管辖。河谷内多为原始森林，河流纵横，新平洋盆地中主要有大龙、大奈、大宛、大比四大河流，其中三条河流注入大奈河中，流经新平洋折向西南，穿过大洛盆地，构成亲敦江的上游。雨季来临时，胡康河谷遍地汪洋，旱季时则瘴疠严重，为虎列拉与恶性疟疾的巢窟。胡康在缅北克钦族语中意思即是“死亡”，故而胡康河谷又被称为“死亡溪谷”。在这样地理环境极其恶劣的地区与日军搏斗，对于辗转战斗、疲惫不堪的新三十八师一一二团来说，无疑是一场严峻的考验。

1943 年 10 月 24 日，第一一二团在团长陈鸣人的率领下，从唐家卡、卡拉卡一带出发，兵分三路发起反攻。一一二团第三营为右纵队，由卡拉卡进发，经那醒、奴陆向德罗方向攻击。由于德罗一带地形特殊，按当时一一二团兵力状况及战术上的考虑该营担任牵制德罗之敌，警戒主力右侧安全的任务。11 月 1 日，该营经一昼夜猛攻，将拉家苏高地占领，此高地可俯瞰德罗盆地。此后，第三营又派出适当兵力占领德罗西北各要点，并不时分派小部队四出袭击，始终与敌保持接触，使其无暇与欣贝延方向的防军相呼应。一一二团团部及第一营为中央纵队，10 月 24 日由唐家卡出发，经唐卡沙坎、清罗沙坎南下，10 月 29 日攻克欣贝延，30 日攻克宁滨，继而南下向于邦之敌攻击。一一二团第二营为左纵队，亦由唐家卡出发。10 月 31 日，主力开始向下老发起攻击，至 11 月 11 日始将下老攻克。其一部第五连于 10 月 31 日亦接近于邦，与日军发生接触。

于邦是孟关、太柏家通往新平洋的渡口，历来为兵家必争之地。日军在此筑有桥头堡阵地，右岸配有第五十六联队的一个中队，左岸设有炮兵阵地，企图阻止中国军队前进。10 月 31 日，第一一二团向于邦挺进，江晓垣连向日军主阵地冲击时，被埋伏在渡口的一排日军狙击，连长江晓垣、排长刘治以下官兵三十多人牺牲。陈鸣人令第二连接替江晓垣连续发动攻击，直抵日军阵地前沿，因发现有日军增援，于是就地构筑阵地，与日军对峙。河左岸日军趁夜增援并偷袭第二连阵地，陈鸣人又令机一连连长吴瑾带一个重机枪排在渡口占领阵地，日夜封锁河面，切断日军补给线。11 月 4 日，第一营营长李克己亲自率一连人从临滨赶往于邦，在美军飞机掩护下，于当天占领两处日军阵地，将日军三面包围，日军退守渡口预设阵地内顽抗。7、8 日两日，一一二团发起猛攻，因无炮兵支援，敌军阵地久攻不克。10 日，美军飞机再次配合轰炸，因丛林密布，无法击中目标，轰炸效果不大，于是陈鸣人令所部在正面坚守，希望从两翼封锁敌补给线，后因战线过长，未收到预期效果。

于邦战役打响之前，日军第十八师团师团长田中新一判断其所部作战将主要集中在胡康河谷地区，为避免遭到两面夹击，免除后顾之忧，田中新一决定在胡康河谷战役打响前先打击云南怒江方向的中国军队。为此，田中新一于9月抽调兵力组成丸山部队，以步兵第一一四联队主力（缺第二、第三大队）、步兵第五十五联队第二大队及山炮兵第十八联队第二大队为基干，由密支那出发，配合日军第五十六师团向云南扫荡。因此，中国驻印军总指挥部认为于邦地区日军兵力空虚，故而发起攻击。殊不知，10月下旬，丸山部队结束云南扫荡战，田中新一已命丸山部队返回密支那。结果，11月22日夜，日军第十八师团以第五十五联队、第五十六联队主力增援于邦，偷袭第一一二团指挥所，并进攻渡口两翼中国军队的机枪阵地，连长吴瑾不幸牺牲。日军在炮火的掩护下，于当夜从下游渡江，占领李克己部背后的高地，与渡口日军沟通一气，将李克己部反包围。李部与友军联络及补给完全断绝，陷于苦战中。

在于邦受困前夕，孙立人从重庆述职回到利多，立即赶往大龙河前线察看，发现驻印军总指挥部将一个步兵团分散在一百五十余公里长的防线上，官兵装备不齐，许多战士甚至没有水壶，工事锹竟是挖煤矿用的大铁铲，连重兵器、迫击炮也没有装备。同时，第一一二团面临的日军也不像总指挥部命令中所说的只有缅兵三四百人和几个日本军官，而是两个联队的主力。孙立人见状怒不可遏地赶回利多向柏特纳要求让他立即率新三十八师的两个团赶去增援。柏特纳不相信大洛、大龙河一线敌军是拥有大炮的日军主力，直到孙立人令人把日军发射但未爆炸的日军山炮炮弹抬给他看，柏特纳才无言以对。但刚愎自用的柏特纳仍借口公路未通，补给困难，不同意孙立人增兵补械的要求。如前文所说，当时史迪威已赴开罗参加美英中会议，为报私仇，柏特纳竟向史迪威报告“中国军队不能作战，不肯前进”。待到史迪威参加会议结束后赶回总部，孙立人立即找史迪威报告情况，指出柏特纳指挥不当致使第一一二团遭受重大损失。然而史迪威偏信柏特纳，不信孙立人之言，两人因此争论起来，直到午夜也没个结果。孙立人无法说服他，便要求史迪威一同到前线视察。视察的结果确如孙立人所言，史迪威这才同意调第

一一三、第一一四团并一个山炮营赶赴大龙河前线。

当新三十八师主力沿着新开辟的利多至新平洋段公路，昼夜兼程赶到前线时，李克己部已被日军围困将近一个月。李克己部坚守于邦阵地的实际兵力只有一个加强连，而日军有七百多人，是李部的五倍多。李克己部阵地也只有比一个足球场大一点的密林，粮食弹药供应靠美军飞机空投，由于美空军尚未取得缅北制空权，飞机数量少，空投场地太小，所投的供给物资有限，官兵们仅能维持半饱，弹药仅供最低限度的消耗。即便是在这样的情况下，李克己部顽强地坚守阵地，与日军抗衡，与时间斗争，与环境拼搏，发挥主观能动性，就地取材，因地制敌，坚守阵地一个多月，硬是打退了日军的多次进攻，使日军始终不能越雷池一步。

驻守于邦上游临滨的李克己营第一连在连长刘益福的带领下，经七昼夜连续作战，打退了十倍于己的日军进攻。11 月 25 日，日军再次大举进攻，刘益福连毙敌三十多人，将进至阵前的日军击退。日军此役损失大队长田中胜、中队长原良和吉五以下四百多人。

拉加苏方面。自 11 月 1 日起，第三营遭到从加迈增援的大批日军的围攻，双方展开激战，三营营长陈耐寒和连长赵振华不幸阵亡。但该营死战不退，与日军对峙两个月，击毙日军山下大尉以下四百多人。直到 12 月下旬，由新二十二师第六十五团接防后，三营才归还建制。

12 月 21 日，孙立人与李鸿率第一一四团赶到于邦，这时史迪威已将新三十八师指挥权交还孙立人。为尽快拿下于邦，史迪威迫不及待地催促孙立人马上下令进攻。孙立人认为只能等调整兵力后才可以进攻，否则欲速则不达。为慎重起见，孙立人亲往前线视察，部属将从被击毙的日军军官身上搜获的一张军用地图呈上，孙立人仔细研究后，发现新三十八师所进攻的方向正是日军重点防御的阵地，于是孙立人改变进攻计划，避实就虚，攻敌不备，将大龙河、大奈河交汇点的机枪连调到于邦，将该点交由第一一四团接防，主力集中攻击于邦日军两翼。

23 日拂晓，孙立人一声令下，于邦反攻战打响，第一一四团第一营营长彭克立率许炳新连由于邦高地敌阵地南侧进入阵地，打开敌包围圈。同时，四架美军飞机前来助战，地面上炮兵向敌阵狠狠轰击，步兵从正面佯攻，迂回两侧，摧毁了日军一道又一道阵地。战斗中，连长许炳新不幸中敌手榴弹阵亡。与此同时，被困在包围圈中的李克己部乘机从里面往外冲杀出来，并从两翼截断渡口日军阵地的联系，封锁住渡口。日军第十八师团宁死不退，拼命守护主阵地。12 月 25 日，史迪威在孙立人的陪同下亲临战壕，观察攻击。因步兵伤亡太大，孙立人命令部队以轻、重机枪用密集火力消灭隐蔽的日军机枪巢；以轻、重迫击炮轰毁敌阵地；以山炮隔河轰击敌炮兵阵地，压制敌火力；以步兵自三面分散向敌核心阵地进攻。29 日，日军溃败，残部逃向丛林、山涧。临滨、沙劳、大龙河和大奈河交汇点的部队也转守为攻，取得胜利。

于邦被新三十八师攻占后，塔隆河右岸地区的残敌也很快被肃清。二战期间两次出任日军大本营陆军部作战科长的陆军大佐服部卓四郎在战后编写的《大东亚战争史》中写道：

> 敌军原来是中国军第三十八师劲旅，和第十八师团过去在中国大陆上接触过的中国军队，在素质上完全不同，因而大吃一惊。过去，日军以一个营消灭中国军一个师乃是家常便饭。尤其是这个在九州编成的师团，在中国战场久经战斗，纵横驰骋，同中国军交战最有自信。然而，此次在胡康的中国军，无论是编制、装备，还是战术、训练都完全改变了面貌。尽管第五十六联队奋勇猛攻，敌军圆形阵地在炽密的火力网和空军的支援下不仅毫不动摇，而我军的损失却不断增加。敌军虽已遭到将近九百名的损失，却仍顽强抵抗，坚守密林阵地，毫不退让。于是立即向上级报告了这个情况，使全军不禁为之愕然。

日本防卫厅防卫研究所战史室所编著的《缅甸攻略战》中也写道，经此一战，第十八师团师团长田中新一才得知“中国军队的战力已达到不可与昔日相比的精强程度”。日军承认：

> 这次战斗虽系局部性的小战斗，却给了新三十八师官兵更大的感受和信心。因为他们大部是新兵，此番一举击溃在缅甸战争序幕中，因勇猛令人恐惧而被誉为丛林战斗之王的日军，提高了“我们也能击败日军”的信心。于是，在以后向密支那进击期间，彼等经常谈论第一一四团在此战中的胜利。

于邦之战，史迪威不得不改变自己的看法，承认孙立人是一个“切合实际的军人”。新三十八师以伤亡二百三十余人的代价赢得歼灭日军五十五联队联队长藤井小五郎大佐、大队长管尾少佐以下一千五百余人，俘敌十三人的战果，取得了反攻战的第一个胜利，打通了进入缅北的门户。

胡康河谷的迂回战

当大龙河右岸的战斗胜利在望时，史迪威担心下一步在打通胡康河谷的战场上，会遭到日军第十八师团与第三十一师团的威胁，遂召见孙立人商讨作战方案。1943 年 12 月下旬，中印公路已修到欣贝延，新修建的机场也已经投入使用，这对于新二十二师迅速进入战场十分有利。为此，孙立人建议让廖耀湘的新二十二师也投入战斗，以增强攻击力量。史迪威表示同意，并提出由新三十八师和新二十二师分别占领太柏家、大洛，使这两个地方要塞化，以消耗日军的兵力。

为达成作战目标，完成作战任务，孙立人对胡康河谷的地理形势、日军兵力分布及新三十八师的具体情况做了深入细致的分析。孙立人估计日军自于邦溃败之后，必定将主力聚集在太柏家以西地区，凭借宛达克山、大奈河等大小河流的天险，步步顽抗，以阻止中国军队的前进。对于驻守已经一年半之久的日军来说，他们的工事都是半永久性的，易守难攻，如果延用于邦一役那种以阵对阵的正面强攻，必然会消耗大量的兵力、弹药，对于远在异域作战的中国驻印军来说，其前景将难预料。丛林的地形有利于隐蔽运动，迂回敌后，也有利于就地取材，构筑阵地，只需少数兵力，扼守要道，控制交通。孙立人认为，既然日军可以利用丛林，新三十八师也可利用丛林地形反制日军。在下达作战命令前，孙立人召开了一次团、营级干部会议，提出了自己的作战方略：

> 唯有放胆进行密林开路，实行对敌大迂回包抄，才是两全上策。具体做法是，以适当兵力从正面佯攻，另以主力部队秘密潜入从未有人走过，而敌军又不曾设防也想不到设防的密林中，以缅刀披荆斩棘，跨越高山开路前进，攻其侧背，断其补给，动摇其军心，最后对凭借天险、工事顽抗之敌，实行前后夹击，将其消灭。

1944 年 1 月初，孙立人以第一一二团主力为预备队，警戒大龙河沿岸；以第一一三团为左翼，第一一四团为右翼，第一一二团第二营配属炮兵一连组成左支队，分三路渡过大奈河、大龙河，以分进合击的态势直取太柏家，并向甘卡挺进。1 月 11 日，赵狄率第一一三团（欠第二营）从临滨偷渡过大龙河，向盘踞在大龙河东岸的日军发动猛烈进攻，连克大班卡、乔卡、宁鲁卡等要点，河东岸的日军阵地随之崩溃，一部分残敌逃向太柏家，与原地守军困守大奈河北岸的阵地。17 日夜，一一三团在大奈河北岸击毙由南岸乘四个竹筏偷渡增援太柏家的一个日军中队。接着，一一三团进攻太柏家敌人的左翼，另以第一营从森林中开路前进，侧击日军右翼。30 日，一一三团发起猛攻，与左翼兄弟部队夹击日军。日军凭借坚固工事和复杂地形，顽强抵抗两昼夜，伤亡惨重，最后不得不撤向东南的河套地区。2 月 1 日，一一三团克复太柏家。

在左翼迂回太柏家时，右翼队第一一四团于 1 月 12 日出康道，渡过大奈河，沿宛达克山脉南进，迂回至日军阵地背后，在大奈河南面支流孟阳河遭遇正赶往新平洋抄袭新三十八师后路的日军第五十五联队第一、二大队。李鸿当即下令以攻为守，向日军阵地发起猛攻。日军凭借炮火优势，顽强阻击，战斗逐渐成胶着状态。李鸿当机立断，改变强攻战术，组织突击队从敌阵地的结合部插入，向纵深穿插渗透，将敌分割包围。敌我缠斗在一起，日军无法发挥炮火威力。9日，一一四团发动总攻，击毙日军第五十五联队第一大队长宇生少佐，室隅大尉，中队长山林、松尾、大森、小野等官兵六百余人。其他残敌闻风丧胆，纷纷向孟关以南溃退。一一四团乘胜追击，横扫森邦卡以北、孟阳河以东，肃清日军，与第一一三团胜利会师。第一一三团和第一一二团第二营及炮兵一连也先后将太柏家东侧河套、大奈河东南河套一线日军歼灭，彻底粉碎了日军在大龙河东岸、大奈河南岸拒阻新三十八师渡河深入的企图。

与此同时，沿新平洋到太柏家公路初段及太柏家以南旧有公路作正面进攻的新二十二师先后攻下大洛、腰班卡等据点。这样，中国驻印军左右两师完全控制了胡康谷地心脏地区孟关外围的全部重要据点，并完成了对孟关日军的围击态势。

日军第十八师团在孟关集结了七个步兵营、两个山炮营、一个重炮营、一个战防炮营，构筑了坚固的防御阵地，师团长田中新一亲自坐镇孟关指挥，企图据险固守，作持久抵抗，阻滞中国驻印军的进攻，以掩护第十五军主力行将对印度英帕尔发动的“乌号作战”。

史迪威决心趁日军新败，士气顿挫，而驻印军士气高昂之势，不待英军从英帕尔发动进攻，也不等滇西新成立的中国远征军横渡怒江西进，立即挥师南下，由新三十八师与新二十二师共同实施钳形夹击，在沙杜渣以北地区捕捉日军第十八师团。史迪威令新二十二师和独立战车第一营为右翼，新三十八师为左翼，两师以大奈河、南比河相连之线为作战地境线，各于战线以西、以东地区向南攻击。同时，史迪威调令麦里尔准将率领的美军“加拉哈德”突击队由临滨出发，在新三十八师左翼前进，相机进取位于孟关东南的重要据点瓦鲁班，抄袭日军后方。

加拉哈德部队是专门作为挺进奇袭而训练编成的一支美军步兵部队，代号是五三〇七暂编团，又称“麦支队”。它由三个营组成，每个营分成两个战斗部队，每个战斗部队有军官十六人，士兵四百五十六人，部队由麦里尔准将指挥。加拉哈德部队是史迪威在两年缅甸作战期间拥有的唯一一支美国地面作战部队。

接令后，鉴于第一一四团在孟阳河与日军苦战一个月，伤亡较大，也相当疲惫，孙立人决定以该团为预备队，在太柏家休整，以第一一二团为本师右翼，仍以第一一三团为左翼。2 月 23 日，孙立人亲自带领左翼部队作深远迂回，在高山险壑、茫茫森林中艰难跋涉，连克清南卡、恩藏卡、康卡、阳卡、丁宣卡、中马高、下马高、瓦卡道、沙鲁卡、山那卡等三十多个据点，跃进一百八十公里，攻抵瓦鲁班东侧；右翼部队也攻下了大林卡、丁克稜卡、拉曼渣卡、利杜卡、卫树卡等据点村落十多处，和左翼部队取得了联络。这样，新三十八师以出色的战斗，将拉曼河及大宛河以北的日军全部肃清，有力地支援了新二十二师进攻孟关的作战行动。

3 月 2 日，在一一三团攻占拉曼渣卡后，孙立人考虑到新二十二师在孟关北面苦战，伤亡较大，瓦鲁班虽不属自己部队的战区，如果仍按史迪威总指挥迂回到沙杜渣的命令，路程太长，难以尽快收到夹击的效果。但是，只要先拿下瓦鲁班，切断孟关守敌的补给线和退路，孟关日军必动摇军心，不能坚守。为此，在未得到史迪威同意的情况下，孙立人果断命令第一一三团暂时放弃原来进攻沙杜渣的任务，掉转方向，穿越密林秘密迂回到瓦鲁班的侧背。日军第十八师团师团长田中新一得到这一情况的报告后，慌忙将师团主力紧急撤往瓦鲁班。这样一来，孟关方面守敌在新二十二师打击下，全线告急。3 月 5 日，廖耀湘下令发起全线猛攻，战车营在孟关平原上横冲直突，步兵猛打猛冲，尽管日军疯狂抵抗，但大势已去，最终还是溃不成军，残敌只得弃城南逃。随后，战车营摧毁日军十八师团指挥部。当日下午，廖耀湘部占领了这座缅北的重要门户。是役，新二十二师毙敌近千人，缴获武器、弹药及各种物资无数。

由于日军被新一军吸引在孟关及其以东地区，所以担负从左翼抄袭日军后方任务的美军麦支队一路顺利无阻，迅速迂回到瓦鲁班附近。3 月 4 日，美军在附近小河东面遭日军两个中队的猛烈袭击，连连向孙立人求援，孙立人急派第一一三团星夜驰援。经两昼夜急行军，一一三团于 3 月 6 日占领瓦鲁班东北 1.6 公里的拉干卡，击退压迫美军的日军。日军退败之后，美军也随即向卫树卡撤退，新三十八师单独担负起攻击瓦鲁班的任务。第一一三团以第三营攻击瓦鲁班南面的秦诺，以二营从东面和南面围攻瓦鲁班，一营作为预备队掩护二、三营的侧背。7 日，第三营第八连在公路左侧构筑隐蔽阵地，打死日军一个大尉和一个中尉，毁其卡车一辆，截断了秦诺与瓦鲁班的联系。此后，田中新一调集日军疯狂反扑，第三营凭借迫击炮的强猛火力，顽强阻击。日军多次发起冲锋，均被第三营击退，日军始终未能占领阵地半分。

新二十二师及战车一营自从攻下孟关后，便迅速南下，策应新三十八师围攻瓦鲁班。战车一营凭借机动优势，实施超越追击，直抵瓦鲁班西北侧。当日，新三十八师一一三团二营攻占瓦鲁班的一部分，于 9 日晨全歼残敌，占领了整个瓦鲁班。同日，第三营也攻占秦诺。日军伤亡惨重，仅在瓦鲁班附近公路两侧就被击毙七百五十七人。田中新一见大势已去，下令全线撤退，田中新一本人经其工兵联队预先从瓦鲁班以西的密林中辟出的一条防备紧急事态时使用的秘道溜之大吉。田中新一逃跑时，顾不上带走日军第十八师团司令部的两辆装甲车以及一辆卡车，被攻占司令部的战车一营所缴获。日军第十八师团自孟关撤退的炮兵及重装备部队在这以前也经由孟关大道西方的第二条秘道撤退，侥幸逃出中国驻印军的包围圈。

在瓦鲁班战斗的同时，廖耀湘率新二十二师参与追击，于 15 日夺取了高沙坎。至此，胡康河谷的日军被全部肃清。虽然中国驻印军未能全歼第十八师团，让田中新一及其残部漏网，但对于中国驻印军来说收获是巨大的，瓦鲁班一战极大地增强了官兵们战胜日军的信心。对于孙立人来说，他找到了森林作战的一条成功经验：

森林战攻击最有效的方法，即用适当兵力从正面攻击，吸引敌人，而以主力从森林中开辟新路迂回到敌人的背后，先截断敌后方联络补给线，阻止敌方部队增援，然后对正面之敌施行包围夹击，便很容易收歼灭战的效果，即孙子所说的“以正合，以奇胜”。开路迂回便是以奇兵制胜。但迂回部队必须开辟新路，因为原来所有的道路，敌人一定都设有埋伏，不但容易受袭击，也容易暴露我军的实力和企图。这种开路的迂回战法也有下列几点好处：一、截断敌后方道路，使敌军的粮弹补给断绝，失去持续作战的能力；二、阻止敌后部队增援，使其陷于孤立，感受精神威胁，消失战斗意志；三、除敌人特别构筑的独立四面作战的据点外，一般阵地，通常后方工事薄弱，易于攻击突破；四、我军主力迂回到敌军后方，迫使敌军炮兵后撤，不能直接支援其正面部队的战斗；五、截断敌军后路，使伤病敌兵无法救护后运，增加敌阵地内的惨相，动摇其战斗情绪，这就是“垓下楚歌”的办法；六、正面逐点攻略，旷日持久，消耗兵力，而迂回战却可以减少伤亡，争取时间，又是孙子所说的“以迂为直”和“出其所不趋，趋其所不意，行千里而不劳者，行于无人之地也，攻而必取者，攻其所不守也”的战法了。

这种迂回战法在反攻缅北过程中可以说是屡试不爽，在后来的战斗中，孙立人多次启用这一战法，取得了许多胜利。日军对孙立人的迂回战法防不胜防，弄得焦头烂额，曾哀叹：“热带森林内的战斗，原本是我军的特长，但在障碍物和猛烈的迫击炮火面前，则无法发挥威力，无论在哪一战场，都是由于敌人逐次浸透到侧背而被迫撤退。”因此，孙立人成为缅北日军最怕的中国将领。在胡康河谷战斗过程中，日军曾绘制了孙立人的画像，命令部队严加注意，寻机暗杀，无奈在缅甸炎热的气候之下，孙立人早已不再是“年轻模样”，故而谋杀一事终未成功。

瓦鲁班大捷后，东南亚战区盟军最高司令蒙巴顿率一批英国军官和新闻记者乘飞机到新平洋，转坐汽车来到孟关、瓦鲁班视察，当蒙巴顿看到堆积如山的战利品等情形后，高兴地向史迪威、孙立人、廖耀湘盛赞中国军队英勇善战，并夸奖他们卓越的指挥才能。蒙巴顿对孙立人的评价是：“孙立人是善于迂回作战的卓越的指挥官，善用奇兵捕捉‘森林之狐’的高明猎手。”

日军第十八师团在瓦鲁班失败后，田中新一率领残部逃出胡康河谷，将兵力集中在中印公路所必经的孟拱河谷。这时，日本统帅部终于认识到中印公路线的打通与修筑的严重性。日军认识到，中国驻印军发动反攻缅北战役，打通中印公路，“是一个庞大的战略措施。一则是为了将重庆军九十个师改装成美式装备，使之转入大反攻；二则是为了加强以中国为基地的美国战略空军对日本本土的空袭，以策应美军横渡太平洋的进攻”。1944 年 3 月中旬，时任日本首相东条英机命令南方军司令官寺内寿一大将：“在缅甸，切断自印度东北部经缅甸到中国的路线（即中印公路）为第一项任务。”此后，日本南方军陆续向缅甸增派兵力，到 4 月，缅甸方面军的力量已达到三个军共十一个师团近三十万人。其中第三十三军以第十八师团坚守孟拱河谷，并抽调第五十三、第五十四师团各一部前往协助；第十五军发动进攻印度英帕尔平原的“乌号作战”，企图摧毁盟国输送给中国的军用物资集结地，切断缅北中国驻印军后路。第十八师团长田中新一部署第五十五、第五十六两个联队残部坚守坚布山天险，企图在雨季来临前，把中国驻印军堵在胡康河谷，并利用雨季消耗其力量，同时保障日军第十五军的后方。

根据孟拱河谷狭长、两边地势险峻的复杂地形和雨季临近的天气状况，孙立人决定继续采取胡康河谷的作战经验，“以正合，以奇胜”的战法，早日克复孟拱河谷，打破日军的险恶企图。经驻印军总指挥部研究，孙立人的意见为驻印军总指挥部所采纳。史迪威下令新三十八师第一一三团以及一个附属的山炮连随美军麦支队翻越坚布山，迅速迂回南下，袭击攻占沙杜渣，截断坚布山区日军的后路；以新二十二师及战车营从正面攻进。

但孙立人认为，以一一三团和美军麦支队两团之众在一路进攻似无必要，进出沙杜渣只需一一三团一个营和麦支队一个营，两支队伍的主力应由山兴阳南下，秘密迂回进袭卡盟（又叫加迈）以北地区。这样既可切断孟拱公路，又可与袭击沙杜渣的部队相呼应，夹击敌人，威胁其后方补给基地，置阻挡我军正面进攻的坚布山隘口敌军于死地。但史迪威过高估计了麦支队的战斗力，他以麦支队主力第二、三两营单独由山兴阳迂回英开塘，切断沙杜渣敌军后路，而以麦支队第一营和孙立人的第一一三团自坚布山隘口东侧山区抄袭沙杜渣。

坚布山是胡康、孟拱两谷地的分水岭，从隘口以北的丁高沙坎一直延绵到南边的沙杜渣，全长约三十公里，山高达一千三百多米，只有一条可通汽车的公路蜿蜒于山间，形成隘路。公路两侧高山峻岭，地势险要。为把守隘口，据险防守，日军集中了两个联队和三十余门火炮。

接到命令的当晚，孙立人即令第一一三团在瓦鲁班东部地区集结。3月14日，一一三团进入坚布山东面的库芒山，向沙杜渣进发。在高山密林中，孙立人与一一三团官兵跋涉了整整十四天。在陡滑的山道上，马驮着炮不能行动，只好用人抬，骡马空着身子还经常从山上滑跌下去，最严重的时候，两天中就损失了二十多匹。山地险峻，找不到空投场，官兵们经常缺少给养，忍饥挨饿。即使这样，官兵一直保持着旺盛的士气，且战且进，在27日傍晚时终于走出山地，到达拉班附近。28日早晨，孙立人率部队偷渡南高江，乘敌不备，一举攻占拉班。这时，美军一部也渡过了河。29日，中美部队乘势攻占沙杜渣，截断了日军的退路。

与此同时，3月18日，担任正面攻击的新二十二师先头第六十六团在战车的掩护下，进入隘口仰攻，因山高林密，火力不易发挥，与日军在隘路两侧茂密的山林中短兵相接，混成一团。经十余天的激战，第六十六团将日军击溃，但自己也蒙受重大伤亡。28日，新二十二师六十四团袭占鲁高阳。因隘路右翼中国驻印军穿插分割，田中新一已分不清敌我，无法指挥战斗，就下令往沙杜渣撤退。岂料经十四天艰苦开路迂回的新三十八师第一一三团与麦支队一个营已于28日占领了沙杜渣南面的拉班，向北猛袭沿隘路退出的日军侧背，使其陷入南北受敌的被动境地。田中新一见此阵势，急令将各种口径的火炮射向新三十八师一一三团、麦支队所部一营，并抽调两个大队赶到拉班与一一三团第一营恶斗。麦支队一营因经受不住敌炮火的轰击，立足未稳，向后撤退。第一一三团第三营及时赶到，接替了他们的防务。同时，第二营全力北攻，与新二十二师会师沙杜渣。日军横尸遍野，全线崩溃。于是，坚布山天险落入中国驻印军之手，通往孟拱谷地的门户被中国驻印军打开。

第一一三团主力攻下拉班并打垮日军两个大队的反扑后，孙立人率师部由瓦鲁班进驻拉班，以便就近指挥孟拱河谷的战斗。一一三团则南下追击日军，攻占巴杜阳。就在这时，新三十八师驻麦支队的联络参谋李睿上校代表支队队长麦里尔准将赶来拉班向孙立人求援。原来麦支队主力于3月24日午前迂回到沙杜渣以南二十公里的英开塘附近时，与日军守敌一个中队接触。敌军增兵反扑，激战终日，麦支队被迫退回孟拱河东岸地区，与敌隔河对峙。随着日军援兵的到来，麦支队逐渐不支，被迫经由大龙阳、蛮宾、瓦兰、奥溪、潘卡、山于阳往后撤退，担任殿后的麦支队第二营在潘卡被日军两个大队包围，4月4日，第二营与支队失去联络，情况危急。接到李睿的报告后，孙立人当即电令第一一二团驻大德卡道的第一营星夜赴援。第二天，一营一举攻占高南卡敌军阵地，直接对敌军右侧形成威胁，麦支队第二营乘机向正面敌军猛攻，脱围而出。当天晚上，麦里尔准将向孙立人发电致谢："贵部一一二团第一营，经强行军抵达此间，足见该营士气旺盛，精力超人，训练有素。敝团之能采取攻势，实贵部给予之充分合作有以致之。"

由于史迪威没有接受孙立人的建议，过高地估计了麦支队的战斗力，以致结果并未如史迪威预料的那样，日军后路并未被切断。在无计可施的情况下，史迪威只好让第十八师团第三次逃脱。

当新一军、新三十八师、新二十二师在胡康谷地与日军第十八师团展开激战时，英军温盖特空降部队于1944年3月5日在莫罕地区空降，控制密支那铁路，截断第十八师团的补给线。随后，日军增调第五十三师团入缅攻击莫罕地区。同时，日军第十五军三个师团于3月8日向印度英帕尔发动进攻。

随着英军与日军在印度英帕尔的战争越打越激烈，日军逐步包围了科希马，切断了驻印军通往英帕尔的道路，中国驻印军与阿萨密联络线上的交通点迪马普尔面临遭遇日军攻击的危险。对此，史迪威十分担忧。为此，史迪威召来孙立人、廖耀湘、麦里尔等人商讨对策。讨论决定，驻印军暂不采取救援科希马措施，继续加强反攻，尽快拿下孟拱、密支那，直逼威胁曼德勒，采取“围魏救赵”之策，以此使进攻印度的日军第十五军不攻自破，彻底改变缅甸战局。

4 月 5 日，孙立人、廖耀湘分别率部沿孟拱河上游南高江两岸南下。新三十八师在江东行动，沿途是重峦叠嶂、悬崖险壑的苦蛮山；同时该地带也是日军重点防御区域，集结有经过补充的第十八师团第五十五联队、一一四联队和第五十六师团第一四六联队，沿山地纵深布置网状阵地。

孙立人认为从正面攻击，不仅旷日费时，而且极其消耗兵力，不易成功，故而决定派士气旺盛的一一二团从左翼在最困难的地形作远距离迂回前进；以一一四团为中队作正面攻击；以一一三团为右翼，与新二十二师联合夹江而进。4 月 10 日，孙立人命一一二团（山炮连及骡马部队因行动不便，15 日撤回拉班）在毫无补给的情况下，攀绝壁，越险壑，克服一切困难，翻越当地人称为“无顶之山，永不能至”的苦蛮山，攻高利，占蛮宾、奥溪，围瓦兰。其中第三营切断了卡盟、蛮宾至瓦兰的交通线，于 4 月 25 日至 5 月 8 日击退日军优势兵力的多次反扑，毙敌二百余名，守住了阵地。美军麦支队队长麦里尔准将于 4 月 22 日向孙立人发出热情洋溢的贺电，说：“兹庆贺贵部一一二团神异之推进，余确知该团的经过之地区，其地形之艰险，为地图上所表示不出者，悬崖绝壁，攀登困难，敝部对贵师行动之神速，深感钦佩，并庆幸能与贵师并肩合作……”麦里尔在电文中再次对孙立人所部第一一三团在拉班主动接替麦支队一营防地、勇挑重担的英勇行为深表感谢。

4 月 14 日前后，新三十八师右路的一一三团攻占西、中、东丁克林，随即以此为阵地留守。16 日，中路第一一四团超越一一三团阵地，向的克老缅以北的拉克老河攻击前进，与日军第一线阵地上的三个大队主力发生激烈战斗。日军凭借坚固阵地、纵深配备以及轻重炮火向一一四团正面发起疯狂反扑。同时，日军以部分兵力渡过拉克老河，向一一四团左翼发起偷袭。面对不容乐观的敌情，一一四团沉着应战，予敌很大打击，尽管日军发起多次进攻，一一四团坚守的阵地屹立未动。19日，新三十八师一一四团在山炮及迫击炮的支援下发起反攻，击溃山崎四郎大佐指挥的第五十五、五十六、一一四联队各一部，进占的克老缅、东瓦拉、拉吉、大龙阳等日军据点，并逐步扫清大龙阳至蛮宾道路之间的日军残敌，与在蛮宾一线的一一二团部队取得联络，打通了的克老缅至大龙阳、蛮宾之间的道路。日军退守瓦兰及西瓦拉等地。

在美国第四航空队三十六架飞机助战以及从修至胡康河谷的中印公路运来的加农炮、战车营的掩护下，在南高江右岸作战的新二十二师于5月4日攻占英开塘。日军第五十六联队等部退守马拉高以北及畏龙河以西之线，与南高江东岸日军企图据险死守，以待雨季来临。待雨季过后，再由进攻印度英帕尔的日军第十五军扭转战局。

忙于往返重庆、昆明、新德里之间的史迪威在回到沙杜渣中国驻印军总指挥部后，得知美军麦支队在瓦鲁班、潘卡的两次行动中伤亡过高，新二十二师也伤亡惨重，深感烦恼。同时，史迪威对于新三十八师及新二十二师在雨季来临前未能攻下卡盟大为不满，嫌弃新三十八师和新二十二师推进的速度太慢。

如同1942年一样，史迪威推测蒋介石在其中插手指挥，直接与孙立人、廖耀湘通信，故而影响了史迪威自己的战略计划。史迪威认为：“日军抵抗的坚强核心已被摧毁，中国军队只要稍费气力就可迅速进军加迈。”史迪威的结论是：“孙和廖对军事行动的指挥只能以委员长（指蒋介石）要他们放慢步伐的秘密命令来解释。”如上所述，进攻加迈并不像史迪威想象的那么顺利，日军还在顽强地抵抗。5月5日，史迪威到拉班新三十八师指挥所时，居然以第一一二团和一一三团伤亡较少为由，责怪新三十八师“作战不力”。对史迪威失之偏颇的评价，孙立人十分不满，但又囿于情面，不便当面反驳。为讲清事实，据理辩驳，孙立人在第二天给史迪威写了一封信，信中写道：

> 在昨晨会谈中，钧座暗示职所指挥之某数部队在此次战役中未尽全力，因伤亡报告中并未显示之（意指伤亡太少）。其实伤亡报告书并不能单独作为衡断军事成就之准绳，唯有敌方所受之伤亡损失与吾方所获之胜利始可衡断之。……
>
> 其次，钧座对一一二团及一一三团似有作战不力之印象，此实因钧座未能一一亲见各该团之各种成就有以致之。……有时正面作战并不常能决胜，而侧面包围恒可迫敌败退。银坎卡塘之集中联合攻击，如5月6日备忘录中所批评者，并未迫使日军一兵一卒退却，但一一四团所施之包围，则迫使敌方自动后撤。其他如大奈、大龙二河之能顺利渡过，亦系一一四团及一一二团在甘笃与沙劳二地实施迂回前进的结果。瓦鲁班、高香阳及沙杜渣三地之攻占亦系以迂回获得同样胜利。因有一一三团迂回到拉班以北之敌后，才得与麦支队在联合作战中攻占了沙杜渣。一一二团攻占芒平更系以强行军、爬越崎岖险峻之山岭，该团所遭受的艰苦，实卓绝无比，如以为此等实施包围之部队仅担任一项轻而易举的任务，实非公允。

时任新一军军长的郑洞国晚年在撰写回忆录《我的戎马生涯》中，在第五章“远征印缅”中对新三十八师在孟拱河谷前期作战的艰苦卓绝情形和突出战绩实事求是地进行了论述，找不出丝毫有关该师“作战不力”的评价。就连日军也供认：新三十八师“这些切断退路的部队，乘日军昼夜不行动的规律，利用昼夜前出到日军后方联络线上构筑工事；夜间则潜伏秘密行动，待工事完成后才开始战斗行动。由于采取这种棘手的手段，使日军处于完全无法对付的状态”。也许史迪威后来了解到了真实情况，收到孙立人的信后又不便做出解释，也就没有回信。从后来史迪威与孙立人的关系来看，史迪威还是给予了孙立人相当的信任和支持。

奇取西通

新二十二师攻占英开塘后，止步不前，停留约达两周。而此时新三十八师的正面已比新二十二师突出近四十公里。雨季即将来临，史迪威决心不给日军任何喘息的机会，令新三十八师从正面发动进攻。正当孙立人谋划如何行动时，一日，部下送来一封从一名被打死的日军第十八师团补充兵大队指挥官野恒光一身上缴获的信。信是日军十八师团步兵团长相田俊少将写给野恒光一的，目的是督促在卡盟的野恒光一反击进入日军第一线后方妨碍其补给线的新三十八师，信中说：

> ……部下之疲劳，余自详悉，昼间有敌机飞来，余亦尽知，然就第一线全员之疲劳，且缺乏给养，尚须与敌死斗。思之，不必要之休息与昼夜躲避空袭等，乃绝对不许可者，故须激励部下，以最大之速度追及。倘判明贵官等不足赖时，本职决心率领本部三十名突入敌阵中。

孙立人经过反复研究后，确认该信是真实的，并判明两点：第一是当面之敌，因为伤亡重大，兵力已全部用于第一线；第二是敌士气消沉，甚为疲惫。与此同时，师部参谋送来了日军俘虏的口供和日军文件，发现日军补给仓库位于西通以及日军预定的撤退路线。孙立人灵机一动，觉得可乘虚引一团奇兵去袭击日军后方基地西通，如此一来，卡盟之敌则可不攻自破。

西通位于南高江西岸，是胡康门户，又是缅北日军补给基地，储存军用物资甚多，西通如被攻占，胡康门户大开，缅北日军将坐以待毙。当时，西通日军后方十分空虚，是迂回穿插的大好时机，如果雨季来临，新二十二师的进攻定会遇到极大困难。卡盟是新二十二师攻击的目标，不属于新三十八师作战范围，但孙立人此时不拘泥于作战地域，决心率领新三十八师主力迅速南下，一旦此举成功，日军依恃的密支那、孟拱、卡盟三城犄角之势将被打破而各个歼灭。5月19日晚，孙立人带着袭击西通的作战计划来到史迪威所在的指挥部，做了仔细的汇报。5月20日，史迪威在日记中说：

昨晚孙立人来了，带来了攻占卡盟的计划。我批准了，我只能答应空投给他所需要的供应品的百分之五十，孙立人并没有提出异议……

孙立人回到新三十八师指挥所后，当即部署行动，决定以一部兵力从正面牵制日军，主力从日军阵地间隙中呈锥形突进，迂回到卡盟以南，偷渡南高江，截断日军后方的主要交通线，然后向北与新二十二师夹攻卡盟。

5月21日，第一一二团（欠第二营）受命后，仅携带四天口粮和一个基数的弹药，由奥溪轻装急进，秘密南下。不料第二天雨季来临，接连两昼夜下起了倾盆大雨，山洪暴发，给迂回行动带来了更大的困难。陈鸣人率一一二团官兵不畏难险，忍饥冒雨，攀高山，涉深溪，昼夜兼行。一一二团绕过瓦兰，偷渡棠吉河，横跨丹邦卡到拉芒卡道的敌后驮马路，利用各种地形地物和猿鸣、鸟叫、水流、雨响等各种声音的掩护，以机敏的行动，大胆地由敌人阵地缝隙间渗透疾进，敌人竟毫无知晓。25日下午6时，一一二团在规定的期限内到达卡盟以南的南高江东岸。

在一一二团行动期间，孙立人每天夜里等到10点，与陈鸣人进行无线电联络，了解该团进展情况。一一二团到达南高江东岸后，孙立人命令他们次日拂晓前必须渡河完毕。因南高江上游连日大雨，江水暴涨，江面扩大到三百米，波涛汹涌。渡江没有船只、竹排等交通工具，官兵们使出在利多训练出的武装泅渡本领，用每人随身携带的胶布、钢盔、水壶、干粮袋加上树枝、竹竿等制作成小浮排、救生圈，于26日凌晨2时开始渡河，4时半全部渡到对岸。这一夜，孙立人在指挥所帐篷里不停地踱步，焦急地等待着一一二团的消息，未曾合眼。5时许，孙立人终于接到陈鸣人关于全团渡河成功的报告，孙立人这才放下心来，顾不上休息，即刻赶往总指挥部向史迪威报告，并要求立即空投弹药。一开始，史迪威并不相信一一二团能在这么短的时间内迅速渡江，后经侦察确认后，方才下令派飞机前往投送弹药。而当孙立人问及史迪威美军麦支队所属一路队伍是否抵达约定地点，以便两军协同，共同破敌时，孙立人才得知美军麦支队的该路部队进入森林后转了三天，竟迷失了方向，兜兜转转之后返回了驻地。两相比较之下，足可见新三十八师战斗力之强。

第一一二团登上南高江西岸后，将西通的日军团团包围。驻守该地的日军第十二辎重联队、野战重炮第二十一大队第一中队和守护库房的监护兵两个中队，兵力约一千五百人，由于远驻后方，毫无戒备，遭到一一二团突然袭击时，顿时惊慌失措。少数日军仓皇应战，但很快即被一一二团击溃。一一二团乘胜追击，激战竟日，毙伤日军九百多人，缴获十五厘米重榴弹炮四门、满载械弹的大卡车七十五辆、骡马五百多匹、粮弹库房十五座、汽车修理厂一所、弹药粮秣不计其数。陈鸣人也因此得到一个“拦路虎”的绰号。

26日，一一二团沿公路向南北两方席卷，占领了日军在公路西侧的高地和库房二十多座，切断了卡盟日军唯一的补给线——孟拱至卡盟公路，使日军不仅面临弹尽粮绝的困境，而且其后方的通信联络、交通运输，以及指挥系统等均遭破坏，陷入一片混乱之中。28日，日军集中第二师团第四联队全部，第五十三师团第一二八联队、第一五一联队各一部及第十八师团第一一四联队一部，附重炮四门、野炮十二门、速射炮十六门、中型战车五辆，向第一一二团南北阵地猛烈反扑，企图打通其生命线，挽救危局。由于该团随身携带的弹药已经接近用完，27日空投的弹药又相对有限，孙立人得知后，数次请求总指挥部迅速空投弹药，而总指挥部有关官员竟以“密支那战况紧急，飞机不敷应用”为由，拖延不办。孙立人只得一面在无线电中勉励官兵们克服困难，英勇杀敌，一面令第一一四团和一一三团快速推进，从侧面支援第一一二团。6月4日，第一一二团第二营从奥溪附近秘密赶来与团主力会合。至6月16日，第一一二团抱着杀敌报国的决心，连续苦战，沉着杀敌，以牺牲三百多人的代价，先后打退六倍于己的日军十四次反扑，击毙其大队长增永少佐以下两千七百多人。

担任正面攻击扫荡任务的第一一三团于6月1日肃清西瓦拉、马兰间的残敌，乘胜南攻，先后攻克青道康、纳昌康，与在西瓦拉的第一一四团第一营会合。7日，一一三团追击溃敌第五十五联队第一大队残部，直抵南高江东岸支遵附近。因连日暴雨，这一地区一片汪洋，一一三团官兵不畏艰难，涉水前进，奋勇追击，在支遵北渡口将遭遇的日军一个工兵中队击溃，趁势攻击支遵。

支遵是紧傍南高江东岸的一个重镇，是日军防守的重要据点，与卡盟仅一水之隔，唇齿相依，互为掎角。防卫支遵的敌人是日军第十八师团第五十五联队第一大队和第一一四联队第一大队的各一部及一个工兵中队残部，兵力大约有六百多人。日军守敌凭借坚固工事和对岸炮火支援，负隅顽抗。9日，一一三团第二营在强大炮火的协助下，经四小时强攻，占领支遵及渡口，瞰制卡盟。此时，南高江水位陡涨，又无渡河器材，加上对岸日军防范极严，团长赵狄命令第二营使用竹筏偷渡，但却未能成功。考虑到第二营冒雨作战，过度疲劳，于是孙立人令第三营由支遵以南强渡，并电令一一二团由卡清河之线向北猛攻，牵制卡盟的敌军。同时，孙立人向总指挥部申请配发橡皮舟及七五山炮烟幕弹。6月16日，一一三团收到总指挥部空投的橡皮舟及烟幕弹，实施强渡。一时间，掩护渡河的山炮、迫击炮、轻重机枪集群射向日军阵地，在日军阵前爆炸，挡住了敌军的视线。一一三团三营官兵乘坐一只只橡皮舟，犹如脱弦之箭，奋力划向对岸。当日上午10时，渡河部队成功登陆，并一举攻占卡盟东南侧高地。日军退守城中，第三营勇士们与敌展开巷战。这时新二十二师六十四团攻抵卡盟西北端，六十五团一部攻入城西南。下午3时许，占领了卡盟大部分地区的新三十八师一一三团三营与新二十二师的两个团胜利会师。此战，日军被击毙两千六百多人，伤者达数千人，除少数逃窜外，活下来的八十九名日军被俘。

昔日号称日本“皇军”精锐部队的第十八师团今日已威风扫地，狼狈不堪，而被日本人吹嘘为“国军良才”的师团长田中新一不得不再一次率领残兵败将落荒逃窜。

奔袭孟拱

5 月 28 日，也就是新三十八师第一一二团切断孟拱至卡盟公路的第三天，孙立人一面盯住卡盟，部署数路围攻，一面将眼光瞄向孟拱。孙立人得知孟拱河谷的第十八师团已陷于纷乱崩溃的状态，孟拱守敌抽调兵力欲夺西通，同时又要增援密支那，孟拱已呈空虚不稳定的迹象。于是，在综合分析了各方情报之后，孙立人大胆提出派一个团长途奔袭孟拱的作战计划和进攻卡盟的计划，并电告史迪威。电文如下：

总指挥史钧鉴：

目下本师兵力过度分散，致未能予卡盟或孟拱之敌以重大打击。如本师能全部向南急进，当可充分把握时机，同时占领孟拱与卡盟。希能即派任何部队一个团接替本师瓦兰、芒平、沙劳间之警戒，则本师即可集中兵力南下突击。如此，钧座初日拟定同时占领卡盟及孟拱之企图，当可拭目以待。时机急殆，有如四百米之最后一秒钟，成败在此一举，即希见示！

但不知何故，自发出电报后，孙立人迟迟不见史迪威的回电。29 日，得知一一二团受到日军夹击，孙立人更是心急如焚，于是赶忙乘坐联络小飞机赶往沙杜渣面见史迪威，再一次陈述自己的计划及其重大意义。史迪威听后并无异议，表示完全支持。

5 月 28 日，在蛮平附近集结的第一一四团奉命后，即以锥形战法，从大班、青道康中间的间隙，不分昼夜，潜行突进，冒着极大危险，翻越一千三百米以上的高山绝壁，穿过悬崖万丈的谷底，艰苦万分，历尽艰险，于6月1日突然出现在瓦鹿山南端的隘路口。随后，一一四团出敌不意，一举攻占拉芒卡道，然后横扫东西瓦拉，切断潜伏在苦蛮山中的日军补给通信线。接着第三营乘胜南进，袭占丹邦卡。同时，一一四团主力又攻占了大高、卡当两地。10日，一一四团一路高歌猛进，又相继攻占大利、马塘、登浦阳等据点。在凌厉的攻势面前，一一四团顾不得收拾周围大大小小的日军工事和据点，继续向下，于15日抵达孟拱、密支那之间的交通要冲巴棱杜北端，与据险死守的日军五十三师团一二八联队第一大队激战。一一四团先以猛烈的炮火攻击日军阵地，以强大的火力压制敌人，随后以步兵冲锋，展开肉搏。八个小时后，日军逐渐不支，在被击毙五十余人后，随即仓皇逃窜。一一四团趁势占领了巴棱杜，控制了孟拱至密支那的公路和铁路交通。这样一来，一一四团便与切断卡盟至孟拱公路的新三十八师一一二团南北呼应，加剧了卡盟日军守军的崩溃。不仅如此，一一四团与一一二团对日军沿线交通线路的控制使得日军无法增援密支那，也大大地减轻了中美联合支队在密支那作战的困难。

巴棱杜距孟拱城六公里，地势较高。一一四团占领此地后，即可俯瞰孟拱。孟拱是缅北著名的军事重镇，是孟拱河谷南端最大的县城，隶属于密支那府。孟拱城建在孟拱河南岸，水陆交通发达，孟拱河上游是南高江，下游流入伊洛瓦底江，从此登船沿南高江北上可达卡盟，南下可抵八莫、曼德勒等地。孟拱铁路线东起密支那，南经曼德勒直抵仰光。孟拱公路运输也四通八达，为缅北交通锁钥。孟拱居密支那与卡盟之间，既可作为卡盟前出缅中的大门，又可作为密支那的屏障。据守该城的日军为第十八师团一一四联队残部，五十三师团第一二八联队的主力、一五一联队一部，五十六师团一四六联队第三大队等，总兵力达两个联队，共计约六千人。

6月15日，第一一四团占领巴棱杜一线后，奉孙立人令，一一四团以一部兵力佯动渡江，而团主力向孟拱外围据点康堤推进。此时，孙立人正率领第一一三团主力疾进南下。17日晨，忽然有一名叫迪克的英军少校参谋赶到孙立人的指挥所，要求派兵救援在孟拱东南陷入包围的英军。孙立人这才得知，两个月前被空投到杰沙地区，专门从事打击、破坏日军后方运输线和通信联络线，由温盖特将军率领的远程突击部队（英军第三师第七十七旅），趁日军主力与中国远征军在卡盟一带决战时，企图乘虚进攻孟拱。不料，在英军进至孟拱东南约三公里的地界时，遭到日军反击。英军不但伤亡惨重，士气不振，而且毫无进展，停滞不前。温盖特见部队久攻不下，大为着急，于是盲目地命令部队冲向日军正面阵地。此举非但未能突破日军阵地，反而遭到日军密集火力的打击，死伤更多，仅第一营便在半天内伤亡一百五十多人。考虑到一旦英军被日军击溃，整个战局都会受到影响，于是孙立人令一一四团迅速渡过孟拱河，前往救援英军，并相机进攻孟拱城。

一一四团接到命令，全团立即轻装出发，星夜急驰，冒险渡过南高江一百多米宽的洪流，于 18 日夜全部进抵大江南岸。因连日大雨，泥烂路滑，一一四团官兵满身都是泥浆。这时卡盟至孟拱的公路还未打通，日军想不到新三十八师会马不停蹄地卷过江来，当一一四团在孟拱城侧背突然出现时，日军顿时仓皇失措。一一四团渡过江后，即以一部兵力支援英军并接替英军防务，主力于 20 日晨向建支、汤包、来生、来鲁等孟拱外围日军重要据点展开攻击。

关于支援英军作战，新三十八师的战报记载：

> 时接替英军第三师七十七旅第一营战斗任务部队，为我一一四团第一营之一排。英方官兵不胜骇异，恐为兵力太小，似有轻敌之意，且咸抱不安，表示疑虑。适该排接防后，顺利攻击前进，且获极大战果，始相信我官兵之战斗力坚强、战斗方法优越及战斗技术精良，于语言、态度之间皆表示无限敬佩，并自认战斗力薄弱，毫不讳言（在孟拱战事告一段落后，该旅长亲率该部中级军官，赴该团作战地区参观我各部队攻击经过，以为资考），查该旅之部署上最大错误。第一线兵力过于密集。该旅一营兵力之攻

击正面竟未过二百米。每届攻击，则于猛烈炮击后，用密集之混乱队形猛冲，在敌人绵密之火网内冲突，招致无益之极大损害。士兵因伤亡过大而胆却，失去战意。(官长)因屡攻不下而气愤，不顾利害，驱士兵而蚁附之，以为缩小正面，增大第一线兵力，即可突破敌之阵地，故该旅一营在孟拱东南之攻击，因遭遇敌之炮击及机枪扫射，半日内伤亡竟达一百五十名以上，且攻击毫无进展，颇属惊人。是为过分密集及运动未能疏散所致。我第一营鉴于此，故对该旅一营兵力之作战地区，认为派兵一排接替足够，无须使用如此庞大兵力，徒招损害。我官兵除自信战斗力坚强，并能以少数兵力足以击灭多数敌人外，其他亦无奇异与奥妙之处。

6月20日至23日，经两日夜激战，一一四团主力将孟拱城外日军据点逐一攻占，日军缩进城中，依托坚固工事顽抗。一一四团进攻孟拱之前，孟拱日军第五十三炮兵联队长高见量太郎率千余人驰赴密支那增援，行至南堤，获悉孟拱遭到攻击，于是回首南下，企图与防城日军夹击一一四团。21日晚，该股日军行抵威尼时，被一一四团第三营一部阻击，日军连续冲锋七八次，均不能突破守军防线与孟拱城内日军会合，只能望孟拱而兴叹。当日军第五十三炮兵联队余部西渡威尼河逃窜时，又遭第一一三团第一营第三连堵击，经彻夜激战，几乎被全部歼灭。

6月24日，第一一四团向孟拱发动总攻，先用强烈炮火猛轰日军城防工事，继以步兵突击。第一营首先突破外围铁丝网及三个据点，攻入城区。日军凭借街垒负隅顽抗，双方展开巷战，短兵相接，混战成一团。一营官兵奋勇冲杀，步步推进，血战至黄昏，抢占了火车站及半个城区；第二营在重创日军两个中队后，占领城西大铁桥，切断了城内守敌退路，日军成了瓮中之鳖。入夜之后，日军集中兵力反扑，第一一四团沉着应战，予敌痛击。因伤亡惨重，日军退守城西北隅作困兽之斗。25日，一一四团全线猛攻，激战终日，于傍晚时分占领孟拱全城。

孟拱一战，一一四团共毙日军一千五百余人，俘敌二十一人，缴获战车五辆、各种火炮二十四门、轻重机枪五十七挺。另外还缴获列车九十七节、汽车四十七辆、骡马一百二十五匹、仓库二十多所、各种军用物资无数。新三十八师全师上下，无不为十天之内接连攻占两座重镇、打通孟拱河谷而欢欣鼓舞。欣闻孟拱捷报，新一军军长郑洞国称赞“新三十八师打得干净漂亮”。6 月 27 日，史迪威致电孙立人：“孙师长，贵师攻占孟拱，战绩辉煌，达于顶点，特此电贺。”同日，英军第三师师长兰敦少将也发出贺电：“孟拱大捷，谨致贺忱，并谢协助敝师七十七旅之美意，此致孙师长、李团长及阁下之部队。”这里要特别指出的是，英国首相丘吉尔在其回忆录中竟将攻占孟拱的功劳记在英军第七十七旅身上，说“孟拱被精锐的‘钦迪特’旅即第七十七旅包围，终于在 6 月 26 日被攻克了”。此说明显缺乏事实根据，与历史真相大相径庭。

攻克孟拱后，第一一二团、第一一三团按照孙立人制订的孟拱河谷作战计划，在一一四团的策应下，迅速向东西展开兵力。第一一二团担负打通孟拱至卡盟公路的任务，于 7 月 1 日将西通地区的防务交给第五十师第一四九团，沿南高江东岸向孟拱集结，自 7 日起与第一四九团对孟卡公路实行南北夹攻，占领公路线附近的巴和克、沙貌及曼卫特等据点，于 10 日在孟拱西北十公里处会师，胜利打通孟卡公路。

随后，第一一二团第三营由孟卡公路与杰沙公路的交叉点出发，与第一一四团齐头并进，向南扫平日军平道、山克浪、恩康、南巴道等据点。孟拱河谷西南方一条死谷山林中，一群日军两千余人因饥饿、疾病及联络线被切断而被活活困死。在孟拱东北面集结的第一一三团从巴棱杜向东南疾进，6 月 28 日攻占孟拱至密支那铁路线上的重要据点南堤，截获列车三百多节。日军惶惶如丧家之犬，向东逃窜。一一三团跟踪追击，于 7 月 11 日傍晚到达密支那，与新三十师会合，打通了孟密铁路及公路。至此，孟拱河谷战役胜利结束。

第六章　整训反攻破敌

首期反攻缅北作战，孙立人“迂回”击敌，出奇制胜，创造“森林战法”，旅扬缅北大地。1944 年 8 月，孙立人出任中国驻印军新一军军长，揭开军旅新篇章。二度征战缅北，孙立人独当一面，铁肩扛大任，担负打通中印公路线之重任。战八莫、围南坎，势如破竹，雷霆万钧。冲破崇山峻岭，会师芒友，自此，铁军合流，无法阻挡。歼残敌、灭残寇，滇缅路上，新一军“怒师难遏”。一面斩敌杀贼，一面救危济困，孙立人建新村，办学校，“功高诸葛，威震南洋”。

整训新一军

1944 年 4 月下旬，史迪威为了加速打通中印公路线，并解脱美国运输机飞越喜马拉雅山驼峰的困境，在孙立人挥师与廖耀湘部扫荡苦蛮山、进逼卡盟时，制订了一个叫“眼镜王蛇”的行动计划，即抽出中国驻印军新三十师八十八团、第五十师第一五〇团与美军麦支队组成中美混合突击支队，由麦里尔任支队司令，下辖三个纵队，各纵队指挥官也均是美国人，实行长途奔袭，夺取缅北行政中心、军事重镇密支那。

密支那原是缅甸的一个府治，是北缅的政治、商业中心和军事重镇，现在已成为缅甸克钦邦的首府。缅甸盛产宝石，密支那附近就是宝石的主要产地。所以旧时中、缅两国的宝石商人多在此落脚，再雇马帮，沿骡马古道翻越高黎贡山的一个山口，进入我国云南的腾冲，从事贸易活动。密支那东濒伊洛瓦底江，江面辽阔，水流湍急，机动船舶可从仰光、曼德勒直达此地。北面群山环抱，覆盖着茂密的原始森林，并有公路可向北穿越原始森林到孙布拉邦；西有公路和铁路直通孟拱，两地相距约六十五公里；南靠伊江和公路可直通八莫，两城相距约四百公里。在军事上，密支那、孟拱与八莫互为掎角，可以相互策应。密支那历来就凭借山河之险成为一座易守难攻之城。而且，经过日军两年多的苦心经营，广筑碉堡据点，密支那已经成为一座相当坚固、难以攻拔的堡垒。

当时，驻守密支那的敌军是日军第十八师团第一一四联队一部（该联队步兵共有六个大队，其中四个大队的大部分已被歼）和部分炮兵及联队本部，第五十六师团一四六联队大部，工兵第十二联队一部，连同后来日军第五十六师团步兵指挥官水上源藏少将自八莫增援而来的部队在内共五千余人。凭借高山巨川之天险和预筑的坚固工事，抵御我军。

当时，史迪威本来打算以美军麦支队为主力肩负起此重任，但该支队在瓦鲁班与恩潘卡的两次行动中损失很大，伤、亡、病号竟达七百余人，一时又没有美籍人员来补充。于是，史迪威决定组织一支中美混合部队，以新三十师的八十八团与美军麦支队的第三营编成第一混合纵队，以第五十师的一五〇团、附新二十二师的七五毫米山炮连与麦支队的第一营混合编成第二纵队，两支纵队统由麦支队队长麦里尔准将指挥。4 月 29 日，麦里尔率领中美混合部队在胡康河谷的孟关集结后，即秘密进入东面苦蛮山的密林之中，开路向密支那方向前进。5 月 16 日，中美混合部队抵达密支那西郊飞机场以南地区。

17 日上午，以一五〇团为主力的第二纵队向飞机场守敌发起突如其来的进攻，防守日军完全不知这支中美混合部队从何而来。当天下午 2 时，中美混合部队就完全占领了机场，肃清了全部残敌。18 日，按照史迪威的计划，新三十师八十九团又从雷多空运到密支那飞机场。19 日，中、美联军开始向密支那发起进攻。

可是，攻城的指挥官麦里尔及其支队对日军每失一地必进行疯狂反扑之举仍掉以轻心。尽管过去在瓦鲁班、山兴洋和恩潘卡曾三次因不注意赶修防御工事而功败垂成，而这次密城之战，麦里尔依旧不吸取教训，致使一五〇团在付出了惨重伤亡的代价后，才夺得的敌重要据点火车站，在既得不到步兵和炮兵的支援，又未控制住与火车站毗邻的建筑和有利地形的情况下，在日军两个大队的疯狂反扑下，得而复失。

5月24日，水上源藏少将又奉敌第三十三军团长本多中将之命，自八莫率中西和水渊两个大队及工兵一个中队，共两千余人，附有火炮六门，驰援密支那，使敌守军增至五千之众。水上接替了丸山房安对密支那的指挥权，随即利用十八师团官兵多为北九州的矿工出身，对构筑坑道式的地下工事甚是内行，因而建成两处战斗指挥所，均在地下十余米，能承受住飞机轰炸。同时，日军在第一防线构筑许多单体散兵坑，并在其上掩盖马口铁板，防备火焰攻击，要求其士兵必须准备竹筒携入掩体，以防轰炸时被埋在土内窒息。如此一来，中美混合部队攻坚密支那的难度便越来越大。

密支那之战打响后，中美混合部队的通信、补给工作也出了不少问题，空中支援不及时，炮弹不敷应用，攻入市区的几支中美混合部队全都铩羽而归，只好退守西郊机场。此时，部队在编组上也暴露出“先天”的弊端。史迪威当时把中国军队分割，与美军麦支队混合编组，单纯地考虑了兵力的搭配，却忽略了两个编制不同、训练不同、生活习惯和文化传统又完全不同的部队，合而为一；而事先又未在一起生活过、训练过，就贸然出发作战，必然会产生将不知兵，兵不习将，上下左右情感都难以交流的不协调局面。

此外，中美混合部队各团都有重迫炮（八十一毫米）连，各营、连都有六十毫米的迫击炮。这本是（尤其是八一迫炮）摧毁敌军防御工事的利器，但由于总指挥部有对迫击炮连和山炮连每日使用的炮弹不得超过一百五十发的限制，面对坚城和永久性防御工事，火炮的威力未能充分发挥，所以奇袭密支那反而变成了一场旷日持久的攻坚战。7月11日，新三十八师一一三团沿孟拱、密支那铁路线向东推进，沿途歼灭数小股日军，至密支那西郊五公里地方与攻打密支那的新三十师八十九团会合。7月21日，史迪威又命令将第十四师的四十二团自雷多空运到密支那增援。这时他已察觉到在指挥系统上出现了错误，遂于同月23日突将麦里尔准将调离，又命令鲍特纳参谋长接替麦里尔的职务。另外，又规定前线的中国军队分别由各该师长直接指挥，并指示尽快攻下密支那城。这一指挥系统的转变，使联军指挥的弱点暴露无遗。日军遂采取以攻为守的策略，疯狂向联军反扑，战况日趋激烈。7月25日，史迪威又将新三十师九十团自雷多空运到密支那。

此时，新三十八师一一三团一直在密支那西郊，该团战斗力之强史迪威本人也知道得非常清楚，但不知为何，史迪威一直未起用这支部队参加攻城。

就在一一三团闲来无事之际，一股增援的日军送上了门来。日军第五十三师团的一二八联队和炮兵五十三联队一部共约两千人，于7月中旬从卡萨增援密支那守军。这股敌军一部分在西通切路时，已受我一一二团重创，另一部分在守孟拱时也遭我一一四团沉重打击，败退到沙貌一带时，又曾遭到我一一二团和一四九团的夹击，已经伤亡过半。逃到卡萨刚喘了一口气，又奉命增援密支那。一一三团首先得到这一情报，立即电告孙立人，孙立人当即命一一三团在密支那以南十六公里处，于日军必经的山道上，抢占有利地形，伏击增援之敌。随后，孙立人又立即电令一一四团自孟拱向东南抄近路绕到这股敌军背后去夹击，然后再向史迪威做汇报。从卡萨到密支那所经都是盘山小路，两旁不是高山密林，便是深谷河滩。尽管日军保持了很强的警觉，其主力与先头部队又保持一定距离，但一一三团埋伏在前，控制了小路两侧所有制高点，一一四团包抄于后，截断了其所有退路。所以这股钻进了我军“口袋”里的敌军，任凭他们拼死挣扎，已是瓮中之鳖，难逃全军覆没的命运。经过半天多的激战，日军死伤一千六百多人。在接下来的两天中，一一三团与一一四团在密林中搜索残敌，发起追击，这两个联队的残部基本上被歼灭殆尽。

一一三团全歼敌方援军后，密支那守敌自知固守待援无望，军心动摇，加之四十二团和九十团两团生力军的抵达，攻城点进一步增加，守城日军兵力更加分散，穷于应付。直到这时，中美混合部队才全面突破敌之外围防线，逐渐进入市区开展巷战。31日，日军自知危城不守，故预做撤离准备。8月1日至3日，在日军一连三夜的炮火掩护下，守敌主动撤离，偷渡至伊洛瓦底江东岸热带丛林。到了伊洛瓦底江东岸后，水上源藏拔枪自尽。

攻克密支那意义是重大的，自此，第一期反攻任务得以完成，因此中印公路最主要的部分——利多至密支那公路于同年冬天修通；同时由于控制了缅北军事重镇密支那，中印空运自此可经密支那及其附近上空往返，不必再飞越危险的驼峰，有力支援了中国后期的抗战。

奇袭密支那本是史迪威设计的一步绝妙好棋，但由于前线指挥官的失误，致未奏效。孙立人虽未直接参与战役，但他从旁观察，分析其中经验，认为密支那久攻不克之因，是指挥官胸无成竹，临战慌张、优柔寡断；既不知发挥己之所长，也不知迅速要求总指挥部空投足量炮弹，以发挥我军炮火威力，弥补己之所短；将不知兵，兵不习将，贻误戎机，莫此为甚，其错误是无可原谅的。

攻下密支那后，第一阶段的北缅战役便告结束。史迪威顾念各部队转战北缅，备极疲劳和辛苦，尤其是新三十八师转战最久。自1943年3月，第一一四团奉命掩护筑路工程部队进入野人山起，新三十八师已在缅北丛林日夜奋战达十七个月，其间未曾休息过。特别是自大龙河畔战斗打响后，孙立人率部日夜征战，长达十个月，所辖部队也没有哪个团连续休息一周以上。因此，第一期反攻缅北战役结束，孙立人奉命率部利用雨季在密支那休整、补充。

在进驻密支那的同时，孙立人奉命派出一支小部队与反攻滇西的中国远征军取得联系，目的是探明中印公路的北线——保山至密支那的交通线。滇西中国远征军是1943年2月重庆当局根据中、美、英三方在印度加尔各答商讨部署“安纳吉姆”计划时达成的协议而决定成立的，它集结于云南昆明接受美国人的训练，并用美国援华租借军用物资加以装备。4月，该军在云南楚雄正式成立，由陈诚任司令长官，同年冬由卫立煌继任，辖第二十、第十一两个集团军共六个军及直属部队三个师和三个炮兵营、一个辎重团、一个工兵团等，共十六万余人。1944年5月11日，为配合中国驻印军的反攻，早日贯通中印公路，中国远征军抢渡怒江，一部向腾越、龙陵方向推进，另一部向拉孟、平戛地区突击。当收复滇西重镇腾冲的战役正在进行时，重庆当局令滇缅公路工务局赶修保密公路，以便早日与利多至密支那的公路连接。从腾冲到密支那原有一条长一百四十多公里的通商古道，自1942年春缅甸沦陷后，古道被杂草掩盖。为了探明保密公路线，卫立煌部第二十集团军工兵团自腾冲出发，向中缅边界进军。驻印军的会师队伍由孙立人指派新三十八师一一三团孙蔚民连长率领，约一个加强连，还有美国工兵、工程师、医官、无线电台操作人员、记者、摄影师等。孙蔚民连于8月8日出发，先期到达海拔两千四百米的高黎贡山口中、缅两国交界处，并一直担任这条骡马古驿道的警戒任务，直至与中国远征军派出的由胡振国副团长率领的部队会师。9月4日，为了早日告慰国人，孙蔚民连与胡振国副团长率领的部队举行了一次小型会师典礼。当时美国的工兵、工程师、医官、记者、摄影师及电台工作人员等二百二十余人，我国边民、中国记者、缅甸人、克钦人和旅缅华侨近千人参加了这次小型会师典礼。9月8日，孙蔚民率部起程返回密支那，于14日抵师部，向孙立人汇报了会师的情况。后来保密公路第二工程处进入缅甸，沿着孙蔚民连走过的古道抢修密支那到中缅国界的路段。

新三十八师驻密支那期间，国民党军事委员会下令将中国驻印军各师编组为两个军：新编第一军，孙立人任军长，下辖新三十八师，师长由原一一四团团长李鸿担任；新三十师，原师长胡素奉调回国，由原新三十八师副师长唐守治任该师师长；第五十师，师长潘裕昆。新编第六军，廖耀湘任军长，下辖新二十二师，师长李涛；第十四师，师长龙天武。廖耀湘率新六军在孟拱集结整训。中国驻印军总指挥仍由史迪威担任，另成立副总指挥部，由郑洞国任副总指挥。

那时，国民党政府号召青年从军抗日，大批热血青年学生为抗战救国，毅然投笔从戎。随着一批批新兵从国内补充到中国驻印军，孙立人为了尽量减少士兵伤亡，要求每批新兵必须进行严格的训练，掌握基本技术后，才批准补充到前线的连队中。为此，孙立人在原新三十八师干部教导队的基础上创办了新一军教导总队，由孙立人亲自兼任总队长，由新一军三个师师长兼任副总队长，实际负训练责任的为总队副梁砥柱，教育主任为郭立中。第一批受训生约有千人，编为五个步兵学生队和一个通信学生队。孙立人将密支那附近、伊洛瓦底江西岸的一大片柚木林开辟为训练基地，利用毛竹、油布搭建教室。军事训练是按新一军官兵们所称的“孙氏步兵操典”进行，即总结古今中外实战的精义，综合中国军校和美国军校的训练方法。每天早晨是大运动量的锻炼，上午定时分别进行基本教练和射击教练，下午在野外搞战斗教练，每周两到三个晚上搞夜间教育课目。训练管理极其严格紧张，违纪者要给予处罚。虽然孙立人当时军务繁忙，但仍挤出时间，隔三岔五就来这里视察训练情况，并给学员们做报告。

同时，孙立人在军中开设战术研究班，调集军中团、营、连长进入该班学习，并派军参谋长、副参谋长、军务处长及新三十八师参谋长任教官，讲授战术及抗战史，反攻缅北第一期作战的战史及经验，教训是其中的重要内容。通过学习，全军基层军官特别是新三十师、第五十师的基层军官掌握了丛林战的规律和要领，了解了日军守备战的特点，为顺利实施第二期反攻作战起到了积极作用。

在缅北暴雨如注的雨季，中国驻印军总指挥史迪威与蒋介石之间的关系也同样风雨飘摇。史迪威同蒋介石之间一直存在两大分歧，首先便是在对待中国共产党及其领导的八路军和新四军态度上的分歧。抗战期间蒋介石命胡宗南率领大军驻在陕西，不去抗日而专事防共，对此史迪威从一开始就认为蒋介石的这种举措难以理解。史迪威一再建议蒋介石让胡宗南带兵“杀出潼关”，扭转中国军队处处被动挨打的局面，以局部反攻来瓦解敌军的攻势。在日本大举进攻鄂、湘、桂、黔之际，蒋介石要抽调在缅甸、滇西作战的中国驻印军和远征军的三个军用于湘、桂防线。史迪威坚决反对这种为了眼前利益不顾长远利益的短期行为，坚决主张兵力只能从胡宗南的“防共大军”和败退在潼关一带的汤恩伯部队中抽调。在蒋介石不接受史迪威一再劝告的情况下，史迪威要求美国政府对蒋施加压力，结果触怒了蒋介石。史迪威还认为，不仅应当训练和装备国民党的军队，还应当训练和装备八路军和新四军，以便国民党的军队从正面反攻，共产党的军队从敌后夹击，共同将日本侵略军打败，并乘胜打到东京去。史迪威这种不分国民党和共产党，凡是抗日的力量一视同仁的态度必然为蒋介石所不容。

史迪威与蒋介石的分歧之二即是对中国抗日军队指挥权的争执。史迪威自诩是“唯一能够了解并指挥中国军队打败日本侵略军的外国将军”，认为蒋介石指挥不了共产党的军队，但他史迪威能够指挥国、共两党的军队。史迪威渴望成为在中国盟军的总指挥，非常固执地追求指挥中国军队打败日本军队而建立历史功勋。在这一点上，他得到罗斯福和马歇尔的大力支持。但史迪威没有看到蒋介石是个把兵权视为命根子的“兵权拜物教徒”，连自己的内兄宋子文、连襟孔祥熙拥有财政部缉私总队仅六个团的武装，他都要必欲夺之而后快，又岂肯甘心把自己苦心经营的“中央军”的指挥权交给史迪威这样一个并不听命于他的美国人？所以史迪威孜孜追求的理想，在蒋介石统治下的旧中国只能是一种“与虎谋皮”式的空想，是注定要失败的。

1944 年 4 月，日军发动旨在打通大陆交通线的“一号作战”后，国民党军队一溃千里，丢失大片国土，美空军轰炸日本本土的空军基地大多被日军占领。美国政府对此十分关注，总统罗斯福在 7 月至 9 月数次致电蒋介石，要求赋予史迪威指挥中国所有军事力量包括中共军队的权力，以阻止日军的进攻，同时晋升史迪威为四星上将。但蒋介石向来坚持消极抗日、积极反共的反动政策，对史迪威的主张既怕又恨，决心赶走史迪威，罗斯福委派来华的特使赫尔利也支持蒋介石。罗斯福担心在史迪威问题上出现直接对抗会加速蒋介石的垮台，从而使中国退出战争，破坏打败日本的计划；而且，罗斯福一直认为蒋介石是唯一能够保持中国统一的人。因此，他认为，对蒋介石的要求，只要军事形势许可，即使战略上的考虑多少有些不妥，也要倾向于妥协。此外，斯大林这时已保证苏联将参加对日作战，中国的军事任务已降为次要。这样，美国便开始从战后世界格局来考虑史迪威问题。罗斯福同意了蒋介石的请求，于10月18日同意撤换史迪威，发出了召回史迪威的命令，以魏德迈接任中国战区参谋长，以索尔登接任中国驻印军的总指挥。10月21日，史迪威被迫离开重庆，在飞赴印度途中，在昆明、保山、密支那等地停留，看望包括孙立人在内的战友。由于华盛顿命令史迪威对所指挥的部队和军官保密，所以孙立人当时并不知道史迪威已去职的消息。不久后，孙立人接到史迪威在美国写给他的告别信，其内容如下：

亲爱的孙将军：

我已被调离中印战区，也必须离开你了。在我们长时间合作后，这对我来说是件很难过的事。我一直都认为中国军队在适应的装备和训练下，会与世界上任何其他军队一样好。我很高兴我们有机会证实我们的观点。你已经充分用事实证明了中国军队的勇敢和能力，我以能从中贡献一小部分力量为荣，现在没有人否定我们努力争取来的事实。从现在起，你们已是举世瞩目的一群人了。你已经创立了一个新而有效的国军，有了这个先例，中国可以组织一个使你们自由而强盛的军队，你应该以你的成就自豪，希望你忘记我们之间的以往任何误会和意见的冲突，把我当作你的朋友和中国之友。

美国陆军上将约瑟夫·史迪威

史迪威将军是位精力旺盛、思路清晰的优秀军事家。在他指挥中国驻印军转战北缅的过程中虽然也有过不尽妥善之处，但总体上讲，从未有过大的失误。特别是由于他同美国最高军政领导人有很默契的关系，所以总是能顶住英印当局的压力，坚持正确的立场，维护盟国整体利益，这是当时任何一位中国高级将领都做不到的。孙立人之所以能够率领新三十八师和新一军驰骋北缅疆场，创造出中国当代军事史上的一大奇迹，确实是与史迪威的正确领导分不开的。若没有史迪威力排异议，很难设想会有第二次缅战和全胜的结局。

八莫攻坚，合围南坎

10 月，历经近两个月的漫长风雨，缅北雨季逐渐过去，中国驻印军准备开始第二期反攻作战。10 日，总指挥部下达作战命令，驻印军与英军第三十六师分为三路纵队，分途南下：新一军主力为左路纵队，进攻八莫、南坎；新六军为中路纵队，进攻伊洛瓦底江南岸的瑞古；英军第三十六师为西路纵队，由孟拱以西进攻曼密铁路线上的和平、杰沙；应英军请求，第五十师奉命在右路纵队掩护英军作战。新一军将士斗志高昂，军容整肃，装备精良，随着孙立人一声号令，于 15 日跨过伊洛瓦底江，沿密八公路，直捣八莫。

八莫是中印公路的必经之地，位于伊洛瓦底江和太平江交汇处的右岸，南距曼德勒四百五十公里，东南距南坎一百一十五公里，北距密支那二百二十公里，东北距腾冲一百八十公里，为北缅水陆交通要地。顺伊洛瓦底江而下，可达曼德勒、仰光，逆伊洛瓦底江而上，可到密支那、胡康，乃至卡盟。密支那以北，虽然没有航行之利，但有公路可去片马和孙布拉蚌。从密支那到八莫，西有伊洛瓦底江，东有中缅边界的绵绵高山，太平江等河流横贯其间，形成天然理想的缓冲阵地。尤其是太平江河幅宽阔，对岸地形平坦，更为直接防守八莫外围的良好河川防御地带。八莫城区附近，湖沼纵横，地形起伏，建筑和林木杂植其间，易于隐蔽，是一个利于防守的军事据点。所以，八莫对于中国远征军来说，是志在必得；而对于日军来说，它是入侵中国滇西部队的战略基点，八莫如被攻克，滇西日军必将腹背受敌，所以日军自攻占缅北，便在城内及四周构筑了极其坚固而隐蔽的工事。当密支那战事激烈地进行期间，日军从缅南抽调第二师团一部前往增援，不料刚抵南坎，即听到密支那失守的败讯，于是改以该师团搜索第二联队为基干，加上步兵第十六联队第二大队、野炮兵一个中队、山炮兵一个小队、轻战车十辆，及由孟拱、密支那溃退的第十八师团残部混合编成一个支队，合计三千余人，死守八莫及其附近地区，等待援军一到即转入反攻。日军防守计划分为三个阶段，即：第一阶段派一个大队向北推进到庙堤、那龙公路间及两侧山地、太平江两岸警戒阵地进行阻击战，第二阶段是在城区外围走廊阵地实施防御战，第三阶段是在城区核心阵地展开守备战。

孙立人以新三十八师为第一线兵团，直扑八莫；以新三十师为第二线兵团，随第一线的进展而跃进。新三十八师沿密八公路南进，势如闪电，锐不可当，不到半个月拔除日军据点十余处。10 月 29 日，前锋一一三团到达庙堤，一鼓将守敌两个中队歼灭，占领太平江北岸。日军退守江南，凭借宽二百五十米的太平江急流、南岸险峻的山势、坚固的阵地工事，瞰制地形平坦的江北岸地区。一一三团被阻于江岸，几日无进展。孙立人驱车赶往前线视察地形，听取敌情汇报后，决定以一一三团在太平江北岸采取佯攻，吸引日军注意力，另以主力一一二团由那龙、大利之间，秘密进入公路东边的山地，从太平江上游的铁索桥过江，进抵不兰丹与新龙卡巴一线，对八莫及其以南的曼西做迂回行动，包抄日军后路。

11 月 1 日夜，李鸿率第一一二团、一一四团出发，越过公路东边山地密林，于 6 日抵太平江上游铁索桥南端附近地区。第一一二团两个排士兵分别攀崖、涉水，同时袭击分别驻守桥头两端的日军桥头堡。日军本以为高枕无忧，岂料神兵从天而降，只能束手待毙。新三十八师主力顺利迅速地跨过铁索桥，相继攻克柏杭、不兰丹、新龙卡巴，随即向曼西、八莫迂回。

留在太平江正面的一一三团团长赵狄破敌心切，不待主力迂回成功，即于11月8日夜派出八名水性好的勇士偷渡冰冷刺骨的太平江，选择日军防守的薄弱处，接应全团顺利渡到对岸。接着，一一三团迅速扩大战果，直扑通往八莫的公路线上的莫马克、马于滨等地，扫荡占据八莫外围大小村落的敌军和三个飞机场。在盟国空军的支援下，新三十八师主力于17日攻占曼西，切断了八莫至南坎的公路，随后又派出一部兵力渡过宽阔的伊洛瓦底江，在八莫对岸设置埋伏阵地，完成对八莫城区的包围。与此同时，新三十师向南推进到大利、庙堤，接替太平江北岸正面的防务。

八莫市区守敌阵地呈椭圆形，南北纵长五公里，东西横宽三公里。八莫市区既有众多湖沼，又有起伏高地，日军花了半年多时间在城区用铁轨枕木、钢筋水泥、民房梁柱构筑了永久性防御工事，堡垒掩体纵横交错。日军的各防御工事以重机枪为主，辅以战车火炮，形成交叉火力网。为摸清敌情，便于指挥，孙立人与中国驻印军副总指挥郑洞国及李鸿等人先后乘美军小型侦察机飞临八莫上空视察。鉴于中美混合突击队进攻密支那受挫的教训，孙立人向驻印军总指挥索尔登建议采用陆空协同、步炮协同、战车掩护、逐点歼敌的战术。同时，孙立人制订了攻城计划，命令李鸿指挥一一三团、一一四团主攻，一一二团为预备团，在八莫后方设置埋伏阵地，并与新三十师保持联络。

11月中旬，新三十八师开始攻城，先用火炮、飞机轮番轰击日军阵地，紧接着以战车突击，步兵随后跟进。日军也顽强反抗，集中战车、火炮，并组成肉搏队，轮番向中国军队发动自杀性反扑，夜里又实施夜袭。到12月14日，新三十八师相继攻克城内南北主要据点及陆军监狱、宪兵营房、老炮台等重要工事，并乘胜沿着江岸马路勇猛突进敌军腹廓阵地，直刺其心脏。混战中，敌守城司令官原好三大佐被击毙，日军余部乱作一团，拼命突围。当夜，新三十八师乘敌喘息未定，继续攻击。日军守城部队逐渐不支，除留下少数兵员留守阵中阻击之外，其余部队均集中沿城西沙滩向南突围。担任城南攻击任务的新三十八师一一三团以逸待劳，予敌迎头痛击，日军再次被新三十八师将士击退、击溃。经一夜血战，新三十八师寸土必争，逐堡厮杀争夺，至中午时分扫清守城日军残敌，占领八莫。

八莫之战是新一军反攻缅北以来一次最惨烈的攻坚战，也是一场成功的攻坚战役。郑洞国副总指挥对此役的评价是："我军不仅打出了英勇顽强、善打硬仗的战斗风格，在战略战术的运用上，也体现出较高的军事水平。"实际上，这也是对孙立人卓越军事才能的肯定。八莫之战不仅打破了日军死守三个月以待援军反攻的企图，且歼灭大部分日军，击毙其原好三大佐以下两千四百多人，俘敌池田大尉等二十一人，缴获零式战斗机两架、战车十辆、各种火炮二十八门、轻重机枪九十五挺、步枪一千二百七十多支。

当时，逃离八莫的华侨听到祖国的军队收复八莫的喜讯后，无不欢呼雀跃。英缅政府和印缅战区最高指挥部为纪念孙立人部取得这一战役的重大胜利，特令将八莫至莫马克段公路命名为"孙立人路"，将八莫市中心一条马路命名为"李鸿路"。中国人获得如此殊荣，在历史上并不多见。

新一军进攻八莫之时，新六军于11月7日歼灭日军第二师团一部，克瑞古。12日占西曼、大曼后，主力南向进攻同古，一部北向进攻八莫策应新一军。29日，新六军突破瑞丽江进占芒卡市、拉西。之后，奉命集结于西乌，主力待命返国。

早在新三十八师对八莫守敌完成包围态势，孙立人得知八莫守敌奉命死守三个月以待援反攻的计划后，便当即制订了一个"围点打援"的作战计划，也就是：令李鸿率新三十八师主力加紧围攻八莫，令唐守治率居二线的新三十师渡过太平江，越过八莫，沿八莫至南坎公路南进，打击日军的增援部队，相机占领南坎。

果然不出孙立人所料，日军第十八师团第五十五联队，第五十六师团第一四六联队步、炮兵各一个大队和工兵两个小队，刚从朝鲜战场调到缅甸的第四十九师团步兵一个小队、炮兵十八联队第一大队，吉田部队步兵一个大队等组成一个支队，共三千二百五十余人，由第五十五联队长山崎大佐率领（故称山崎支队），正由南坎北上增援八莫。12 月 3 日，新三十师与山崎支队先头部队在康般、南于附近地区遭遇。新三十师先头部队勇猛地抢占了八南公路西侧的五三三八高地，把日军堵在山脚下。八南公路两头低，中间地势高，以五三三八高地为制高点。

9 日拂晓，山崎因迟到一步，错失制高点，处于仰攻的被动地位，嗟叹不已，急令集中一五〇重炮两门、山炮八门、平射炮十六门，从狭窄的正面仰攻。新三十师官兵沉着应战，多次击退日军进攻。不料山崎派出小股日军偷袭，在黄昏时渗透到第九十团一营二连的炮兵阵地，夺走山炮四门、迫击炮十余门，该连连长也不幸阵亡。师长唐守治随即致电孙立人，请求增援。孙立人当即令新三十师预备队第八十九团由曼西向第一线增援，令新三十八师第一一二团为独立支队，从公路左侧蚌加塘东侧迂回敌后进行抄袭。

新三十师九十团正面的日军因援八莫心切，不惜代价，轮番向五三三八高地进攻。战况惨烈，九十团三营营长王礼宏壮烈牺牲，但余部坚守不退。日军一连四天攻势不断，但无法前进一步，死伤累累，被迫退守南坎。

南坎地处中缅边境，西北通八莫，东北至中国龙陵，南达腊戍，为中缅交通要冲。南坎地势低洼平坦，发源于中国境内的瑞丽江傍城而过，四周高山绵亘，尤其是东南方山地层峦叠嶂，日军布置有重兵把守，并修有半永久性的工事，储存了充足的粮弹。

孙立人继令新三十师第九十团抢占五三三八高地后，又令该师第八十八团和山炮一连及工兵一部、新三十八师一一二团从左翼“伺隙捣虚”，分别占领马支、卡的克、卡龙、邦渣、南开，扫除了八南公路两侧山地中的屏障。接着，孙立人又令第一一二团支援新三十师正面攻击，由南宛河两岸崇山峻岭中穿插前进，于 12 月 27 日袭占劳文及附近的机场，新三十师也顺利占领瑞丽江北岸沿线。

由于当时国内日军攻抵贵州独山，重庆方面震惊不已，下令新六军的两个师奉命乘飞机回国增援，新一军单独担负起打通中印公路线东段的任务。新三十八师主力经近一个月的苦战，克复八莫。未及休息，孙立人为早日打通中印公路，令李鸿率新三十八师马不停蹄地南下，与新三十师合攻南坎。孙立人采用的战术仍然是避免正面攻坚，实施迂回奇袭，由新三十师正面佯攻，新三十八师主力由南坎西侧山地迂回敌后，先夺取外围山地，再合击南坎。

为便于就近指挥，1945 年元月初，孙立人将军部从八莫移到南坎。1 月 5 日，按照孙立人的命令，新三十师八十九团和新三十八师一一四团，一前一后，翻越南坎西面的古当山脉，冒雨从西朗附近偷渡瑞丽江，于 10 日秘密开道插入南坎西南的山地丛林；新三十师第九十团于 11 日在浓雾的掩护下悄然渡过瑞丽江，由东北迂回到南坎南侧；第一一二团仍控制南坎盆地北部，协同新三十师八十八团从正面压迫敌人。13 日，第八十九团出现在南坎南侧山地，对山区日军据点进行监控。15 日凌晨，第九十团在飞机、战车、火炮的协助下，对南坎发起突然攻击，日军仓皇抵抗，但大势已去，抵挡不住猛烈的进攻；同时，瑞丽江正面敌军也支持不住，全线崩溃。在新三十师两个团与新三十八师一一二团的南北夹击下，上午 10 时许，日军城区防御工事被突破，经激烈巷战，最终克复全城，日军山崎支队残部逃往南巴卡。

在此次战斗中，新一军击毙日军一千七百八十人，俘虏十余人，缴获火炮十二门、轻重机枪十五挺、步枪二十多支、卡车十二辆、轿车一辆、仓库十多座。战斗中，驻守在南坎东面山地中据点的日军曾发起疯狂反扑，企图与城内敌军夹击新一军，反而遭八十九团和一二四团的伏击，只好望城兴叹，仓皇撤逃到南面的老龙山核心阵地及东面的芒友。

得知新一军一月内连下两城，驻印军总指挥索尔登兴奋地与中国战区参谋长魏德迈、美国陆军第十航空队司令戴维斯分乘联络飞机，于 1 月 16 日飞抵南坎，在孙立人的陪同下，共同视察了战场，慰问了新一军官兵，向孙立人及其所领导的新一军表示了祝贺及敬意。随后，孙立人与索尔登一行又前往遮放等地，共同商讨了与中国滇西军会师的具体事宜。18 日，得知消息的何应钦也专程派来代表，向孙立人所部取得的胜利表示祝贺和慰问。

会师芒友，打通中印公路

新一军攻陷南坎之后，日军第五十六师团主力和第四十九师团一六八联队残部盘踞在芒友周围群山中的据点里，企图阻止中国驻印军与中国远征军会师和打通中印公路线。而就在孙立人部进攻南坎的炮声逐渐沉寂下来时，中国滇西远征军攻打畹町的隆隆炮声逐渐变得清晰起来。至此，打通中印公路线就只剩下芒友这一个障碍了。为早日打通中印公路线，孙立人决定对芒友守敌实施最后一击。

然而，囿于英国不愿意中国军队收复缅甸中南部地区而影响战后恢复对缅甸的殖民统治，故而驻印军总指挥部在新一军进军的方向上，沿南坎东南山脊横向划了一条战斗地境界线，不准新一军南进，只能折向东北，和滇西的中国远征军在畹町会师。同时，驻印军总指挥部只令由美军原麦支队扩编成的步兵旅越过南坎东南山地到中缅公路边上。如此一来，公路上的车队随时都有遭到老龙山区日军攻击的危险，驻印军总指挥部的命令部署将势必影响南坎及中印公路线东段的安全。

孙立人在与同僚和部属反复研究后，决定迅速攻克芒友，同时扫荡老龙山之敌。由此，孙立人命令：由新三十八师一一三团沿芒友公路攻击前进，直取芒友；由新三十八师一一二团负责扫荡芒友西侧一线高地敌之诸多据点；由新三十师主力负责围剿老龙山区之敌；以新三十八师一一四团、附山炮一连作为“奇兵”，秘密钻入深山老林，翻越老龙山，长驱南下，截断敌军后方的公路，以断其补给和退路，使芒友、老龙山区和滇西之残敌不战自乱。

1 月 16 日，新三十师即由南坎向南巴卡进攻。17 日，新三十八师惯于在山地辟路迂回的一一二团肃清南坎东北河套的日军残余后，即挥师东进，一路势如破竹；截至 19 日，一一二团连克色兰、般鹤、般托来、南叟拉、卡孔、墨奇、色纳等二十多个日军据点。同日，孙立人从滇西芒市回到南坎军部。当晚，孙立人还接受了《大公报》记者的采访。

21日，新三十八师一一三团逐步攻抵芒友附近，克复闹阳、曼伟因、苗斯等敌据点，并与中国远征军第五十三军一一六师取得了联络。当日上午，孙立人率新一军各师将领赶往苗斯，部署与一一六师会师的具体事宜。其间，孙立人及新一军各师将领，在途经一一三团团部驻地小村村口时，遭到日军狙击手的袭击，唐守治座车司机及卫生员当场牺牲，孙立人依旧面不改色，笃定自信，与部属谈笑风生。22日上午，孙立人与第一一六师师长刘润川和一三〇师师长王理寰等人，在南坎河谷苗斯附近的沃野中胜利会师。时隔三年，从出滇入缅远征到如今经由印度转战缅北，孙立人终于是守得云开见月明。

当时，孙立人还召集新一军各师将领们举行军事会议，商讨作战计划，同时思考如何筹备中印公路即将通车的典礼。对于孙立人而言，“一·二八”是个永远难忘的日子，十三年前的这一天，日军侵犯上海，孙立人怀着渴望已久的“打击日本侵略者”愿望，率税警第四团奔赴淞沪战场，可是蒋介石政府实行“攘外必先安内”的反动政策，与日本妥协，使杀敌的机会与他擦肩而过。十三年后，他率领部队苦战到现在，取得了辉煌战果，即将打败不可一世的日军。他的军事才能在战争中得以发挥，他的部队在不断壮大。而今，孙立人要以打下中印公路线在缅甸境内的最后一个敌据点来纪念这个日子。

会后，新三十八师三个团加强攻势，一一二团英勇地打退了分别自芒友东、由芒友西北南下、从曼康北上的三路日军的疯狂反扑，并乘胜占领丹山，切断芒友敌后公路；一一三团自24日向芒友发动猛攻。从滇西畹町撤退到芒友的日军第五十六师团长松山佑三率残部打算固守芒友，等待第二师团增援。不料半路上，彭克立率第一一四团不等新三十师肃清老龙山区的日军，即穿越密林，突进到中缅公路芒友至腊戍段中间，将其拦腰截断，使日军增援芒友的希望立即化作泡影。据守老龙山区的日军第五十五联队及南巴卡一线第五十六联队及四十六联队主力不是被新三十师八十九团、九十团打得自顾不暇，就是被一一四团拖住了后腿，原本打算与芒友守敌夹击新三十八师的计划也无法实现，反而被堵住了归路。芒友守敌面临着灭顶之灾，松山佑三师团长向三十三军司令部“发出最悲痛的电报，决定烧毁大部积存的弹药，放弃现在阵地”。然而，日军司令部却要求松山佑三运出伤员及弹药才能撤退。经四天激战，新三十八师一一三团于1月27日攻占芒友，歼敌二百五十人，缴获大炮五门、轻重机枪一百余挺、卡车五辆。松山佑三率残部狼狈窜往腊戍。至此，中印公路全线打通。

1月28日这一天，中国驻印军与中国远征军会师典礼在芒友举行，新三十八师政治部、工兵营在这块异国土地上，用彩色丝质降落伞搭盖起一座五彩飘扬的典礼台，典礼台前放置着一个红色的“V”字，象征着胜利。典礼台的正面是两根高竖的旗杆，左前方的队列是穿着黄卡其军装的驻印军新一军一一三团，右前方的队列是身穿灰布军服的远征军第五十三军的一个团。观礼台四周及中印、滇缅公路会合处都拉起了巨额横幅，张贴着各种标语。上午11时，索尔登、卫立煌、孙立人以及其他将领，分别乘吉普车来到广场。陆军大学将校班的学员三十多人也从重庆赶来观礼。

会师典礼在总指挥李鸿的指挥下进行。

首先举行升旗典礼，军乐队奏起中美两国的国歌；星条旗伴着青天白日旗迎风招展，蓝色的天空，飘荡着片片白云，阳光显得特别明丽，礼炮响声在山谷中嘹亮地回转着。

卫立煌将军致辞说：“今天的会师，是会师东京的先声，我们要打到东京，在那里会师，开庆祝会。……滇缅战场中美的合作是值得我们永远记忆的，同盟国不但在战时要合作，在战后更要合作来共建世界的和平。”索尔登将军高兴地把嗓子提得特别高：“今天是大家顶快乐的一天，也是中美合作过程中最重要的一天，我想蒋主席和罗斯福总统今天一定也是特别高兴。”他赞扬中国军队的英勇，对孙立人将军更是满口称道，他也预祝：“到东京会师去，让这两面国旗飘扬在东京的上空。”

芒友被攻克之后，中印公路全线通车。故而会师之日也是中印公路通车之时。也就是这一天，在参加完会师典礼后，孙立人又赶赴畹町参加中印公路通车典礼。中印公路起自印度利多，经胡康、孟拱河谷、密支那、八莫、南坎到保山、昆明，全长共1566.5公里，中间越过十三座两千二百米以上的高峰，有许多陡坡急弯，最高处海拔三千余米。其中主干线利多至畹町段长772.3公里。中印公路是由中国陆军、工兵和民工以及美军共同流血洒汗开辟出来的，所以又称“华美公路”。在全线贯通指日可待之时，美军工程兵皮可少将率由中美运输兵各一百二十人共同驾驶的一百二十辆满载各种物资的卡车和武器拖曳车，八辆医药、救护、食品车，六辆吉普车组成的车队，于1月12日从利多出发，驶向中国，随行的还有六十五名各盟国记者。1月18日由三辆汽车组成的小分队沿孙立人部孙尉民连走过的保山至密支那公路线前往保山。24日，车队抵达南坎，受到孙立人的热情招待。28日，皮可少将率一百零五辆汽车组成的车队驶向畹町。通车典礼由国民党政府行政院副院长宋子文代表蒋介石主持，并向为这条路奋战的全体将士致敬。同日，蒋介石发表广播演说，宣布以史迪威将军的名字为这条公路命名，以纪念他策划和指挥开辟中印公路的杰出贡献。

中印公路的通车，打通了被日军封锁长达两年又八个月之久的中外陆上国际交通线，在1945年2月至8月间，共有三百六十八支车队通过这条公路向中国运送了八万多吨各种物资。中美筑路队在修筑公路的同时，还铺设开通了三百公里长的中印油管，这是当时世界上最长的油管，它源源不断地将急需的油料输送到中国，有力地支援了反攻阶段的对日作战。

旅扬北缅，泽被侨黎

孙立人参加芒友会师以及畹町的通车典礼后，继续挥师沿滇缅公路南下，消灭缅北残敌，占领进出滇西、缅北的重要门户腊戌，以确保中印公路的顺利通畅。当时，新一军首要的作战目标即是攻克南巴卡，解救一一四团出险。

如前所述，孙立人派彭克立率第一一四团不等新三十师肃清老龙山区的日军，即穿越密林，突进到中缅公路芒友至腊戍段中间，截断增援芒友日军。尽管当时一一四团成功地阻击了增援芒友的日军部队，不料深陷苦战，遭到日军优势兵力的反扑，并受到南北夹击，处境危险。而当时，美军不敢拦截日军，只是在阵地上作壁上观。同时，日军第二师团第四联队正赶来救援断了后路的“友军”第五十六师团残部。一一四团两面应战，浴血抗击。29日，李鸿率新三十八师主力南下驰援一一四团，同时新三十师第八十九团沿着一一四团行进的路线，进攻南巴卡。孙立人部三路军队围攻五日，消灭五十六师团残部，师团长松山祐三率少数残兵落荒而逃；第一一四团也将第二师团第四联队消灭殆尽；2月8日，第八十九团占领南巴卡。

为了阻止孙立人部南下，日军在公路正面沿南开河左岸布置警戒阵地，并扼守贵开、新维两门户，拱卫腊戍。根据情报材料及各敌据点地理形势，鉴于新维四周山川地形与南坎情形相似，孙立人派奇袭南坎的新三十师攻打新维，并令善于迂回作战的一一二团协攻；因腊戍地理环境为新三十八师了解，且该师也久已想亲自夺回腊戍，为第一次缅甸战役中失败的中国远征军雪耻复仇，即派该师主力担负主攻腊戍的重任。

自1944年12月，第五十师接替新二十二师在瑞丽江北岸的阵地后，以一四八团担任西宇至芒卡的防务，主力于1945年1月初由西宇、西口向南进攻，将万好地区的守敌及援敌第十八师团第一一四联队残部、第五十六师团第一一三联队残部截成数段，各个击破，于1月4日占领万好。随后，第五十师乘胜追击，肃清瑞丽江北岸日军，而后渡过瑞丽江，三路并进，先后攻克江南的茂罗、潘定、闹支、罗依伦等地。芒友会师后，第五十师奉命沿滇缅路以西的丛林地带，经南杜、细包，直取乔美，策应新一军主力南下。

2月9日，新三十师奉孙立人的命令，从正面、右路向新维进攻。因其地势为一个狭长的河谷，周围皆是崇山峻岭，根据攻击南坎的成功经验，师长唐守治决定先拔除新维的外围据点，然后集中优势兵力迂回包围新维。新维外围最重要的据点是北面的贵街。2月11日，新三十师以一部偷渡南开河，侧击沿河的敌军阵地，并在公路东侧迂回的新三十八师一一二团策应下，于13日一举攻占贵街。日军残敌南窜，新三十师跟踪追击。日军布置精锐兵力在距新维五公里处山隘据险固守。经四昼夜血战，日军伤亡过半，逃入新维，新维城北山地险隘尽皆落入新三十师之手。17日，一一二团从公路东进至西乌，随即迅速西进，击溃阻击的日军，到达新维南部；同时，新三十师主力从正面发动攻击，在强大的炮火支持下，轮番发动冲锋，迫近城郊。

城内日军先后组织两个中队兵力，在战车、重炮掩护下，发动九次反扑。但新一军愈战愈勇，击毁日军战车八辆，挫败了日军反攻。19日夜，孙立人命令部队连夜发动总攻，日军来不及调整兵力，城郊主阵地被新一军突破，被迫退入城区作困兽之斗。新一军官兵英勇突入城区，逐屋巷战。经一夜激战，新一军于20日晨7时完全攻占新维，守敌除少数泅渡南杜河向南逃窜外，其余均被歼灭。攻克新维之后，腊戍的北大门被打开。孙立人调整兵力部署，令新三十八师主力沿公路南下，以该师第一一三团和新三十师第八十八团分别沿公路西、东两侧迂回行动。日军紧急从滚弄调来第五十六师团的搜索联队和第一六八联队（原属第四十九师团）附战车一中队占据新维至腊戍公路两侧的山隘高地，企图扼险顽抗。2月23日，新一军向腊戍挺进，一路斩关夺隘，击溃日军，于3月5日攻抵腊戍城下。

腊戍有新旧城之分，新城虎踞山头，旧城卧居东北山脚，另有飞机场、火车站位于旧城西部2.5公里，三者呈掎角之势，且有南育河横贯西北，形成天险。为了弄清日军防守工事布置，孙立人亲自乘飞机飞临腊戍上空侦察，然后与新三十八师师长李鸿等将领部署作战方案，决定派军部所属的战车一营、重炮一连协同新三十八师攻城。5日夜，一一二团主力由左翼偷渡南育河，向西攻至老腊戍附近，掩护正面攻击部队强渡；由公路两侧攻击的一一三团和新三十师第八十八团分别迂回包抄腊戍敌后，其中一一三团切断了腊戍至南杜的公路。

6日晨，新一军各路分进合击，在战车、大炮掩护下，争夺火车站、飞机场和老腊戍。战至7日晨，歼灭日军大部，并占领这些地方，残敌仓皇逃入新腊戍，与第一四六联队会合，企图凭借居高临下的地势再作困兽之斗。孙立人与中国驻印军总指挥索尔登分别乘吉普车到前线视察，亲自指挥战斗。8日上午8时，一一二团完全占领新腊戍。这座战略重镇的攻克，不仅有力保障了中印公路的安全，而且可以保障南下曼德勒、东进景栋、直取泰越的后方安全，对策应英军克复缅中、促使驻缅甸日军总崩溃起到了积极作用。

在新一军主力攻击腊戍的同时，第五十师于2月23日力克南杜，然后分兵两路扫荡日军，东路军于次日与新三十八师会师细包；西路军于3月30日攻占曼德勒东北的乔美，与英军第三十六师会师，共歼敌三千五百余人。至此，新一军完全收复了缅北，完成了作战任务，在腊戍一带收兵休息，待命回国。

自1942年4月5日，孙立人由云南安宁率新三十八师赴缅增援，4月9日进驻腊戍，至1945年3月30日新一军攻占乔美，胜利地结束了驻印军反攻缅北之役，在时间上差六天整整是三年。在这期间，孙立人除1942年5月27日进入印度英帕尔，至1943年1月兰姆伽整训这段时间，与1944年8月4日攻占密支那结束第一阶段缅北战役，至是年10月10日，第二阶段缅北战役开始的两个月，几乎无一日不在率领部队与日军喋血奋战。这样持续不断的战斗生涯，在中国抗战史上是少有的。据新一军有关部门统计，孙立人指挥部队喋血奋战七百余次，先后战胜日军第二、第十八、第四十九、第五十三师团和第五十六师团一部及独立混成第二十四旅团及其他特种部队，共击毙日军三万三千零八十二人，其中包括三个联队长和其他高级军官，打伤日军七万五千四百九十九人，俘虏田代一大尉以下官兵三百二十三人，缴获步枪近八千支、轻重机关枪六百六十四挺、大炮一百八十六门、汽车五百五十二辆、战车六十七辆、飞机五架、仓库一百零八所、金属器材两万余吨。实际上，孙立人及其率领的部队官兵消灭日军的数字远远超过这一统计。据孙立人晚年回忆，“击毙敌七万四千余人，伤者倍之”。另据日本厚生省救援局1952年的调查统计，与中国驻印军和中国远征军在缅北、滇西对垒的缅甸方面军三个师团又两个独立混成旅团和第三十三军两个师团共计十七万八千二百七十一人，战死者十万零一千三百零一人，其中大部分日军是孙立人部歼灭的。

由此可见，孙立人率部取得的战绩是辉煌的。孙立人及其所属部队不仅完成了打通中印公路的战略任务，有力支援了英美盟军在印缅战场上的作战，也有力配合了国内及太平洋战场，在抗日战争史上写下了光辉的一页。回顾驻印军新三十八师入缅之初，除史迪威和孙立人等少数人外，其他如英国远东军区总司令蒙巴顿、印督魏菲尔，以至英首相丘吉尔都认为：中国军队欲征服北缅恶劣的自然环境，欲战胜强大的敌人，欲保证中印公路的修筑，并使之畅通无阻，直达中国边境与原滇缅公路相衔接，为中国开辟出一条国际通道，是根本不可能的。然而，经过一年多的准备，近两年的血战，新三十八师和新一军不负国人厚望，这一宏伟目标终于实现。

反攻缅北作战的胜利，原因是多方面的，诸如驻印军将士同仇敌忾、英勇杀敌，盟国对后勤军需的及时供应与有力保障，以及缅甸居民（包括华侨）的支持，种种因素，不一而足。

其中，孙立人卓越的军事指挥才能是不能忽视的。孙立人部反攻缅北的地理环境主要是热带丛林，那里重峦叠嶂，河流纵横，自然条件极为恶劣。而日军以逸待劳，分点把守。针对这些特点，孙立人首先抓练兵，让部队适应热带丛林的环境，掌握丛林战的技术，发挥独立作战的能力；其次孙立人“贵专权”，善于掌握制胜的“机权”。从胡康河谷战役迂回太柏家、孟阳河、瓦鲁班，迂回拉班，孟拱河谷战役中的奇袭西通到八莫战役中的迂回曼西、南坎战役中的迂回西南山地等，充分发挥了森林战中的迂回战法，避免了像淞沪抗战中的消耗战法和反攻缅北之初于邦战役中的逐点攻略战法造成兵力的大量消耗，以较少的兵力夺取较大的胜利。同时，既减少了部队的伤亡，又缩短了反攻的时间。如从于邦之战至克复孟拱，日军主力、号称“热带丛林之王”的第十八师团被孙立人部打得落花流水，被歼一万八千多人，受伤者更多。而孙立人部仅牺牲一千一百余人，受伤者两千四百多人。敌军与孙立人部战死者的比例为十八比一。尽管日军第十八师团先后补充十五次之多，但这支“王牌”最终没能逃脱覆没的命运。

因此，国内外人士给予孙立人以高度评价，英国斯利姆将军称孙立人为“优秀战术家”，美国魏德迈将军尊称孙立人为“具有统御特质的最杰出军人”。还有人将孙立人比作德国著名将领隆美尔元帅，称他为“丛林之狐”。由此表明，人们对孙立人的抗日功绩和军事指挥才能是持肯定和褒扬态度的。在缅甸作战期间，孙立人与盟军真诚合作，取得了盟军的有力支持。特别是补给和医疗方面，前者完全仰赖于美军的帮助，后者也是美军提供了有力积极的支持。孙立人先后率新三十八师、新一军在缅北热带丛林中作战，尤其是雨季，补给全靠美军飞机空投。正是有了这方面的保证，使得孙立人能不断地顺利地实施迂回奔袭、锥形突击战术。医疗方面，美方设有第四十八兵站医院和第二十总医院为中国驻印军救治伤病官兵，中方的第七十三后方医院以及设在师、团的手术组中，也有美方医务人员，他们大都是美国各公立医院里有名的医生，技术精湛，备有齐全的药品；他们对孙立人非常敬畏，对中国官兵也很热心，工作一丝不苟。所以伤病官兵恢复非常快，普通轻伤半个月内便可治愈，重伤者大半在短期内即治好。如在第一期反攻缅北战役中，新三十八师受伤两千四百余人，其中百分之六十的人伤愈重返前线，甚至有许多人受过六次伤还继续在战场上作战。这使得远离祖国、兵源补充困难的驻印军始终保持着旺盛的战斗力。所以，孙立人在芒友会师前夕，宴请首批通过中印公路的车队人员及随行的中、美、英、印、澳各国战地记者时，热情地赞扬了美军医务人员的热心服务和工作效率，说新一军中多次受伤的官兵仍能重返战场杀敌的奇迹，应归功于他们的努力。

中国与缅甸有数千年邦交的悠久历史，在缅甸有众多的华侨，20 世纪 40 年代达三十余万人，大都居住在城市，从事商业，为缅甸经济建设做出了重大贡献。日军侵占缅甸后，广大华侨在日军铁蹄践踏下备受煎熬，房屋财产被掳，众多华侨则被迫回到国内，许多人在途中惨遭日军杀害；留在缅甸的，不仅遭受日本人的压迫，还因日本人的挑拨和唆使而受一些缅甸人的仇视，被驱赶到偏僻乡村和山林中，过着惨不忍睹的生活。目睹华侨遭受的苦难，孙立人曾慨叹："国家要是不强盛，国民在其他国家就将受到何等不平等的遭遇！"

转战缅北的日子里，孙立人十分关心华侨的命运，以救侨民于水火为己任。在中国驻印军占领孟拱时，孙立人就命令新一军把节省下来的粮食，救济饥馑的华侨，并派出工兵选择范围宽敞、水源充足、环境优美的地方，利用破铁皮、断木板一类的旧料，建造起一幢幢草房，供华侨居住。与此同时，孙立人还派医务人员免费为华侨服务；扶持华侨经营小本生意或从事手工业，让他们自谋生路。为了使侨胞发挥团结互助的精神，孙立人派政工人员辅导各地侨胞组成华侨互助会十余个，为侨胞服务，协助当地政府进行战后重建工作。待华侨休养生息一段时期后，孙立人命令军队中的政工人员创办华侨学校，教育失教的侨童。孙立人曾训勉政工人员，说道：

> 华侨对于祖国具有崇高的热爱，其所以不能充分表达的原因，是由于他们所受的本国教育不够，因为侨胞身居异域，一切风俗、习惯、文化、教育，乃至政治思想，都完全和祖国脱离，世代相沿，子孙后世，便会数典忘祖。特别是南洋一带，在敌人钳制思想的奴化政策下，华侨教育，更须积极改革。政府目前正在全力抗战，事实上鞭长莫及，我政工人员，必须负起这责任，以为政府将来发展华侨教育的基础。同时，本军这次出国远征，是中国近代史上第一等大事，我们对于那些用血肉筑成史迪威公路的英雄好汉，一定要留一个永久的纪念。古语说："十年树木，百年树人。"我主张即以培育华侨子弟，来纪念这一战争中壮烈牺牲的万千将士！

在孙立人的指示和鼓舞下，孟拱、密支那、八莫、莫马克、南坎、新维、腊戍、仰光等地，都先后建立起“华夏学校”。这些学校多为小学，还有中学一所，学生从近百人到三百人不等；校长、教师先由各师派政工人员担任，后从教导总队中抽调师范毕业生充任；教材由各校自行编写，送交军政治部审核后统一印发。如南坎华夏小学的课本第一课便是：“人，中国人。我是中国人，我爱中国！”充分体现了孙立人对侨童进行祖国文化和爱国传统教育的主张。孙立人还曾挤时间到华夏小学视察，看望侨童，勉励他们好好读书。

新一军在密支那候机准备回国的时候，当地侨商发起一个捐赠活动。考虑到战争刚刚结束，华侨生活还都比较困难，孙立人婉拒了他们的盛情。同时提出三点希望：第一，希望密支那、八莫、南坎一带的侨胞，对在当地阵亡的将士公墓要随时留心保护，以慰忠烈于地下；第二，希望侨胞对于草创的华夏学校，要尽力使其发展；第三，希望侨胞发扬中国固有的道德，为国家珍重努力。缅甸侨胞对于孙立人的援助行为非常感激，八莫华侨曾向他敬献锦旗一面和缅剑一把，并致颂词，曰：“古今孙武，中外颂扬；克密支那，救仁安羌；奠胜利基，为民族光；图麟异域，跃马扶桑；非纵非擒，自服南荒；亦恩亦威，民皆悦氓；天下与盟，大道康庄；拯我侨黎，复我国疆；精弄巍巍，瑞丽泱泱；将军英风，与国永疆。”

华侨们把孙立人与其族祖、春秋时代名将孙武相媲美，奉为救星，足见他们对孙立人钦敬之深。孙立人爱侨助侨行动不仅使缅甸侨胞铭感至深，也深深感动了海外各地的侨胞。1945 年 10 月 10 日，墨西哥、古巴、加拿大、美国三藩市和檀香山等地的华侨总会或会馆派代表专程回国，到广州向孙立人献上书有“卫国保侨”“功高诸葛，威震南洋”字样的锦旗，表示对他的敬意。

第七章　内战兵败

缅甸战场，抗日御侮，孙立人初步实现了自己的军旅梦想。走下抗日战场，孙立人陷入内战的泥潭，再次步入军事生涯的转折点。应邀考察欧洲战场，孙立人被奉为座上宾，显赫一时。回国内战，孙立人苦苦不得志，屡屡陷入被动挨打、损兵折将的境地。痛定思痛，非将之罪，将亦奈何。鏖战东北，冤家路窄，前程往事并不如烟，孙立人与杜聿明公开对立。兵权被夺，孙立人黯然离开东北。

福兮祸所伏

早在中印公路打通之初，孙立人就将目光转向国内抗日战场，开始思考着新一军在完成反攻缅北作战任务后回国对日作战的问题。特别是中国境内敌占区大都是平原和丘陵，在地形、战术及大兵力运用作战等方面，与缅北丛林作战差别甚大，新一军所掌握的娴熟的丛林作战经验并不完全适合于国内作战。

1945 年 3 月 5 日，孙立人与中国驻印军总指挥索尔登中将视察腊戍前线，回到新维军部后，向索尔登谈起自己对上述问题的想法，索尔登建议他到欧洲战场考察对德作战情况，为将来回国对日作战做参考。在第二次世界大战中，欧洲是规模最大的主战场，不仅双方的武器装备是世界上最先进的，且多兵种合成大规模的海、陆、空联合作战等是亚洲所没有的。它代表着今后现代化战争的趋势，其经验可供盟军在亚洲对日作战时参考。所以孙立人也很想去欧洲战场参观考察，以期能够有所裨益。

当时盟军对德攻势势如破竹，深入德国腹地，法西斯巢穴柏林指日可下；在太平洋战场，美军虽已将战争推近日本本土，但受东条英机“一亿玉碎”号召蛊惑的日军拼死抵抗，每前进一步都要付出较大的牺牲。因此，美军希望像新一军这样英勇善战的中国军队协同作战，减轻自己的压力，所以美国陆军部对索尔登的建议欣然接受，于4月初正式下文，将欧洲战场盟军统帅艾森豪威尔的邀请函送达缅北，由索尔登转交孙立人。孙立人接函后，即乘军用飞机飞到重庆，向蒋介石汇报缅北作战胜利的情形，以及新一军调回国对日作战的计划，并请示艾森豪威尔函邀自己赴欧洲战场参观的事，陈述自己准备接受的想法。也许是蒋介石对美国人不经过国民党政府而径自邀请孙立人赴欧的做法不满，故对此事拖延不决。后来，索尔登和魏德迈在重庆开会时，与蒋介石多方周旋，方才促使蒋介石同意孙立人接受邀请。

5月初，孙立人由重庆经密支那回到缅北军部，一面向新一军副军长贾幼慧交代军务，并率军部各处室负责人与总指挥部参谋长卜莱斯少校协商补齐各部队所需的军用物资；一面等待缅北美军司令部安排赴欧参观行程，办理手续。

4月30日，苏军攻克法西斯德国首都柏林。5月7日，德国国防军代表在兰斯的艾森豪威尔大本营签署降书；9日，其另一位代表在柏林近郊卡尔斯霍斯特的苏军大本营再次签署降书。欧洲战场盟军同法西斯德军的作战至此基本结束。17日，孙立人赶往密支那机场，登机前往欧洲。面对自己率同胞流血洒汗收复的缅甸北部的大好河山，孙立人心中依恋难舍，特地在舷梯旁摄影留念。然后，偕英文秘书上校衣复得博士登机起程。同日，国民党政府为表彰他在缅甸抗日战场上建立的功绩，向孙立人颁发了青天白日勋章。孙立人一行取道印度，先后在加尔各答、新德里、卡拉奇停留小憩，然后改乘飞机赴法国，途经伊朗的艾巴登、埃及的开罗、希腊的雅典、意大利的那不勒斯，沿途受到美国军方的热情接待和周到安排。

因连日飞行，所乘军用飞机又无消音装置，故孙立人一行到开罗时已相当疲惫，美方人员也深知此情况，所以安排孙立人在开罗休息了一天，游览了金字塔，参观了中、美、英三国首脑“开罗会议”的会址。5月22日清晨，孙立人乘机离开开罗，经希腊的雅典，傍晚抵达意大利的那不勒斯市。那不勒斯属英军欧洲指挥官亚历山大伯爵的防地，也就是第一次缅战时英缅军总司令亚历山大上将的领地。亚历山大战后曾出任过英国国防大臣，他对孙立人在第一次缅战时给予英军的救援和帮助，尤其是在仁安羌冒死营救英军第一师出围，深怀感激之情。所以听到孙将军途经他的防区，便亲自到机场迎接孙将军，并邀请孙在意大利停留几天，顺便看看他的部队。孙立人以日程早已排定，希望早日会见艾森豪威尔，不便更改为由，婉言辞谢。

5月23日，孙立人乘机经罗马、马赛，飞抵巴黎。欧洲盟军统帅艾森豪威尔派人到机场迎接，将他安排在巴黎自己的私人旅社“纳法尔旅店”下榻。在巴黎，他向当时的中国驻法国大使钱泰详细了解欧洲战场的局势，与美军各单位接洽参观欧洲战场日程。

28日，孙立人离开巴黎，乘专车前往艾森豪威尔总司令部所在地法兰克福，于当天下午到达。艾森豪威尔以贵宾相待，派一辆专供元帅一级享用的高级房式轿车接送，亲自接见，向孙立人谈了关于中国部队结束缅甸战役后，应当如何扭转中国国内战场形势问题的看法等。艾森豪威尔还专门为孙立人举行战况汇报，由盟军统帅部参谋部门报告第二次世界大战反法西斯战争欧洲战场取得胜利的经过。鉴于当时美国政府已决定派兵在华南登陆，同中国军队并肩作战，统一指挥就成为一个亟待解决的问题。所以，艾森豪威尔还论述了联合作战时统一指挥的问题，艾森豪威尔说：

历史证明联合作战存在很多困难，从前两个国家协力对一个共同敌人作战时，其中的一个和另一个是强弱悬殊的，一切皆由强者支配。现在有效的合作，必须完全出自自发的相互谦让。这次战争的史实，尤其是地中海与西北欧洲战场所缔造的辉煌成就，乃是这种自发合作的成果。

在孙立人与艾森豪威尔会谈期间，艾森豪威尔的参谋长史密斯及葛莱、巴大维等高级将领在座作陪。最后，艾森豪威尔对孙立人说："这次请您参观欧洲战场，希望您到各处多走走，多看看，欧洲战场的盟军对您是完全开放的。"

孙立人对这次会见留下了深刻的印象，事后他在有关记述中说：

> 时兵火甫息，战迹犹存，于抵掌之余，获观摩之效，将军厚意，至可感也。窃尝思之，将军受命于危疑震撼之秋，指挥庞杂疲惫之众，而能三军用命，迅奏肤功，盖必有故。余于法兰克福小作盘桓，始知其人素养之深，有不可及者。各国会师欧陆，龃龉常兴，将军辄勒抑其本国部属，以是友军相处，终得翕如。"师贵和"，其此之谓乎？将军老成深算，统顾全局，诺曼底登陆，一举成功，直捣柏林，而历届战役，凡有建树，辄归功于当地将士，略无矜伐之意，胸怀坦荡，廓然有容，以是万众归心，乐于效命。将兵难，将将尤难；将军有之矣。

从上述论述可见，孙立人对艾森豪威尔的敬佩之情可谓溢于言表。正如艾森豪威尔所许诺的那样，欧洲各地盟军对孙立人大开绿灯。自5月29日至6月16日，孙立人先后到德国、法国、瑞士及比利时、荷兰等地的美军第十二方面军、十五集团军、九军、七军、三军、七军团、六方面军、十三伞兵师等部队考察。每到一处，受到各部队主要长官的热情接待，并陪同参观。如第七集团军司令、四星上将巴顿是孙立人在弗吉尼亚军校的学长，当孙立人到达位于阿尔卑斯山脚下柏德陶尔滋巴顿大本营时，前一日尚在前线视察部队的巴顿早已布置好接待事宜；当孙立人乘车到达离其大本营三十余公里的岔路口，等待多时的四辆摩托车郊迎开道，其参谋长亲率一连士兵在营地夹道欢迎。当日赶回大本营的巴顿又亲自接见，双方愉快地交谈，并共进午餐。饭后，巴顿与孙立人在自己的吉普车

“铁马”前合影留念。接着，巴顿又亲自驾驶座车陪同孙立人到司令部附近的德军俘虏营看俘虏做工。在第九集团军司令部，孙立人会见了军长辛普森中将、参谋长穆尔少将等人，还意外地碰见了在新三十八师当过第一任总联络官的布莱克上校。布莱克是在缅甸翻车负伤治愈后，调到第九集团军司令部工作的。战场上曾经的患难之交，在异地相逢，分外亲切。当时第九军所在地集中了在欧洲战场的大部美军，一部分退伍回国，一部分调往太平洋战区作战。该集团军临时管辖的部队达九十万人之多。鉴于部队数量太过庞大，且不断处于流动之中，所以孙立人未去参观，而是以参观在法国作战而闻名遐迩的第二装甲师为代替。该师师长怀特少将（战后曾任美国装甲兵学校校长）也久仰孙立人大名，所以对孙立人的到来非常高兴。怀特把整师装甲部队都摆了出来，请孙立人校阅。先是逐排观看整齐雄伟的钢铁堡垒群，继而举行了一个团的分列式，战车在孙立人面前隆隆驶过，场面浩大，极为壮观。

孙立人曾乘飞机俯瞰德国的齐格菲防线，并与美军将领将它与法国的马其诺防线做了比较研究；考察了美军有名的第二、五装甲师和炮兵团的装备，及机动部队坦克车辆补给中心的组织结构，听取了有关欧洲战场情报、作战、补给情况的介绍；并应邀检阅了战车分列式、步兵战斗演习、伞兵降落表演；观看了德国鲁德海森生产 V-1、V-2 飞弹的山洞兵工厂和生产喷气式飞机车间的操作情况以及被盟军缴获的大炮。在巴黎，孙立人与美军后方补给司令李约翰及其高级幕僚详细研讨了补给机构组织，并花了近两天的时间观看美军各种武器、弹药库。

当孙立人从比利时首都布鲁塞尔到巴黎的路上看到沿途堆积如山的炮弹、巴黎郊外跑马厅一望无际的装甲车，还有一地各种型号的汽车轮胎多达六十多万只，心中感触良多，认为盟军战胜德、意、日法西斯轴心国家，与美国强大的经济实力有很大关系，更坚定了强兵必先富国的认识，所以他回国后在向蒋介石汇报考察情况的材料中，痛切陈词：“为今之计，急宜提出整个建国方案，以与美国洽商，庶可按部就班，逐一实现，则国家幸甚，人民幸甚。”

在欧洲战场，孙立人还参观了法国第一集团军特种部队第四山地师、战车部队，英军第二十一方面军，加拿大第一集团军，备受各部队的欢迎。英军著名的元帅蒙哥马利及高级幕僚邀他叙餐，加拿大的克瑞拉军长与他结为好友。

6 月 17 日，应英国参谋部邀请，孙立人乘专机离开巴黎访问英国，途中巡视了盟军于 1944 年 6 月 6 日在诺曼底登陆的战地遗迹。抵达伦敦后，孙立人先拜会了中国驻英大使顾维钧，并结下了深厚的友谊。接着，孙立人访问了英国陆军部。在英国陆军部，孙立人受到了热情的接待，英国参谋总长布鲁克在办公室接见了他，代表英皇再次向孙立人颁发了“英帝国司令勋章”，以感谢孙立人在缅甸战场立下的赫赫战功以及解救英军之恩。受勋时，在旁观礼的有丘吉尔首相的军事顾问衣斯梅上将、梅德斯通中将和衣复得上校等。随后，英国陆军部设宴庆祝。20 日至 22 日，孙立人又相继参观了英国参谋大学、皇家军事学院、皇家海军学校、皇家空军学校。其间，孙立人还会晤了缅甸战场上的老友、英军第十七集团军司令斯利姆将军。

6 月 23 日，孙立人又应美国陆军参谋总长马歇尔的邀请，搭乘飞机赴美国访问。在华盛顿，孙立人先拜会了中国国民党政府驻美大使魏道明，继于 6 月 24 日至 7 月 4 日间，孙立人拜会了马歇尔上将、副参谋总长韩定上将及索穆维尔少将，参观了美国工兵学校、装甲兵学校、步兵学校和伞兵训练中心。7 月中旬，孙立人前往纽约，参观了附近的美军基地。孙立人将军同艾森豪威尔和马歇尔都是素昧平生，并且他一生中从未曲意奉承过任何外国人。孙立人完全是靠自己卓越的军事指挥天才、彪炳天下的赫赫战功，而赢得美国军政首脑和高级将领的钦敬。

之后，孙立人由纽约乘飞机飞到巴黎。两天后，循原路经意大利、希腊、埃及、开罗、印度加尔各答于月底飞返缅甸八莫。是时，新一军已由副军长贾幼慧率领，自 5 月中旬起分别乘美军飞机返回国内，大部分直接飞抵广西南宁，新三十师等一部分部队飞抵云南沾益和曲靖一带，以车运至广西西部的龙安，再步行到南宁集结；

军部直属的战车营、重炮兵团、一〇五榴弹炮营、汽车兵团和大部分辎重部队的三千多辆军车经中印公路回国，而军部直到7月7日至8日才分批离开密支那飞赴南宁。孙立人在八莫停留两天后即飞回昆明，于8月3日到达设在南宁的新一军军部。

通过欧美之行，孙立人对欧洲战场军情、民情有了一定的了解和认识。孙立人回国后，中央社记者曾采访他，他简明扼要地提出了两点感想：

第一，他觉得英美盟邦人民充满了紧张、热情的情绪，老弱妇孺都全体动员参加战时生产工作，真正做到了全面作战和全民作战的境界。他参观过一个英国营房，只是十几个女工，办理几千人的伙食，清洁整齐，有条不紊。一个英国中将告诉他说，其全家连六十五岁的老母在内，一齐都参加了战时的工作。由此看出盟国胜利不是侥幸得来的。第二，德国失败后，虽然是满目疮痍，但由于其民族性的强毅和民族意识的坚定，故能忍受一切，团结不乱，社会秩序良好；唯盟国对德管制极严，政治区域各自分离，形成无政府状态，限制人民自由行动，教育几陷于停顿，工业毁灭，交通破坏，五十年内恐无东山再起希望。

孙立人之所以赞赏欧美各国的民族团结精神，实际上是寄希望于国民党政府能发动民众，团结一心，共同抗日，建设国家。因军务繁忙，孙立人回国后直到11月19日才乘飞机由广州到重庆，向蒋介石汇报欧美之行，呈递《国防形势报告书》。尽管孙立人在出国前和回国后尽量不谈欧洲之行，但军统组织无孔不入，在欧洲各国都有其耳目。艾森豪威尔等人接待孙立人的规格和礼遇，根本逃避不过他们的视线，招致蒋介石妒火中烧、内心不快。再加上事前美国军方不经过国民党军事领导机构而径自向孙立人本人发出邀请，已惹恼了蒋介石，其嫡系将领更是眼红，心生妒忌，从中刁难。据蒋介石的嫡系将领、孙立人在驻印军时的上级郑洞国回忆：“蒋先生对此事曾大为不快，但考虑到同美国人的关系，一时对他也无可奈何。”

广州受降

新一军回国后，配属第二方面军，归张发奎指挥。而新一军接到第二方面军司令部的第一个战斗任务，就是向雷州半岛的日军进攻。

当时，反对日本法西斯的战争进程大大加快。1945 年 7 月 26 日，美、英、中三国发表《波茨坦公告》，敦促日本无条件投降。8 月 8 日，苏联对日宣战，苏联红军百万雄师分四路突入中苏边界，侵占中国东北多年的号称“皇军之花”的关东军面临灭顶之灾。8 月 6 日、9 日，美国向日本的广岛、长崎先后投掷两枚原子弹，并对日本本土进行猛烈轰炸。与此同时，中国解放区各战场向日本帝国主义发起总反攻。经过 1945 年夏季攻势，中国共产党领导下的八路军、新四军及华南抗日武装，主力军已发展到一百余万，民兵二百余万，十九个抗日解放区，总面积约一百万平方公里，人口超过一亿。日军占领的大中城市及其之间的交通线及沿海地区，大都处在八路军、新四军及华南抗日武装的战略包围之中。8 月 9 日，毛泽东发表《对日寇的最后一战》，号召中国人民的一切力量举行全国规模的反攻。自此，日本已经难逃失败的命运。

孙立人回到南方军部时，新一军主力新三十八师已于 8 月初奉张发奎的命令由南宁向玉林、梧州地区推进，支援韩练成的第四十六军对雷州半岛的攻击战，希望取得广州湾海口，以接应美军从海上供应的物资，而后沿西江向广州攻击前进，作为攻击广州正面的主力部队。8 月 3 日，孙立人回到军部的当天即下达命令，令新三十师到南宁后，即向贵县及其附近集中。第五十师立即把南宁的警戒任务交给第五十四军接替，于 8 月 6 日，开始沿邕贵、贵县、兴业公路向兴业桥圩间集中。军部于 8 月 5 日，即开始向玉林推进。

其时，广西境内暴雨不断，公路被大水冲毁，沿途大小桥梁，不是被破坏，就是被大水冲断，新三十八师行军严重受阻。通过的大小河川多须徒步涉水而行，然而新三十八师克服了给养不足、道路受阻等困难，如期赶到玉林。而位于广西西部百色地区的新三十师情况则更糟，不但部队在行进中被大水所困扰，而且补给也十分困难。第五十师也遇到同样的困境，从玉林到石角的道路也已被彻底破坏。孙立人一面呈请方面军司令部转饬各县组织民工抢修道路，一面令新三十八师做好道路阻塞及补给不济的思想准备。8 月 23 日，新三十八师离开玉林向陆川、廉江方向进发。

8 月 15 日，日本宣布无条件投降，消息一经传开，举国一片欢腾。在抗日战争中，国民党政府和蒋介石在国内采取了消极抗日，积极反共的政策，力求保存实力，企图在抗战胜利时独吞胜利果实。8 月 10 日，日本表示接受《波茨坦公告》，这一消息大大出乎蒋介石的意料。此时，蒋介石的主力部队尚集中驻扎在西北、西南后方，离需要抢占的战略要点广州、长沙、武汉、南昌、南京、上海、北平、天津、石家庄等甚远。在此情况下，蒋介石一面令日军“维持秩序”，等待国民党军队到达，一面令国民党军队“积极推进，勿稍松懈”，一面令共产党领导的抗日军队“就地驻防待命”，不得向敌伪“擅自行动”。蒋介石还得到美军的允诺，将帮助国民党军队从空中、陆上、海上加速向各战略要点推进。其时，共产党领导的广东抗日武装已向广九路沿线和沿海敌伪发动了进攻。16 日，张发奎奉命接受广州地区日军投降，令孙立人率部集结于广西玉林、贵县等地区，由西江水陆两路兼程向广州前进。

8 月 17 日，孙立人奉命指挥新一军和由粤汉路南下的第三方面军汤恩伯部第十三军第八十九师经梧州、三水向广州推进，并负责接收广州、粤汉铁路广（州）韶（关）段、广（州）三（水）铁路、广（州）九（龙）铁路沿线地区。当时在广州的日军主要是第二十三军团，还有为数不少的伪军。就人数而言，新三十八师处于绝对劣势。由不足一师的兵力，要控制和维持华南第一大都市广州及其附近地区的治安，可以说是一大难题。

8 月 29 日，新一军以新三十八师为先遣队，由广西玉林出发，9 月 6 日抵广州近郊，并在沙面登陆。7 日，新三十八师开始接防，由第一一四团接收白云机场等重要部门；新三十八师师部、新一军军部先后进驻沙面；第五十师在广西贵县集中后，于9月19日到达广三铁路石围塘，由一四八、一四九团分别接收石围塘、佛山及四村、河南，对日军进行监视；第一五〇团一部配合新三十八师担任西关的防务，其主力于23日至源潭接收铁路沿线两侧地区，并负责广韶段及广三铁路的警备任务；新三十师于9月10日从广西贵县出发。17日，第八十九团抵广州接收日军防务。21日，全师抵达广州，派第八十八团接替第十三军在广九铁路沿线的防务（第十三军调往杭州、宁波负责接收任务）；第九十团于10月4日接收东莞的日军防务。至此，孙立人部完成接收广州地区的任务。

孙立人率部进驻广州后，奉命统一指挥所有驻广州的军队，包括军统徐光英的别动队和日、伪军等。9月11日，孙立人命令在广州市区的日、伪军一律撤出市区，并解除武装。在新一军监督下，日军集中到南石头芳村一带，伪军集中到高塘、江村。孙立人还令别动军也由市区撤往郊外太平场。广东的日军为第二十三军，原为“南支方面军”，负责对华南独立作战，军司令部驻地在沙面，属英国租界。这里还有日本正金银行以及日本几大商社的大本营。孙立人派新三十八师特务营占领沙面，对日军司令部和军事设施，以及日本金融商业机构进行全面接管，并请示张发奎，在得到张发奎的准许后，将驻此地的日本人全部驱逐，命令他们除随身衣物及简单行李外，其他物品一律不准带走。

9月15日，广州地区受降主官张发奎率其司令部主要幕僚由南宁飞往广州，孙立人派仪仗队在白云机场迎接，并接受检阅。9月16日，在广州中山堂举行了庄严的受降仪式。仪式由张发奎上将主持。中方出席的主要代表有广东省政府主席罗卓英、广州市长陈策、新一军军长孙立人、第十三军军长石觉、第五十四军军长阙汉骞等。当他们步入中山纪念堂时，参加观礼的一百八十三名来宾均起立欢迎。代表日军投降的是“南支派遣军司令”田中久一、参谋长符田及海南岛日海军指挥官肥厚等人。田中久一由新三十八师营长钟山少校引导，自珠江南的集中营乘车抵达中山堂。就位后向张发奎鞠躬，然后在降书上签字。签字后即将其佩剑解下，双手奉呈张发奎，再鞠躬，然后再由钟山引导，黯然离场。

本来，在广州受降的日军还包括其驻香港的部队。但长期侵占香港的英国政府置接受日军全面投降的盟军最高司令官麦克阿瑟发布的“凡在中华民国（满洲除外）、越南北纬十六度以北之日军均应向蒋委员长投降”第一号受降令于不顾，在受降权问题上强词夺理，硬说英国对香港享有主权，香港日军应由英国受降。蒋介石政府据理与英国人交涉，国民党陆军总司令部明令张发奎指挥第十三军接收香港。孙立人与张发奎及广大官兵对此异常兴奋，以为香港从此能回归祖国，可以洗雪国人蒙受一个世纪的奇耻大辱。但是，由于在香港问题上美国政府转而支持英国，蒋介石政府被迫妥协退让。孙立人对此大不以为然，认为在广州地区的中国军队较在香港登陆的英军占绝对优势，占领香港易如反掌。于是，孙立人向蒋介石提出趁机收复香港岛和九龙的秘密报告，但未能获得蒋介石的同意。结果，英国人接受了驻港日军的投降，全面恢复了对香港的殖民统治。

抗战期间，许多青年学生出于爱国热情，响应蒋经国先生“百万青年百万兵”的号召，弃学从戎。在新一军中，初中毕业以上学历的从军青年学生也数以千计，其中还包括大画家徐悲鸿先生之子徐伯阳等一些名人子弟。经过孙立人的冶铸、战火的考验，都变得意志坚强，坚忍不拔。抗日战争胜利结束后，国共两党领导人在重庆开始了和平谈判，但蒋介石早在5月召开的国民党第六次全国大会上公开叫嚣消灭共产党。一向不问政治的孙立人内心盼望国内实现和平，进行国家建设。本着爱国的初衷，孙立人认为没有必要让青年学生们再留在军中，应当让他们回到学校继续深造，为国蓄才，所以毅然让军中知识青年整批退伍。

香港“沦落”英国之手已是让孙立人悲愤不已，而耳闻目睹国民党对沦陷区的大肆“劫收”，孙立人更是备感忧心。当时，进入广州的除孙立人部外，还有国民党中央接收大员，如军政部部长陈诚派莫与硕为军政部华南接收特派员，并面命张发奎应将广东地区日军所属一切军用物资（包括军队装备）全部由莫接收。因日本“南支方面军”直接掌握了华南的军用物资，以及航空、海军、铁道、交通、通信各种器材及维修工厂等，国民党政府的经济部、农林部、交通部、教育部、社会部、海军部及中央银行等各部门纷纷派来接收特派员，宋美龄、陈立夫也分别以航空委员会、国民党中央党部的名义派员接收。军统别动队徐光英部和地下工作头目陈劲凡等，更是捷足先登，乘新一军未到达之时，大肆活动，到处标封房屋，抢劫物资，敲诈勒索，无所不为。各路接收人员你争我夺，纷纷将日伪物资和人民财产攫为己有，闹得乌烟瘴气。结果“接收”成了“劫收”，弄得民怨沸腾。孙立人作为镇守广州的最高指挥官，除了将日军武器装备充实自己的军队外，所部较少有搜刮民财行为。如他派军接收沙面时，将“日本人搜刮中国的财物，集中清点，列册后，均呈缴张发奎的长官部处理”。对于国民党党军政人员的贪污腐败行为，孙立人内心非常不满，曾当着新一军教导队学员的面，加以痛骂。

为了让人们记住抗日战争的胜利来之不易，祭奠在缅甸抗日战场为国捐躯的烈士英灵，1945 年 11 月，孙立人效法巴顿将军，征集日本战俘三千人赎罪修建新一军印缅抗日阵亡将士公墓和纪念塔。孙立人亲自选择白云山脚马头岗为墓址，派新三十八师工兵营监修，历时十个月方完工。公墓由门楼、两座记功亭、纪念塔三部分组成。门额顶上的“陆军新编第一军印缅抗日阵亡将士公墓”与两侧“顶天立地”“震古烁今”和记功亭正面的“勋留炎徼”匾额均是蒋介石所题。纪念塔上的“陆军新编第一军印缅抗日阵亡将士纪念塔”和纪功亭后面的“浩气长存”均是孙立人所题。纪念塔下还有两尊头戴钢盔、手握冲锋枪的新一军士兵塑像。纪念塔的左、右、后三面墙面上刻有两万余名抗战阵亡将士的名字。塔顶是用炮弹壳熔铸的一只展翅铜鹰。墓座台上耸立四条方形石柱，高达二十多米，四面看去呈 V 字形，象征胜利。此塔是孙立人亲自设计。据孙立人自己解释，四根方柱代表新一军的军训“义、勇、忠、诚”。在纪念塔落成时，孙立人写道：“余忝长军寄，于奏凯归来，招魂随旆，同返中原，永享春秋，长安窀穸。募工始于三十四年（1945）11月5日，落成于三十六年（1947）9月6日，追忆患难之情，思英灵而何极，悠悠天地，可与垂愿。”同时，孙立人还撰写了墓志铭，并在塔旁摄影留念。铭文上写着：“蕞尔岛夷，入寇邻邦；我军衔命，长征遐荒。同心一德，挞伐用张；备历艰险，收复缅疆。浩然正气，声威远扬；大哉成仁，万古流芳。黄花岗畔，白云山阳，义勇忠诚，八极永彰。”铭文所记录的是新一军远征缅甸、抗日杀敌的光荣历史，“收复缅疆”的辉煌战绩，万千将士壮烈成仁的献身精神。

孙立人所建的阵亡将士纪念碑的费用，完全是新一军全体官兵自愿捐献凑足的，未动用国民党政府一分钱。这一点也充分体现了新一军袍泽间手足情深、生死与共的精神，确实难能可贵。孙立人提倡的“义”与“忠”在当民族矛盾成为国内主要矛盾时，为争取民族独立而献身是其主要内涵。然而，一旦阶级矛盾代替民族矛盾在国内占了上风时，就将不自觉地转向忠于国民党政府、蒋介石，为国民党的“统一建国”而战了。就此而言，新一军印缅抗日将士纪念公墓和纪念塔的建成，标志着孙立人及新一军光荣历史的终结，成了树立于新一军将士和民众脑海中一个壮美的记忆符号。

与杜聿明的新恨旧怨

孙立人从欧洲回国，率新一军到广州接受日军第二十三军投降。嗣后，新一军在广州休整。抗日战争虽然取得了胜利，但炮火硝烟尚未散尽，内战的阴影又笼罩国内，威胁着渴望和平的中国人民。

蒋介石一直存有顽固的反共心理，眼见经过抗战后中国共产党及其武装日益强大，于是寝食难安，耿耿于怀，并引以为“新耻”（抗日为旧耻）。蒋介石在1945年9月2日的日记中写道：“但旧耻虽雪，而新耻重重，不知此耻何日可以复雪矣！今后之雪耻，乃雪新耻也。持志之。”继而，蒋介石又在9月9日的日记中感慨道：“呜呼！抗战虽胜，而革命并未成功，第三国际政策未败，共匪未清，则革命不能曰成也。勉乎哉。”并说：“党国之危机，‘九一八’以来，未有甚于今日者也。”按照蒋的本意，用战争手段迅速解决中共及其军队是最理想的，但抗战胜利后，全国人民热望和平建国，恢复元气，振兴中华。再燃内战之火，民心之向背不言自明，蒋介石对此也不得不有所顾忌。

在处理战后的国际问题上，国民党政府唯美国政府马首是瞻，企图换取美国对其发动内战的支持。而美国方面虽在抗战胜利初期，不赞成蒋介石急欲发动内战，希望在中国建立一个稳定、统一的亲美政府，但是，自史迪威与美国大使高斯相继离华，赫尔利使华后，美国对中国的政策开始向“扶蒋反共”方面转变。为把中国变成一个受美国控制的国家，美国政府一方面通过大力援助来加强国民党政府的实力，“帮助国民党把他们的权力在中国最大可能的地区里面建立起来”；另一方面，极力促成国民党同共产党谈判，让共产党交出军队和解放区，到国民党政府里面去“做官”，以实现中国在蒋介石领导下的“统一”。为此，美国政府开始公开支持国民党政府，帮助国民党政府抢夺抗日战争的胜利果实，派军舰、飞机将国民党军队运往华南、华北、东北等大中城市及战略要地，甚至践踏中国主权，派遣海军陆战队三个师十余万人先后在塘沽、秦皇岛、青岛、上海等地登陆，并派海军航空兵三个大队进驻华北，替国民党抢占战略要地和铁路交通线。但是，蒋介石立即发动全面内战的准备工作还未做好，其精锐部队大部分远在西南、西北地区，一时难以调到内战前线。在此种情况下，国民党当局戴起“和平”的假面具，三次电邀中共中央主席毛泽东赴重庆“共同商量目前各种重要问题”，与中共领导人在重庆进行谈判，企图从政治上限制共产党，诱使其交出人民军队和解放区政权，并争取时间，调兵遣将，部署内战。自 8 月 15 日至 10 月 17 日两个月内，国民党侵占了三十座解放区城市。

中国共产党对争取国内和平是有真诚愿望的，提出了和平、民主、团结的方针，毛泽东、周恩来、王若飞亲自到重庆与国民党当局谈判。可是国民党当局对谈判毫无诚意，一切提案皆由共产党提出。从8月29日至10月10日，国共双方共谈判了四十三天。其间，毛泽东与蒋介石多次见面，直接会话，最后双方正式签署了《政府与中共代表会谈纪要》（即《双十协定》）。国民党被迫承认了和平、团结的方针和召开政治协商会议。但国民党当局念念不忘要求共产党交出政权、军队，始终不放弃武力解决的打算。

国民党在同共产党举行和平谈判的同时，调兵遣将，积极部署对解放区的进攻。10月17日新华社统计，自日本投降后，国民党军夺走中共占领的城市三十一座。共产党一面忠实履行协议，撤出苏南、浙江、皖南、湖南等地的人民军队；一面保持警惕，坚决捍卫人民的抗战胜利果实，于10月中、下旬，在平绥、津浦、平汉（邯郸）战役中，歼灭来犯的国民党军十一万人，迟滞了他们深入华北、进兵东北的行动。这样一来，国民党不仅政治上输理，而且军事上输兵，不得不接受中共提出的无条件停战的建议和美国总统驻华特使马歇尔的调停，于1946年1月10日与中共达成协议，签订了停战协定，并于同日下达了1月13日起生效的停战令。

毫无疑问，一心一意发动内战的蒋介石只是以此作为缓兵之计。蒋介石早在停战令发布的前三天，即1月7日，便发布了“我军应于停战令未下达前，占领有利地点”的密令。虽然马歇尔认为国民党政府需要美国的调解，作为他的军事行动的盾牌，但在停战问题上，马歇尔决定性地支持了国民党的立场，即以接收主权为借口，坚持东北地区不在停战范围之内，并承诺“美国将国民党军运往满洲的责任”。在这一背景下，新一军、新六军、第七十一军等精锐部队被美蒋共同驱赶到东北战场。

孙立人率新一军驻广东期间，继续以美国军械装备部队进行整训，装备及兵力名列国民党军拥有的十三个美械军之首，有“天下第一军”之称。因此，孙立人受到陆军总司令何应钦、宋子文的器重。当时，有中、美、苏三国派军队赴日本作盟国占领军之议，孙立人为使新一军参加占领军而积极奔走，派军参谋长史说到重庆与国民党军事委员会接洽赴日事宜。1946年元旦清晨，孙立人奉何应钦的电令，偕衣复得上校乘飞机到南京，参加中国军事代表团，随团长商震等赴伦敦出席联合国安全理事会军事参谋团会议。这个军事参谋团是根据联合国宪章第四十七条的规定，由安理会的中、美、英、法、苏五个常任理事国的参谋总长或其代表组成，旨在对安理会维持国际和平及安全的军事需要问题，对受该会所支配的联合国军组成、使用及统率问题，以及对现有军备的管制及可能的军备缩减等问题，提供参考意见。本来何应钦任军事参谋团中国代表团团长，同时兼中国驻美军事代表团团长，因何忙于国内事务，才改由商震代理。为了加强同美国政府的联系，争取美国对国民党政府的军事和经济援助，何应钦选中了自己欣赏又受美国人信任的孙立人为代表团主要成员。军事参谋团初期会议在伦敦召开，1946 年 2 月下旬，因联合国安理会移设纽约，孙立人又随中国代表团迁到美国。孙立人本想利用会议讨论对日本占领军的分配，实现率部赴日的愿望，因蒋介石急于发动内战，兵力不敷分配，令何应钦将全部美械装备的精锐部队投入反共第一线，致使孙立人率部协助美军占领日本的计划化作泡影。

为了让新一军将士替国民党集团火中取栗，蒋介石千方百计地笼络他们。1946 年元旦，蒋介石授予孙立人“胜利勋章”，并在孙立人赴美国后，令广州行营主任张发奎检阅新一军。1 月 30 日，陆军总司令何应钦电饬新一军于 2 月 10 日前集结九龙，准备开赴东北。港英当局之所以让新一军过境，这是国民党当局与英国在收复香港主权谈判中妥协退让后达成的一笔肮脏交易。在新一军开拔前，蒋介石还让张发奎代他向新一军颁授荣誉锦旗一面，进行鼓劲打气，同时对新一军开赴东北的任务秘而不宣。据当时任新一军军医处处长、临时驻香港办事处负责人薛庆煌在回忆录中记载：

> 那时，在国民党的消息封锁、新闻检查下，我和军部同人根本就不知道苏联红军已击败日本关东军，更不知道东北野战军已经收复了北满大片国土，可能连代理新一军军长职务的贾幼慧，也不知道奉调东北去的真实任务。

因为部队离开广州之前，军部没有召开过军事会议，没有军事动员和战斗准备，犹如寻常调防，都兴高采烈地离开广州，走得非常轻松。孰料一进入东北，新一军就被拖入一场全国人民都不愿看到的内战。

在这种情况下，新一军在代军长贾幼慧的率领下，在美国第七舰队的运送下，陆续在葫芦岛登陆，转乘火车到达锦州一带，于3月中旬左右抵达沈阳外围。然而，新一军官兵一到东北就发现，那里的情形并不像国民党当局所宣传的那样。

东北三省是个特殊的地区。自“九一八”事变后，国民党在东北便没有武装力量存在了。由于东北拥有丰富的物产和完整的工业体系，国共双方均想占据这一战略要地。抗日战争胜利前夕，中共中央最高领导层即认识到占领东北在今后与国民党斗争中的重要作用，故而日本投降后迅速派彭真、林彪等军政首脑带大批干部前往东北地区开展工作，后又从山东等地抽调十几万主力部队开往东北。在整个东北地区，共产党军队组成了近三十万人的“东北民主联军”。而国民党的决策则比共产党稍稍慢了一点。1945年7月《中苏友好条约》商订期间，双方就苏军出兵东北对日作战后东北权力如何行使问题，商订《关于中苏此次共同对日作战苏联军队进入中国东三省后苏联军总司令与中国行政当局关系的协定》，其中规定，中国行政人员将空运东北，在业已收复的领土内依照中国法律设立行政机构并指挥之，并树立中国军队（国民党正规军及非正规军）与苏联军队之间的合作。所以苏联出兵东北前，国民党方面没有采取什么具体措施。苏联红军8月8日对日宣战，8月14日日本投降。鉴于国民政府与苏军订有权力移交的协议，所以直到9月1日，国民政府才正式任命熊式辉为东北行营主任，10月18日任命杜聿明为东北保安司令长官。

苏军于1946年3月13日撤出沈阳，国民党第五十二军随即进占。中苏双方本来约定，苏军在日本投降后三个星期开始撤军，至迟不得超过三个月。但因美海军陆战队于日本投降后在青岛、天津登陆，延缓其撤军日期，至1945年底仍未撤军。后经中苏双方协议，延至1946年2月1日撤军。此时，苏联为抵抗美国独占中国，对中共态度有所改变，允许中共军队进驻东北，并把缴获的日军武器送给东北民主联军，同时对民主联军进占四平、长春等城市予以一定的帮助。所以当国民党军队进占沈阳时，东北民主联军已经接收了东北中、北部主要城市。

苏军撤离东北后，国民党军在东北逐渐扩充兵力至六个军十八个师。随即，国民党东北保安司令长官杜聿明令各部队向东北民主联军占领的地区进攻，决定在东北放手大打一场，命令第五十二军攻抚顺，新六军等攻辽阳、鞍山、海城、营口，第七十一军攻康平、法库，新一军沿中长铁路两侧北犯。

在东北的国共军队，都是双方的主力。自十年内战停止以来，国共双方主力还没有发生过重大战斗。因此，国共两军在东北的斗争，不仅是争夺战略要地，而且是双方主力战斗力的显示。蒋介石占有东北的决心很大，不仅调其主力入东北，而且极力劝美国支持他尽快占领东北，不要重蹈“九一八”对日妥协的覆辙。蒋介石对马歇尔说：

> 当时美英对日能稍用压力，表示积极行动，则日本当不至如此猖獗，战祸自可消除矣。今日俄、共在东北之形势，亦复如是。此时共产党既非空言所能制止，唯有准备实力，积极行动——协助我政府并示其决心，则俄、共皆将慑服。否则美国在东亚领导之声望决难维持，而第三次大战亦必以此为起因矣。

3月18日，新一军开始北犯，于22日攻占铁岭。蒋介石闻讯后，不顾国、共、美三方人员组成的军事三人小组于23日达成的《东北停战协定》，依然命令新一军在东北停战协定生效前拿下四平。4月1日，蒋介石还在国民参政会上发誓，不夺下四平，不停止战争；不打到长春，不商谈和平。于此，东北行营主任熊式辉和代理东北保安司令长官郑洞国决定，派副司令长官梁华盛到中长铁路前线上的铁岭设指挥所，督率新一军和第七十一军主力进攻四平。

3月底4月初，冰雪消融，辽北地区道路泥泞，新一军和第七十一军的美械装备、车炮转运不便，行动迟缓。加上受到东北民主联军第三师第十旅利用铁岭以南的有利地形顽强抗击，直到4月4日，新一军和第七十一军在付出了惨重的代价后才占领昌图、法库。接着，新一军“数次由昌图北犯，均遭解放军猛烈的反击，打得新一军垂头丧气，伤亡两千多人，局势岌岌可危”。由于未能在蒋介石规定的4月2日前完成占领四平的任务，且第七十一军损失了第八十七师，两军主官都受到蒋介石的严厉斥责。

4月18日，新一军分三路冒雨在空军和大炮掩护下进攻四平。中共中央考虑到这是国共两军主力的第一次会战，不仅关系到和谈的前途，也关系到和平后的双方态势。因此，从政治全局的角度出发，采取了一个不符合局部战场利益，也不符合中共领导的军队作战常规的战役部署，即决心死守四平，以阵地防御，粉碎国民党军队占领四平、长春的目的，从而迫使蒋介石接受和平。4月下旬，中共中央曾四次致电四平守军，强令死守。所以，东北民主联军对四平寸土必争，拼死坚守，虽伤亡很大，却成功地保住了四平。新一军虽多次冲锋，英勇无畏，却也未能夺得半分阵地。4月26日，第七十一军与新一军在四平的进攻仍没有进展，双方在城郊形成对峙局面。杜聿明只得下令停止对四平的攻势，将进攻重点转向本溪。此时，孙立人尚在美国。

蒋介石见四平久攻不下，新一军进攻不力，曾电询杜聿明准备派人代替孙立人任军长，杜聿明认为：“孙在东北没有美国主子直接做他的靠山，在我大权独揽之下，孙也不至于再像缅甸那样不听我的命令，同时不明不白地撤换一个将领，总会引起许多非难，不如等孙回来看看他的表现再说。”于是，蒋介石接连三次给在美国华盛顿参加联合国军事参谋团会议的孙立人去电，令其火速返国。5月10日，孙立人收到电令后即乘飞机回到国内，15日到南京面谒蒋介石和军政部部长陈诚。蒋介石面谕他次日清晨即飞往东北，返回部队，迅速夺取四平。孙立人于16日飞抵沈阳，面见杜聿明。其时，杜聿明已将本溪方面的新六军第八十八师和第五十二军第一九五师调往北线，并于23日下达对四平的总攻击令：左翼兵团第七十一军攻四平以西；中央兵团新一军三个师继续从正面进攻四平；右翼兵团新六军及第八十八师迂回四平左翼，并以一部协同第一九五师向赫尔苏、公主岭进攻，协同新一军将四平的东北民主联军包围于辽河套内。企图一举击破四平东北民主联军主力，乘胜占领长春、永吉。

在新一军进攻两天依旧没有进展的情况下，孙立人于18日赶到前线，随即召集所部将领研究战况，决定改变战术，集中火力作重点突破。随后，新一军在宽阔的正面发起进攻，民主联军防线过长，处处设防，陷入被动。18日，新六军从开原迂回四平以东，在飞机、大炮、坦克的支援下，攻占四平东面咽喉要地塔子山，使民主联军的整个防线陷入被动态势。

塔子山阵地丢失后，四平防线的一翼洞开，防守四平的民主联军部队面临被合围的危险，且伤亡人数已达八千。为此，林彪将危急情况报告给东北局和中央，请求东北民主联军撤离四平。19日夜，民主联军在予敌以重大杀伤后，在夜幕掩护下迅速地撤出四平。当夜，孙立人和新一军“接收”了四平。

四平一战，对当时前景微妙的国共谈判具有决定性的影响。国民党军的局部胜利冲昏了蒋介石的头脑，蒋介石随即于5月24日乘飞机前往沈阳视察。蒋介石盲目地过高估计了自己的军事实力，下定了发动全面内战的最后决心。当时担任调停的马歇尔建议共产党军队撤出4月18日从伪满军手中夺取的长春，国民党军队停止在东北的进一步进攻，善于要两面派手段的蒋介石公开对马歇尔表示同意，并开动宣传机器对外国记者宣称不用武力进占长春，而暗地里纵容杜聿明速战速决以夺取整个东北。19日深夜，四平的枪声刚刚沉寂，杜聿明就向所辖各军下达了追击命令。杜聿明命三个兵团仍按左、中、右三路向北追击，企图迅速攻下长春、永吉（即吉林）。同时，杜聿明对孙立人和廖耀湘说，两军谁先进入长春，就奖东北流通券一百万元。

在四平的关键一战中，孙立人起的作用其实并不大，他返回部队时，四平之战已近尾声。新一军作为中央兵团，进攻四平中遇到的抵抗最重固然是事实，但新六军向四平东北方向的迂回，却是解决战斗的关键。在攻占四平后的追击中，一向用兵谨慎的孙立人不同意杜聿明的速战速决战略，并对杜聿明分配作战任务不公而不满，以致与杜聿明发生矛盾，公开冲突。

首先，孙立人对将新一军担负正面进攻四平街，并作战长达两个月以上以致造成重大伤亡而深感不满和痛心。四平会战中，东北民主联军消灭国民党军一万余人，自然新一军占大多数。所以在孙立人思想中，难免有杜聿明将新一军当炮灰以削弱它这种猜疑。

其次，孙立人奉令指挥所部沿中长路以西经怀德、长春、德惠、农安方面向松花江北要点追击前进，另以一小部经梨树方面“扫荡”辽河套内的“残敌”。杜聿明在命令中明确规定中长线不属于新一军作战区域，但又分别电告孙立人、廖耀湘：对首先进占长春的部队奖励东北流通券一百万元。而杜聿明曾两次命令中长路以东的作战地境线划归右翼新六军，同时新六军先头部队（5 月 19 日）已到赫尔苏附近，新一军无论如何迅速，也赶不到新六军之前入长春。孙立人素来重视军队的荣誉，对于将进攻东北名城长春的任务交给廖耀湘的新六军，认为是杜聿明偏袒自己旧部的表现；而对于派兵追击民主联军，孙立人认为“部队作战过久，疲劳不堪，要求停止整补”。所以，新一军占领四平后，孙立人并没有立即派出主力出击，仅派第五十师向公主岭、长春方向推进。为此，杜聿明和副司令长官郑洞国对此很有意见。随后，杜聿明与郑洞国前往四平察看，在双庙子车站召见孙立人。

孙立人一见杜聿明和郑洞国，即提出放宽追击期限，让部队进行整顿补充。杜聿明却坚持新一军主力应立即向北追击，郑洞国也从旁劝说。但孙立人认为梨树附近尚有大批东北民主联军，“扫荡”也要三五天时间，否则主力北进，后路有被切断的危险，坚持不能立即出动主力追击前进。任凭杜聿明软硬兼施，孙立人毫不理睬，仍然按兵不动，只派一部前往梨树，保护第五十师后路。

22 日，杜聿明不同孙立人打招呼，下令抵达辽河南岸的第五十师归廖耀湘指挥，继续照原令向长春、永吉等地追击。当日，中共东北局、东北民主联军总司令部决定弃守长春，并通告：“我们希望以自动撤出长春的让步，看国民党在东北是否有停止内战实现和平的诚意，并由于我们不愿使长春八十万人民及长春城市遭受战争的毁灭。”23 日，孙立人部第五十师和廖耀湘的新二十二师进占长春，新一军另一部占领怀德，新六军另一部、第七十一军分别占领东丰、辽源。而民主联军则继续退却，一直退到松花江北岸。28 日和 30 日，新一军第五十师先后占领德惠、农安，直逼松花江南岸。

南满的民主联军第四纵队为了牵制国民党军的北进，在辽南保安第一、二团的配合下，发起鞍（山）海（城）战役。当时驻守鞍山、海城、大石桥等地的为滇军第六十军一八四师，兵力分散。24 日民主联军扫清鞍山外围据点，25 日黄昏攻克鞍山，全歼国民党守军第六十军第一八四师五五一团，并击溃由辽阳增援的第五十二军二十五师一部，随后转兵围攻海城。杜聿明担心鞍山、海城一失，沈阳门户将洞开，23 日到沈阳视察的蒋介石即面临危险，赶忙叫孙立人前去解围。于是，正当孙立人率部北进时，又奉杜聿明命令将新三十八师、新三十师南调，于 5 月 26 日前集中辽阳，迅速解鞍山、海城之围。因杜聿明担心孙立人不受命，还特地面见蒋介石，请蒋对孙立人施加压力。在此情况下，孙立人率新一军主力南下，途经沈阳停留。25 日，孙立人与驻锦州的国民党第一集团军总司令孙渡一同受蒋介石接见。孙立人向蒋面陈所部连日作战，师老兵疲，而鞍山方向敌情不明，要求让所部主力休整三日。蒋介石当即应允，并命杜聿明电告海城守军死守待援。

28 日，新一军先头部队抵达辽阳，而民主联军已对海城发动进攻，于 29 日突破东城。守军第一八四师师长潘朔端素来爱国，对于深陷内战既无可奈何又义愤填膺，所以当接到杜聿明要他死守孤城的电令时，想趁机进行反内战起义。因接任一八四师师长不久，恐指挥不灵，即找副师长、参谋长、五五二团团长试探商量，做他们的思想工作，得到一致同意。经与民主联军联络，30 日黎明前，潘朔端率师部及五五二团共两千七百余人撤出海城，日行四十余公里，进入解放区析木城。同日，民主联军攻占大石桥，于大甸子、石灰窑歼灭第五五〇团。31 日，潘朔端等起义将领联名向全国发出通电，宣告反内战起义，于 6 月初加入民主联军，改编为中国民主同盟军第一军。

为挽救危局，杜聿明一面派空军轰炸第一八四师，一面督促孙立人率部加紧进攻。民主联军不与强敌对抗，主动撤出鞍山、海城、大石桥。这样，孙立人率部于 6 月初先后轻松占领了上述地点。

潘朔端率部起义给参与内战的国民党军队当头棒喝，给整个国民党军造成了不小的震撼。对此，杜聿明认为潘师之所以起义完全在于孙立人的自私自利。后来，杜聿明在回忆中说道：

> 在蒋介石到达沈阳时，鞍山、海城方面情况已非常吃紧。第一八四师以一个师分驻于鞍山、海城、大石桥、营口等地，兵力分散，处处薄弱。解放军来攻，该师师长潘朔端纷电告急。我想，在蒋介石来沈之时，使第一八四师吃亏，沈阳门户洞开，万一解放军来个奇袭，沈阳没一个正规部队，蒋介石和在沈的将领会被解放军一网打尽。乃集中数十列火车，限令新一军（欠第五师）于 5 月 26 日以前集中辽阳，迅速解鞍山、海城之围。命令下达后，我恐怕孙立人不能遵照命令，即见蒋介石说明第一八四师兵力分散，又非基本部队，万一救援不及，会影响全军士气，现已令四平街新一军星夜前往解围。我又说，如孙立人来见时，请命令他一定要遵照命令迅速去解鞍山、海城之围。蒋当时曾很郑重地对我说：“一定要新一军赶快去解第一八四师之围。”次日，蒋忽然召我去，他说：“我已允许孙立人休息三天。应令第一八四师死守待援。”我听了非常诧异，觉得老头子有些糊涂，情况这样吃紧，还要孙休息三天。便对蒋说：“这样鞍山、海城会出乱子，沈阳亦将危急。”蒋说：“不要紧，我看第一八四师守得住。”我当时

对蒋放纵孙立人贻误戎机十分不满，但亦无可奈何。只有一面令本溪之第五十二军抽调一师前往增援，一面等27日运新一军去解围。

新一军先头部队于28日到辽阳的时候，第一八四师在鞍山的一个团已情况不明，海城守军亦危在旦夕，部分阵地已被解放军突破，据说潘朔端还处分了一个官长，而孙立人仍在辽阳按兵不动。及29日，全军（欠第五十师）集中后，孙才慢吞吞地派了一个师南进到鞍山，而海城潘朔端已经起义，解放军主动撤退。到6月4日孙立人才大报“捷报”，说收复海城。这是蒋介石到沈后送的第一批礼物。

潘朔端起义后，震撼了整个国民党军。熊式辉和我以及许多将领，都认为潘的起义完全是由孙立人的自私自利见危不救而逼出来的。可是蒋介石对此却一声未响。

无论事情的真相到底如何，这一事情的发生进一步激化了杜聿明与孙立人之间的矛盾，杜聿明对孙立人的嫉恨又多了一层。

由于国民党军队在民主联军主动撤出长春后仍不断地进攻，遭到共产党和民主人士及广大人民的激烈反对。6月5日，蒋介石被迫与周恩来、马歇尔达成东北停战协议，为期十五天（不久延至30日中午），自7日中午生效，国共双方一律停战。于是，孙立人命新三十八师驻辽阳、鞍山，新三十师驻海城，进行整训。

因为停战，孙立人即酝酿复员工作，首先慨允自西南联大征调的一批青年学生退伍继续求学，其次着手创办一所清华中学。6月6日，孙立人派军部秘书谭广德为清华中学筹备处主任，开始整饬校舍。同时还与贾幼慧联系关内外留学美国的清华校友李惟果、高惜冰、夏彦儒、何永佶及谭广德等组成七人董事会，孙立人亲自任董事长，将校名确定为“私立东北清华中学”。该校办学经费主要来源于捐款，孙立人不仅带头捐款，还以董事会名义，与关内外及美国等地的清华同学联系，募集基金，聘请的校长及教师大多也是清华毕业生。筹办期间，孙立人多次到学校视察。1946年10月12日，东北清华中学正式开学。后来新一军离开鞍山后，孙立人留下工兵连看守校舍。由于学校采取“宽收严教”的办学方针，没有国民党、三青团组织活动，一心注重教学质量，受到学生家长的较好评价。鞍山解放后，该校为人民政府接管，先后更名为新华中学、鞍山第一中学。清华中学虽存在仅一年零四个月，但培养的近千名学生中许多人后来参加了革命工作，在新中国的建设中发挥了积极作用。

国民党军占领松花江以南大片地区后，第五十师虽于 6 月初渡江攻进陶赖昭，但由于战线延长，兵力分散，机动部队锐减，已无力渡江与民主联军决战，形成双方隔江对峙的局面。因驻扎长春的新六军大肆劫收物资，骚扰百姓，民怨沸腾，一封封状纸告到在庐山的蒋介石那里。为了平息舆论非议和民怨，蒋介石不得不命令杜聿明将新六军与驻扎鞍山、海城的新一军相互对调，孙立人因此被任命为第四绥靖区司令官兼长春警备司令部司令。8 月 21 日，孙立人在长春正式就职。

长春警备司令所辖范围，南迄公主岭北至松花江江畔，这一地区由新一军部队分别驻守。公主岭是长春与四平间铁路上的一个重镇，而公主岭北侧的怀德县则是屏障公主岭的一个战略要点。在怀德驻军多少的问题上，孙立人与杜聿明又有了不同的意见。杜聿明认为怀德突出于中长路北侧，在长春之西、公主岭之北，恰为一个三角的尖端，其对面广大地区均为民主联军占领。因此命令新一军派出一个团的兵力前往驻守，以震慑民主联军的袭扰，遇有民主联军主力前来攻击时，亦可就地做坚强的抵抗，以待增援部队。孙立人则认为，怀德为屏护中长铁路长春至四平段的重要据点是毫无疑问的，关键是怀德四郊没有可资布防的前哨据点，且怀德通往长春或公主岭的途中，亦缺少接应据点，一旦有警，唯有靠公主岭方面大部队的增援。同时怀德位于沙土地带，物产不足，驻扎大部队后勤供应困难。鉴于此，孙立人认为只能把怀德作为一个前哨据点，派上一排兵力即足数应用。平时站岗放哨，监视民主联军动向，小部队来袭时，可以就地抵抗，倘大部队进攻，一面且战且走，一面给公主岭、长春通风报信。后来，孙立人虽对派大部队驻守怀德有异议，但还是听从了杜聿明的命令，派新三十师第九十团驻守怀德。过了不久，东北保安司令部又认可了孙立人的意见，准其所请，将该团又调回了长春，只在怀德留下少数部队驻守。

很快，东北国共军队对峙下的暂时的和平局面被打破。随着关内国民党军队对各解放区的全面进攻不断扩大，蒋介石在谈判中要求共产党军队撤出哈尔滨、齐齐哈尔等城市没能实现，随即重拾“在遵循一条依靠藏在旷日持久的谈判的外衣下面的武力政策”，派参谋总长陈诚飞到沈阳部署新一轮的大规模进攻。陈诚、杜聿明等炮制出一个“先南后北，南攻北守”的作战方针。1946 年 12 月，杜聿明调集新一军、新六军、第五十二军、第六十军、第七十一军各一部，向临江地区进攻；同时以新六军主力扼守长春、永吉以北、松花江以南各要点，阻止东北民主联军北满部队过江南援。东北民主联军司令林彪为确保南满根据地（临江、蒙江、长白、抚松等四县），决定采取南、北密切配合，集中兵力各个歼敌的作战方针，以南打北拉、北打南拉的战法，迫使国民党军两面作战。1947 年 1 月、2 月、3 月，北满民主联军渡过松花江，向中长路两侧长春、吉林以北地区展开攻势，包围驻九台东北其塔木、张麻子沟、浴石河等地的新三十八师一一三团和保安团一部，驻德惠、九台的第五十师一五〇团（欠一营）及保安团一部赶往救援，中了民主联军“围点打援”之计，分别被歼，其塔木失守，长春至永吉铁路受到威胁，杜聿明被迫令进攻的部队火速回援。杜聿明不甘心失败，于 1 月 30 日、2 月 16 日，先后调兵两次进犯临江。2 月 21 日，北满民主联军十二个师冒着零下四十多摄氏度的严寒，履坚冰再次越过松花江秘密南下。根据事先侦察的情报，各纵队日行六十余公里，奔袭九台东北的城子街，于 22 日拂晓将守军新三十师八十九团包围，迅速将其歼灭，然后以主力南下九台，围攻农安。孙立人这才得到报告，但一时无法支援，结果农安、九台相继失守。不久，孙立人又接到德惠城内第五十师的求援电，即率新一军主力前往驰援；同时，杜聿明急调进攻南满的第七十二军驰援德惠，并电告潘裕昆率五十师死守。29 日，民主联军第六纵队在两个炮兵团的协助下围攻德惠，由于缺乏作战经验，步炮不协调，所以久攻不下，见国民党大部队来援，即于3月初撤围退回江北，德惠解围。孙立人率部继续北进，占领了秀水甸子、五棵树、五家站，直抵松花江边，与占领靠山屯后北上的第七十一军会合，即奉命将中长路以西要地五家站、农安等防务移交给第七十一军。

蒋介石得到杜聿明“德惠大捷”的假消息，欣喜万状，竟直接命令孙立人、陈明仁分别率新一军、七十一军渡过松花江追击。孙立人与陈明仁即遵令指挥所部过江，岂料杜聿明来电话要求迅速回防，孙、陈二人只得同意撤退。

正当孙、陈二部回防立足未稳时，北满民主联军杀了个“回马枪”，于3月8日击溃尾追的国民党保安队，迫使其逃回江南。联军主力乘机第三次越江南下，跟踪追击孙、陈两部。其中二纵第五师直扑五家站，继又在靠山屯捕捉住第七十一军八十八师一部，吸引该师主力和农安的八十七师来救援，然后在本纵队其他各师和一纵队协助下全歼第八十七师，击溃八十八师一部。当时，孙立人率部撤到德惠城内，自德惠回长春的杜聿明在途中遭遇迂回德惠以南的民主联军先头部队。杜聿明回到长春后，匆忙下令孙立人率主力增援农安第七十一军八十七师主力，并飞调新六军、第十三军主力火速开到长春，防止民主联军攻城；东北保安司令长官部参谋长赵家骧也下令驻守永吉的第六十军赶往农庄解围。北满民主联军采取“敌进我退”战术，将中长铁路、长春至永吉铁路破坏，撤离农庄，退回江北。4月，杜聿明第四次发起对临江的攻击，在损失一个师又一个团之后，不得不放弃“先南后北”战略，转入全线防御。

孙立人率部进入东北参与内战，是继1934年在江西“剿共”之后又一次与共产党领导的人民军队交锋，中间相距十二年。初入东北时，他对人民军队的认识只是停留在对江西共产党游击队的认识水平上，所以心理上较轻视，在屡遭惨败后，孙立人开始思考其中缘由。

3月18日，孙立人将东北国共双方军队作战情况的总结呈报蒋介石。报告关于共产党军队，孙立人列举了十条优点：一、共军在作战策略上不守地盘，可相机集结可期必胜之绝对优势兵力，打击我任何薄弱一点，使我救援莫及；二、共军情报搜索迅速确实，侦察计划完善；三、共军行军力特强，行动秘密；四、共军兵力转用灵活；五、共军作战企图能与其实力相配合；六、共军组织利用民众、民兵及地方团队，收效甚大；七、共军刻苦耐劳之精神甚强；八、共军高级指挥机关少，给予前线各指挥官很大独断专行的活动余地，战斗之失利与否，全依前线各级指挥官依据当时敌我情况、地形及天候条件自行选择，故每能不失时机，主动作战；九、共军于每一战役后，保安团等次要部队，担任第一线守备，或对我方进行扰乱作战，主力则退集大后方，实行整训补；十、共军政工人员能不计一切牺牲，深入我区，组织运用民办、民众及补给，以收军政配合之效。在总结中也提出共产党军队存在以下三个方面的缺点：一、训练甚差，不能打硬仗；二、步炮不能协同；三、共军在战车的使用上不集中，且一经受挫，即行退避。孙立人关于共军所谓“不能打硬仗”说法并不尽然，如二纵第五师进攻靠山屯的第七十一军主力，打的就是硬仗，也是北满民主联军空前的胜仗。至于第二、三两点却是实际存在的，当时民主联军领导人对此有清醒的认识并认真加以纠正，后来在攻四平的战斗中步炮、步坦充分发挥了协同进攻的效果。

但是，孙立人没有也不可能认识到中共军队胜利的根本原因在于中共军队是为正义而战，为人民而战，打的是人民战争。而国民党军队进行的战争是反人民的反革命战争，它的军心及其统治区的民心都是厌战的，这是它的致命弱点。孙立人之所以不能认识到这一点，与其所处阶级及历史环境的局限及死抱“军人不问政治”的教条有关。实际上，战争是政治的继续，战争的性质决定于战争的政治目的。中共的政治目的是打倒腐败反动独裁的蒋介石政府，建立独立民主的新中国。其根本目的是为亿万人民谋福利，帮他们翻身做主人。如东北解放区坚决贯彻中共中央于 1946 年 5 月 4 日发出的关于农民土地问题的指示，实行土地改革，使广大农民获得了土地，极大地调动了广大农民革命和生产的积极性，为革命战争提供了物力和人力支持。其战略战术有了坚实的政治基础，从而能够顺利实施。而国民党军队占领区内，大大小小的官员贪污受贿，敲诈勒索，鱼肉人民，无恶不作。官场上派系争斗，尔虞我诈。连当时任东北保安司令长官部副司令长官的郑洞国也承认：“……更糟的是，军队中的腐败现象也更加严重了，许多高级将领和中级军官竞相用贪污和克扣军恤赚来的钱，购置房产土地，经营私人企业，甚至还有人从事走私军火、倒卖黄金等勾当。军队的纪律日益松弛，一些部队，特别是地方武装所到之处，奸淫掳掠，无恶不作。”

在军事上，孙立人曾屡次向东北保安司令长官部进言，希望能改变现有战略，但都没有被采纳。为此，他只能寄希望于蒋介石，所以将东北战况呈报给蒋，期望能采取措施，并改变战略，以扭转东北战场上国民党军的颓势。

明升暗降，失去兵权

1947 年 3 月中旬，东北民主联军结束三下江南作战，退回江北后，国民党东北保安司令长官部召开了战役检讨会。会议一开始，杜聿明就指责孙立人在德惠解围后，没有遵照长官部指示采取进一步行动，只达成解围任务，而没有收到歼敌的效果。孙立人据理反驳。随后，杜聿明又指责孙立人违背了“作战纲要”，孙立人立刻以退席表示反对。

会后，杜聿明派参谋长赵家骧乘专机飞往南京向蒋介石报告作战情形。蒋介石是一个听不进不同意见的人，况且当时蒋介石宠爱的将领胡宗南部占领了中共中央所在地延安，他周围到处是吹呼胜利声；何况孙立人在报告中对共产党军队从公正立场予以美言，所以对于孙立人、杜聿明的争执，蒋介石选择了偏袒自己一贯宠信的嫡系将领杜聿明，于 4 月 3 日电示在长春的孙立人遵从杜聿明的作战意图。孙立人对蒋介石的回电心灰意冷，鉴于孙立人对杜聿明的指挥已失去信心，于是孙立人致电驻沈阳的杜聿明，电文大意是：

此次战役未建寸功，深负所期，呈请准辞所兼职务。同时致电国民党当局，要求赴南京当面汇报东北战场的实际情形，但迟迟不见回音。不久，当局顺水推舟，不仅免去了孙立人所兼任的长春警备司令、第四绥靖区司令，而且免去了孙立人新一军军长的职务，调任他为东北保安司令长官部副司令长官。东北保安司令长官部副司令长官之职有职无权，实属明升暗降。新一军军长改由守德惠有功的第五十师师长潘裕昆升任。潘不是税警团出身，在新一军将领中与孙立人关系较浅。孙立人的老部将们认为潘裕昆是陈诚安插在新一军中卧槽夺将的"卧槽马"，纷纷表示不服，哀叹"天下第一军气数尽矣!"孙立人离开长春前夕，新一军"蓝鹰剧团"在春城剧场演剧欢送他，上演的剧目为《风波亭》。

孙立人赴沈阳就任东北保安司令长官部副司令长官后，却连办公室都没有给他准备，只得带着随从参谋住在铁路宾馆里，无"公"可办，也无人当他是"副司令长官"。孙立人仿佛成了一个局外人，只能观望炮火连天的战场，听到一个接一个的败讯。孙立人整日坐立不安，却无法过问战事。

5 月上旬至 6 月下旬，东北民主联军发动夏季攻势，历时五十天，横扫中长铁路沈阳至长春段两侧，攻克城镇四十二座，歼灭国民党军八万人，切断了连接沈阳、四平、长春三大据点的中长铁路线，连接东北与华北的北宁线也时常被切断。孙立人的旧部新三十八师驻守拉法南面老爷岭的一一三团、新三十师驻守怀德的第九十团和保安第十七团及骑二师一部先后被民主联军歼灭。孙立人认为这些失败"完全怪杜聿明指挥不当"，尤其痛恨杜聿明没有接受自己关于怀德只能驻兵一个排的意见，结果导致第九十团团长以下一千五百余人被毙，其余被俘以及援军第七十一军参谋长和韩增栋率领的第八十八师覆灭于黑林子的巨大损失。当 6 月 25 日中央社记者访问孙立人提及此事时，他的恨意仍未消，怒形于色。6 月 16 日，孙立人赶赴南京拜谒蒋介石，通报东北战况及对杜聿明的不满。蒋介石劝孙立人少安毋躁，并向他表示不久将会另有任用。孙立人曾向蒋介石建议新一军的战力要在兵员、编制、武器以及器材方面加以补充，作战指挥应把握两点：一、不争一城一地之得失，而在消灭共军主力；二、不分散防（守）备。要求核准施行。其用意仍是表示对杜聿明的不满，要求蒋介石改变东北国民党军队的战略，但没有被蒋介石所接受。

6 月下旬，美国总统派魏德迈使团到中国，调查是否需要对中国国民党政府进一步提供军事、经济援助问题。而蒋介石既担心“1947 年夏季的美国政策是撤换他”，又渴求美国提供大量的军事、经济援助，于是指派与美国关系较深的宋子文和孙立人为使团的特别联系人和报告人，魏德迈对国民党政府的腐败、无效率、无能、裙带风、对政治犯的粗暴行为以及蒋介石、宋子文、孔祥熙、陈立夫“四大家族”大肆攫取财富，把持国家经济命脉的情形痛加申斥，断言国民党不能用武力打败共产党，要求其在政治上和经济上实施改革，美国才能考虑进一步提供援助。

这时的孙立人与美国人对待国民党政府的看法是极相似的，既不满于其日益腐败、沉疴在身，又寄希望于蒋介石接受民主改革。当然美国人是站在维护本国利益的立场上，而孙立人是站在封建“忠君”立场上的。所以，孙立人的思想是相当矛盾的，他虽不赞同共产党的政治主张，但不愿继续从事内战使生灵涂炭；孙立人对蒋介石领导的国民党集团腐朽行为深恶痛绝，却不愿急流勇退。结果他与新一军均为蒋介石所利用，被导入歧途而不能醒悟，在反共内战的旋涡中越陷越深，从民族的英雄沦落为人民的敌人。1948 年 12 月 25 日，中共公布的第一批头等战犯四十三人中，孙立人名列第三十八位。1949 年 1 月 28 日中共中央发言人要求国民党李宗仁政府必须立即逮捕一批内战罪犯，大概因为孙立人远离内战前线而没有被列入“最主要的”战犯名单。

在东北民主联军发动的夏季攻势面前，杜聿明损兵失地，加上与主要将领不和，于 1947 年 7 月 8 日离开东北，保安司令长官一职由郑洞国代理。8 月上旬，参谋总长陈诚亲自到东北挂帅，取消了保安司令长官部，作战指挥由军委会沈阳行营直接掌握。7 月中旬，孙立人亦离开沈阳回到南京，就任陆军副总司令兼陆军训练司令。孙立人在东北的时间是一年又两个月，几乎没有什么“战功”。

1947 年孙立人调离东北后不久，他的旧部新一军被分割。东北行营主任陈诚将其中的第五十师、新三十师及原军直属部队与暂五十三师编为新一军，仍由潘裕昆任军长；将新三十八师与暂五十六师、暂六十一师拼凑为新七军，由李鸿任军长。闻讯后，孙立人立即致函陈诚，希望他不要分割新一军，以保留新一军的国际影响和战斗力。但陈诚根本不理睬，并把新一军调往沈阳，让新七军守卫长春。1948 年 9 月至 11 月间，东北民主联军改成的东北人民解放军发起辽沈战役，与东北国民党军进行决战，新七军军长李鸿与新三十八师师长史说率部共三万两千余人放下武器，向人民解放军投诚；新一军全军覆没，军长潘裕昆仅以身免，随东北“剿总”总司令卫立煌乘飞机逃走，1949 年 8 月 13 日在香港与黄绍竑、龙云等四十三人发出和平通电，宣布脱离蒋介石政权，拥护共产党领导。

第八章　台北重攀高峰

黯然神伤离开东北，告别自己一手培养起来的新一军，孙立人来到台湾凤山。四载春秋，孙立人再度出发，苦练精兵，师古而不泥，学洋不迷洋。留学美国，载誉海外，孙立人受到美国人的尊敬与敬佩，与美国的不解之缘也使孙立人成为蒋美纽带。抹不掉的“美国背景”既推动了孙立人的光辉岁月，又催生了孙立人的惨淡晚年。蒋氏“落难”，孙立人伸出援手，且扶且行。他嘲蒋介石大权独揽，兔死狗烹，卸磨杀驴。剪不断的“孙蒋情缘”，既成就了孙立人的海阔天空，又导致了孙立人的囹圄之祸。

凤山练军

1947 年夏，中国人民解放军开始由战略防御转入战略进攻，国民党军队在各个战场上遭到沉重的打击，伤亡惨重，蒋家王朝处于风雨飘摇之中。为了不断补充兵力，提高部队战斗力，用以支撑国民党政权的危局，蒋介石积极筹划重新训练一支新军。在魏德迈的大力推荐下，蒋介石决定由孙立人来担当此任。

7 月中旬，孙立人接到命令，调任陆军副总司令，晋升陆军中将，兼任陆军训练司令，负责训练新军。时任陆军总司令是顾祝同。陆军总司令一职始设于抗日战争后期，蒋介石为准备反攻，在美国为其装备起三十多个美械师后，重新编组军队：军事委员会除直辖十个战区、五个行营外，另抽调主力部队编成四个方面军，另设一个防守司令部。新设陆军总司令部于昆明，1944 年 11 月委任何应钦为总司令，龙云、卫立煌为副总司令，以保卫川云贵大后方，并准备反攻作战。抗战结束后，国民政府于 1946 年 3 月改组全军统帅部，撤销抗日战争时期设立的国民政府军事委员会，成立国防部。国防部设部长一人，参谋总长一人。国防部部长为行政院成员，“负责军事政策及行政责任”，对政府负责；参谋总长主管军队，“运用所有武力，指导全盘作战”，对最高统帅负责。蒋介石先后以“国民政府主席”和“中华民国总统”身份统率陆、海、空三军。第一任国防部部长为白崇禧，以后为何应钦、徐永昌、阎锡山；第一任参谋总长为陈诚，以后为顾祝同。国防部下辖陆军、海军、空军、联合勤务四个总司令部。陆军总司令部训练司令部成立于 1947 年 7 月，孙立人是第一任司令。陆军副总司令对孙立人来说不过是个虚衔，他的实际职务即是训练司令部司令，专司组训新兵。

蒋介石之所以选择孙立人担任训练司令一职有很多原因。孙立人在抗战时期是一员战将，其战功在国民党将领中极为显赫，但孙立人在十年内战期间没有同中共军队直接交锋，对蒋介石来说，这是孙立人的一个弱点，即没有同共产党军作战的经验。蒋介石用人虽有亲疏之分，但大的方面还是用人所长。也许蒋介石考虑到孙立人的练兵经历在他军旅生涯中占重要地位，遂选择孙立人担任此职。抑或孙立人本人不愿直接参加内战，在晋谒蒋介石时，主动要求离开东北战场，避免再与杜聿明发生矛盾，同时恳请担任能发挥自己练兵之长的职务。不管是谁的考虑在先或双方均有此意，总之自此以后，孙立人便再没有领兵打仗。

孙立人接到任命的当天，立刻在南京国防部所在地左边的香灵寺成立训练司令部展开工作。孙立人会商美国顾问，草拟训练计划，调配教官，选编教材等。至于训练基地，孙立人主张放在台湾，认为台湾环境单纯，气候适宜，又不受任何外界因素影响，有利于训练。此建议得到蒋介石的同意。为进一步确定训练基地地址，孙立人派他的副司令巡察各个训练基地，听取汇报时马上就注意到凤山训练基地。是年 8 月 31 日，孙立人亲抵台湾察看，最终选定凤山镇为训练基地。

凤山位于台湾南部，高雄至屏东的铁路公路交通线上，距高雄港仅五公里，是个麻雀虽小五脏俱全的市镇。日本人统治台湾时，在凤山建有兵营和后勤基地，有大量的营舍和库房，稍加改造，便可利用。凤山的四周，有高山、深水、溪流、湖沼、稻田、密林，也有城镇村落、海岸河堤和各色各样的建筑物，适合各种教练场的设置。日本人建的射击场、教练场设施齐全，亦便于训练。

经过三个月的紧张筹备，1947 年 10 月，陆军训练司令部迁驻凤山。同时，陆军军官学校台湾军官训练班在凤山成立，孙立人自兼班主任。1948 年春，国民党陆军训练会议决定在北平、西安、沈阳、台湾、迪化、汉口、徐州七个地方成立第一至第七军官训练班，轮流训练作战部队。台湾军官训练班改为第四军官训练班。

凤山新军训练，孙立人从新一军及新三十八师调去几百名旧部作为骨干。同时，孙立人将大陆各地及在台湾招募来的青年学生编为学生总队，又分批调集各部队在编干部，编为军官总队，军官总队又分为军士、尉官、教官三队。不久又成立了女青年大队、幼年兵总队等，进行分期整训。1947 年 11 月 16 日，台湾新军训练开始。

孙立人练兵有其一贯思想，他把凤山作为实践自己的建军理想之地。孙立人认为国民党现有部队里干部的素质水准都不整齐，他的目的就是要把来自各方的官兵训练成思想一致、精神一致、动作一致、技术一致的强力部队。其中，尤其要加强官兵的体力与技术，达到加强部队的战斗意志与力量，把部队训练成为世界上第一等军队。

孙立人的新军重建教育，强调不管什么兵种，都必须在凤山基地完成步兵排的战斗教练和基本兵器的射击教练。其目的，一方面奠定了与步兵协同作战的基础，一方面养成他们个体作战的能力。对于一般非战斗的官兵，也要求学习装备保养、步枪手榴弹与其本身兵器的射击教练、班以下的基本教练、凡步兵排以下的战斗教练、刺枪、行军宿营与警戒、土木作业等课目，养成他们的自卫能力。

训练班主要训练基本动作及指挥能力。训练内容分基本教练、兵器、战术、一般课程、政治教育、夜间教育和生活教育。基本教练包括各种兵器以下的基本动作，立意在养成军人仪态，奠定战斗动作之基础。兵器训练，步兵使用的各种武器，如手枪、步枪、自动步枪、手榴弹、枪榴弹、冲锋枪、六〇和八一迫击炮等皆是，其主旨在娴熟射击动作，分机械训练、基本教练、射击预习、基本射击、战斗射击、特种射击等六个步骤实施。战术，包括步枪连、排、班、伍及步兵多人用武器排、班、组的战术原则、战斗动作和战斗勤务等。一般课程设有内务规则、陆军礼节、卫兵勤务、军法常识、统驭学、军队卫生、军队教育法、劈刺、体育等课目。体力训练包括了体育与劈刺两个课目，体育课目包括体能测验、徒手运动、机械运动、争斗运动、越野和战斗障碍超越等。根据战斗的实际需要开展了爬杆、枕木运动、持枪运动、四百米接力、五千米越野和战斗间障碍爬越等活动项目，寓军事训练于体育训练之中，在学员中用比赛的方式来提高操练的兴趣。至于劈刺，包括基本劈刺、应用劈刺、近战演习和夺枪夺刀法。

当时台湾经济很落后，部队装备很差，孙立人要求战士除了基本教练、战斗演习须全副武装外，其他不论在任何时间，皆是上身赤膊，下身红短裤，头戴斗笠，脚穿草鞋，整天在烈日下操练。不论做任何事，都要求令行禁止、整齐划一，丝毫不能马虎。

孙立人尤其重视单兵和小部队训练，对每一个士兵的基础教育、战技培养，无不十分注意。经常施行夜间教育、越野行军和实兵对抗演习，要求做到娴熟操典上的每一个动作。

孙立人整天忙于练军，不停地视察部队，不停地操练新兵，他把日程安排得紧紧的，几乎没有星期假日。为了节约时间，孙立人就搭乘火车沿站一一察看驻军，这样白天在部队活动，晚上睡到火车上，交通部门为此为他安排了一节专用车厢。

孙立人认为自己的训练方法“非常简单平常”，但要求一切训练都要从“确实”着手。在精神方面，只讲求一个“诚”字；在技术方面，只讲求一个“拙”字。所谓“诚”字，就是开诚布公，真诚相见，没有欺骗，没有虚伪，做到上下一心；所谓“拙”字，就是不投机不取巧，老老实实，平平常常，没有一点儿花样。

孙立人对部队训练要求十分严格，对每位官兵的生活起居也十分关心，经常嘘寒问暖地关怀部属。孙立人特别注意饮食卫生、个人卫生、环境卫生，他经常到营区检查，查战士的睡铺，查战士的伙食。在营区，碰上部队开饭，他就自取碗筷，与官兵蹲在一起同吃同喝。

孙立人看到训练班官兵伙食差，营养不足，就用他本人的特支费向糖厂购买大批酵母片，发给官兵每人每天一片，以补充营养，增加体力。后来特支费由五万元增至十万元，官兵每日改发一颗维生素丸，多余的特支费拿出来作为部属的急难救助金，没有一文饱入私囊。

孙立人对钱财方面向来严守分际，从不乱花一分钱，也不取一分不义之财。孙立人的收入就是每个月的薪水，都是交由总务处保管，侍从去开支记账。月终了，把收支结清，列表呈阅即可。孙立人家居生活俭朴，省吃俭用，伙食一般。但对来人十分热情，来人必留吃饭，并添上两个好菜，其实添的菜不是皮蛋，就是炒鸡蛋，再不就是咸鸭蛋，久而久之，大家都笑谓“三蛋”。

经过孙立人几年的努力，凤山训练班培养了大批军中骨干，这对改造国民党军队、提高国民党部队的战斗力，起到了一定的作用。作为一个军事干才，孙立人的才能再次得到充分的发挥和确认。其间，孙立人也逐步形成了自己的建军思想。

凡在凤山军训班受训的国民党官兵，都要修习“统驭学”，“统驭”课目由孙立人亲自讲授。讲授“统驭学”须用十几个小时，由于孙立人军务繁忙，只好将此课目集中安排在两天时间讲完。从1948年到1951年，孙立人给每期学员都讲“统驭学”，前后四年时间，听讲者达数万官兵。

所谓“统驭学”，即是一门研究如何领导指挥、带兵打仗的学问。主要内容为一般统驭和军队统驭的原理原则，平时和战时带兵作战应该注意的事项，以及部队作战应该具备的条件等。

孙立人在演讲中首先论述具有统驭能力的重要性。他说，一般人总以为有良好的装备、熟练的技术，就可以作战，殊不知精神的团结、士气的旺盛、指挥的灵活，更是打胜仗的必要条件，而这些就是统驭能力了。孙立人指出，带兵官最需要的就是统驭能力。他不相信一个人天生就有指挥才能，一个人的统驭能力更重要的是后天的训练和培养，勉励官兵刻苦训练，不断进取。孙立人反复强调，一定要严格要求，才能有用。所谓严格，是要一步不放松，要彼此互相严格要求，要随时互相检讨批评，形成严格风气。

在论述一般统驭者应有的品质时，孙立人觉得统驭力必须具备体力及精神强健、优良品德、智慧、热忱、和蔼可亲、刚正无私、技术精通、遇事果断等八项品质，并能“身体力行”，这样才能吸引得他人很自然地信仰你、崇拜你，进而甘心服从你，愿意接受你的指挥。他认为只要有吸引力，能指挥别人，使人心悦诚服，即是统驭力量，即是统驭者。

孙立人在论述军队统驭者应有的本能时，共列出十项：第一，要深切地了解群众的心理，顺着群众的心理，加以适当的领导，“带兵要带心”，而不能一味蛮横地加以驱策。第二，要有治理才能，认为一个部队长统驭部队，不仅是在于指挥作战，而是治兵带兵练兵用兵，四者都能齐备，才算是一个好的统驭者。尤其先要能治兵，然后才能带兵，才能谈到练兵与用兵。第三，要以身作则，统驭者拿精神和人格从事实上表现给部下看，以行动去教导部下，“以身教人”，统驭者向部队起着模范作用，使部下向你学习，一切都能潜移默化，感召于无形。凡事只有以身作则，才能做得通，做得快，做得好。第四，要有智谋，所谓“智”，就是“智慧”，“谋”就是“谋略”。事前详加思索，一切都能有计划有步骤地配合，一切都能依照计划按步实施而收到预期的战果。不学无术之徒，无智无谋，实不足以应付现代的战争，不足以领导现代的军队。第五，要品德好，一个军队的统驭者品德好，以德服人，这种力量是从内心发出，精诚感召，虽然视之无形，而力量却是最大。第六，要有良心血性，因为良心血性是做事的原动力，一切都能凭良心去做，一切必定能够做得很好。军队统驭者肩负着保国卫民的天职，更应当富有良心血性。第七，要志气高尚，一个健全的统驭者，在任何困难情形下，能不沮丧，不灰心，不悲观，只知立定志气，咬紧牙关，去迎接一切困难，去克服一切困难，实干苦干，奋勇迈进，以争取光明的前途。第八，要得部下信心，一个军队统驭者，平日对待部下出以至诚，不说假话，不做假事，不欺骗部下，与部下相结在心，养之有素，一切以自己之心，去忖度部卒之心，以部卒之苦乐为自己的苦乐，这样自然能取得部下的信心，而收得指挥如意之效。第九，要学术超过本职，作为部队统驭者，要随时学习、研究，力求进步，最低限度应超越其本身职位所应知者，才能胜任裕如，才能得到部下的敬佩，而信仰，而服从。部队长的学识技术都行，然后“良将手下无弱兵”。第十，要当机立断，一个部队的统驭者，要能遇事当机立断，无所迟疑，要有坚强的决心，此心既决，百折不回，唯此才能统众作战，完成计划，达成任务，而取得胜利。切不可犹豫不决，坐失良机。

孙立人在论述到军队统驭者战时应有之条件时，认为第一要沉着勇敢，一切沉着应付，不慌不忙。未出发之前沉着谨慎。既上了火线，一切身先士卒，毫不慌张、畏怯或退缩，置生死于度外。长官不沉着勇敢，就要影响士气，影响斗志，是必吃败仗的象征。第二要冷静理智，在战争进行中，局势千变万化，必得有冷静的头脑去观察，缜密的理智去分析，沉着的态度去应付，才足以勉赴事功。冷静理智，是作战的重要条件，非如此不足以作战。第三要考虑周到，在作战之前，一切要精密计划，准备周到，要考虑得无微不至，最好能集合幕僚，共同研究，听取各人的意见，以收集思广益之效，最后由部队长下定决心，决定办法。一切既经决定，就要毫不犹豫地照着计划去做。如果事先思考稍有疏忽，计划错误，不但影响到作战部队进展的困难，甚至有遭受全部被消灭的危险。第四要有坚强的战斗意志。一个统驭者在作战时，要有自信心，有旺盛的企图性，要觉得非做到不可，更要有必死的决心，不容稍有犹豫和顾忌退却，自然所战必胜了。第五要谨慎，军队统驭者，胆要大，心要细，即所谓冲锋陷阵，要勇敢，要有魄力。但处置计划，要谨慎，要细心，切不可粗鲁疏忽。临战之际，应有戒慎恐惧之心，切忌粗心浮气。第六要临机应变，战场情形，千变万化，很难预测。要想制胜，并无一定的成法可循，主要靠统驭者能在当场临机应变。第七要做到老到坚定，一切要有准备，首尾都应当顾虑周详，作战最忌“势穷力竭”，要做到万一如何，我仍有办法，这样就取得了不败的地位。第八要识大体，顾大局，作战应以大局为重，必须大局胜利，然后小部分才可以得到真的胜利。各将领如果都有了识大体、顾大局的见解，自然能够互相支援，互相救助，休戚相关，荣辱一体，这样，整个大局才能胜利。

孙立人还分别论述了军队统驭者在平时、在战时应注意的事项，如平时要对部下顾虑周到，明了部下情形，注意内务，知人善用，注意团结，加强纪律等；战时要注意部下疲劳，注意卫生，注意士气，下达命令单纯，增强部下信心等。

孙立人根据自己长年累月的练兵实际，总结出自己的练兵治军经验。在此基础上，孙立人编成了《统驭学》。《统驭学》是一部孙立人前半生的传略，也是一部孙立人个人军事生涯的真实记录。他在论述过程中，大量插入个人的经历，从少年时代到求学时期，从海州练兵到淞沪抗日，从缅甸荡寇到凯旋广州，从东北折兵到凤山练军。孙立人五十年所走过的人生路，有曲折，有艰辛，有胜利的喜悦，也有遭受打击的痛苦。孙立人将阅历中的具体事例，一件件、一桩桩地写进每章每节之中，作为论述的例证，从中可以看出孙立人成长的道路、人生的追求、成功的经验、失败的教训。其目的，如孙立人自己所说：“我此次将本身的各种阅历，不惜繁赘地告诉大家，也是愿以个人的实在经验，毫不伪饰地给大家做参证，希望有助于大家的带兵。”

《统驭学》是孙立人一本重要的军事专著，对研究孙立人的军事思想以及了解他个人的经历有一定的帮助，对了解国民党政府及国民党军队的结构、运作及其腐败的本质有一定参考价值。

当孙立人将他的训练司令部迁到台湾岛上的时候，解放军开始由内线作战转向外线作战，将战场引向了国民党统治地区，进入了全面反攻阶段。1947 年下半年，国民党军队在各地区被逼入狭小的大、中城市或战略要地，成为片片孤岛。根据这种情况，1948 年春，蒋介石由全面防御转变为分区防御，于全国设立二十个绥靖区。主要防御重点是战略要地和主要交通线，对此部署，蒋称之为“总体战”。由于蒋把主力由分散转到集中，而且重点集中到战略要地和主要交通线，最后国共决战，即在这些战略要地进行。

中共决定先在军事形势最有利、国民党军队最早被分割包围在战略要地的东北，进行辽沈战役。该战役自 1948 年 9 月开始，两个月后，中共又发动了淮海战役。到 1949 年 1 月，两大战役均以中共胜利而先后结束，蒋介石的一百万精锐部队被消灭，失败已成定局。而以李宗仁为首的桂系集团此时乘机逼蒋下台，美国政府对蒋介石的南京政府政治腐败、贪污无能深感不满，也欲让李取而代之。在这种情况下，1949 年 1 月 21 日，蒋介石被迫辞去总统职务，悄然离开南京回到老家溪口。但蒋介石是权力欲极强的人，虽辞职下野，但仍在幕后操纵局势，而他考虑的重点，是准备向台湾撤退和经营台湾之事。随着北平和平解放，平津战役结束，解放军胜利渡过长江，直趋南京、上海，蒋介石离开大陆只是个时间问题了。

1949 年 5 月 27 日，解放军解放上海。次日，蒋介石乘军舰抵台湾高雄，后转高雄寿山。蒋介石于此拟订防台计划，以舟山、马祖、金门一线为前哨，也为“反攻复国”之桥梁，确定今后以台湾防务为第一，同时考虑成立“非常委员会”和人选问题。蒋介石在寿山居住时，寝食不安，连夜多梦，情绪低沉。凤山距高雄近在咫尺，孙立人请蒋介石到凤山阅兵。蒋介石看到参加整训的部队清一色戴着斗笠，个个黝黑健壮，战技操作准确娴熟，不禁老泪纵横，因为他未曾想到全局已败的时候，孙立人还为他保有一支精锐的部队。

孙立人恭请蒋介石阅兵一事，对其军旅生涯的影响很大。蒋介石在其黄埔系将领损兵失地、屡战屡败的形势下，似乎看到了新的希冀，那就是被他“闲置”未用的孙立人。同年 9 月 21 日，孙立人被任命为东南军政长官公署副长官兼台湾防卫司令。蒋介石把防卫台湾岛的重任，放在了孙立人的肩上。同时，孙立人仍担任陆军副总司令兼陆军训练司令。

1949年，国民党军队在大陆节节败退，到1950年3月，最后一股国民党军被消灭，逃到台湾岛上的国民党残兵败将约有六十万人，而且是官多兵少。美国国务院当时认为，国民党已无希望，为避免台湾被中共解放，曾建议由联合国接管台湾，国民党军队则迁驻海南岛，但美国政府对这个建议一直未予实行。蒋介石于1950年3月"复职"，李宗仁遭到"弹劾"，避居美国。

中共方面曾决定于1950年适宜的时候，进攻台湾岛，欲一举而克之。1950年4月，海南岛解放后，中共进攻台湾的准备更加积极。到了5月至6月间，蒋介石认为解放军进攻台湾近在眼前，决心接受海南岛教训，将舟山等沿海岛屿的驻防部队主动撤回台湾。不料国际形势突变，战争风云没有降到海峡两岸，却降到朝鲜半岛。1950年6月25日，朝鲜战争爆发，朝鲜北方军队迅速占领开城、春川等处，直到距南朝鲜首都汉城四十公里外，才遭到有力的抵抗。这个消息传到台北，蒋介石不禁为之一振。6月27日，美国总统杜鲁门发表声明说，为了保卫太平洋地区安全和美国在该地区活动的部队，必须确保台湾，为此，"本人已命令美国第七舰队防止对台湾的任何攻击，并且本人已请求台湾的中国政府，停止对大陆的一切海空活动"。而中共为维护国家利益，毅然出兵朝鲜，无暇于此之后，在台湾的蒋介石，得以渡过难关，起死回生。

剪不断的美国情缘

自1923年从清华大学毕业，考取公费留美开始，孙立人与美国人结下了终生不解之缘。孙立人求学美国，美国的教育制度以及民主政治对其产生了一定的影响。回到国内，孙立人在工作中，在生活中，在自己所带的部队里，结合实际努力仿效。由于常和美国人打交道，孙立人和一些美国官员、将领私下建立了良好的友谊。在美国人的心目中，孙立人是一位"资深的将领"，是一位"英语流畅""头脑冷静""坚毅不挠而富于自信心""在战斗中具有旺盛的进取心""机敏而精力充沛"的"干练的战术家"。孙立人的学识、才能及其卓著功勋，受到美国人的钦佩和推崇。

然而，美国人对孙立人充分的信任和大力的支持，反而造成了孙立人在同辈中"鹤立鸡群"，以致遭到他们的嫉恨。更由于美国人一次煞费苦心的"换马"计划，将孙立人推入他本人最不愿意涉足的政治斗争的旋涡之中。1955 年，蒋介石以莫须有罪名剥夺了孙立人的军权，并将孙立人长期软禁起来。如此结局，原因复杂，其中不乏孙立人与美国人之间剪不断的情缘。

1948 年，国民党军队在大陆节节败退，美国人对蒋介石领导的国民党政府极端失望。美国政府的外交谋士们，认定中共不久将会完全控制中国大陆。他们不愿看到中国人民解放事业所取得的伟大胜利，更不愿看到台湾回到人民政权手里。因为美国国防部和国务院认为控制台湾对维护美国在远东地区的利益及阻止苏联向该地区的扩展，具有极重要的战略意义。1949 年 1 月，蒋介石下野。美国上届总统杜鲁门连选连任，并任命副国务卿艾奇逊接替马歇尔为国务卿。为了所谓"美国的国家利益"，美国决策当局千方百计要"把台湾从中国分离出来"。仅 1949 年一年之内，美国国家安全委员会讨论台澎问题方案达十一次之多。据有关资料及美国已解密的外交文件披露，为了执行此一政策，美国国家安全会议综合各有关方面意见，拟订出行动方案：一、美国在日本投降条件下，经国民党政府同意，进占台湾；或一旦国民党政府崩溃时，则直接采取行动，进占台湾。二、美国与国民党政府谈判，获取在台湾的治外法权及设立基地的权利。三、支持在台湾的国民党政府，承认为中国政府。四、支持由当地非共的中国人控制台湾。并尽可能运用美国的影响力，劝阻将台湾作为难民落脚地。美国决策当局在建议中强调："当中国情况发展到某种程度，使我们知道在台湾应与哪一个执政的团体接触时，则美国就寻求支持及发展一当地非共的中国政权，这个政权至少可能在台湾成为一良好的政府。"同时建议，美国应直接与当地的台湾领袖接触，以便在美国利益需要时，可利用为"台湾自治运动"的人物。

最终，美国政府采纳了第四个方案，积极寻找“当地非共的中国领袖”。为了要找到适当的人物及了解当时台湾的实际情况，美国国务卿经杜鲁门批准，派遣曾在南京美国大使馆任经济参事的莫成德以特使身份秘密赴台。

莫成德抵台后，原打算先与当时兼任台湾省主席的陈诚接触，但很快发觉陈诚是蒋介石的亲信，完全按照蒋介石的旨意办事，而绝不会听命于美国。因此，莫成德认为马上与陈诚接触是错误的。随后，莫成德考虑到孙立人，认为孙立人系美国弗吉尼亚军校毕业，不属于蒋介石的嫡系，不为蒋介石所信任，而孙立人对美国则始终抱有好感。于是莫成德向艾奇逊建议，设法要代总统李宗仁撤换陈诚，转以孙立人取而代之。艾奇逊认为孙立人缺乏实行在台湾进行政治及经济改革的行政经验，如果李宗仁撤换陈诚，势必触怒蒋介石与陈诚，他们一定会加以阻挠。于是，莫成德也很难保证李宗仁同意撤换陈诚。

莫成德一再坚持孙立人是合适人选，莫成德电复艾奇逊：“我们所需要者，乃一干练笃实之人，不必听蒋介石之指挥，亦不必听从李宗仁联合政府之命令，而专为台湾谋福利。孙氏经验，或有未足，但其他条件，却甚相合。”在莫成德的坚持下，艾奇逊决定接受莫成德的建议，并指示莫成德和美国驻华大使司徒雷登相商，由司徒雷登以大使身份去向李宗仁提出指派孙立人为台湾省主席。司徒雷登与李宗仁交谈，李宗仁坦率地告诉司徒雷登，他并没有撤换台湾省主席的权力，蒋介石虽已下野，但仍在操纵一切。鉴于此，此事只得搁浅。

是时美国计划“换马”。国务院政府计划处主任凯南在所提之第五十三号密件六、七项中云：“邀请孙立人将军参加占领军的新政权。如他肯接受此任，则我们分化中国驻台军队之工作，即告成功。通知蒋委员长，如他愿留台湾，当以政治避难者身份相待。”

同年 4 月，为了做好孙立人的工作，时为盟军驻日最高统帅麦克阿瑟邀约孙立人去东京“晤谈要公”，并派专机来接。孙立人到日本后，麦克阿瑟盛情以待，将孙立人安排在自己的公馆内住下。麦克阿瑟对孙立人说："大陆快要失陷，国民政府势必垮台，美国已对它不存多大希望。但美国不能让台湾这艘不沉的航空母舰为中共夺去，所以有意要请孙将军负起保台的责任，而由美国全力支持，要钱给钱，要枪给枪。"

孙立人是当时国民党军队中唯一留美出身的高级将领，在缅甸战役中与美国有过良好的合作，到欧洲战场巡察时受到过艾森豪威尔和巴顿的礼遇，时任台湾防卫司令，手握"重兵"，与美国人要求的条件甚相符合，美国人选中他也在情理之中。可孙立人对蒋介石并无二心，态度明朗。对于麦克阿瑟的邀请，孙立人请那时正在台北养病的陈诚代他请示退隐溪口的蒋介石，得知蒋介石同意后，孙立人方才接受邀请；回台后，孙立人又将访日三天之内容向蒋介石、陈诚做了汇报。孙立人在日答复麦克阿瑟，他忠于蒋总统，不会临难背弃，他将请示于蒋，在蒋指导下挑起保台重担。与此同时，美国大使馆陆军上校武官巴瑞特曾至台北孙立人府邸进行长时间密谈。三天后，悻悻离开。

孙立人受其父亲的庭训影响很深，"四书""五经"、《曾文正公家书》是必读之物。孙立人曾说过："曾国藩是忠于朝廷的人，他何尝不知西太后的任性与皇室的衰败？但曾国藩以清朝社稷为重，尽力而为。"孙立人效法曾国藩，认为蒋介石既是一位在位的"领袖"，他也就应在他的领导下尽力而为，他决不会去做推翻蒋介石的事。孙立人亲近美国，却不迷信美国，也从不一味地讨好美国。孙立人曾公开说过："如果属于组织及管理的统驭人才，也仰仗外国人，就等于丧失国家主权，不能独立自己了。""须知技术方面，可以借用外才，而管理治理，则绝不能委托他人，因为这是有关国家主权的。"

陈诚向蒋介石汇报孙立人去日本之事后，蒋介石不但继续用孙立人，而且官升一级。由此可见，蒋介石对于孙立人还是信任的。然而，孙立人明知美国有拉拢之意，却不知回避，认为自己对蒋无二心，就我行我素。美军顾问团来台后，孙立人与团长蔡斯等关系密切，除公事往来外，私下还有交谊活动，在一些问题上观点一致。

蒋介石是个多疑的人，想到美国人曾拉拢过孙立人，如今又见孙立人与美国顾问团来来往往，不禁有芒刺在背之感，很不舒服。由此，也酿造了孙立人日后的悲剧。

理还乱的蒋氏恩怨

1928 年，孙立人从美国回到国内，所谋得的第一个职务是国民党中央党务学校学生大队上尉队长，他所遇到的第一个上司就是该校校长蒋介石。年轻的孙立人胸怀报国之志，感到蒋介石“还有一点国家民族的思想”。因此，孙立人决定追随蒋介石。由于孙立人工作积极，训练刻苦，严格要求自己，并在工作中显露出一定的军事才能和组织才能，很快得到蒋介石的信任。

然而，孙立人并非蒋介石的嫡系，因此，经常受到蒋介石的“天子门生”们的排挤和打击。每当遇到这种情况，蒋介石总是站在他的亲信一边。对于蒋介石的“门户之见”及其嫡系的打压，孙立人也是耿耿于怀，常常流露出不满情绪。但是苦于自己的力量不足，孙立人也只能自认倒霉。对于回国以来所受的种种困难、阻挠，甚至莫名的歧视与侮辱，孙立人也只能表示“要忍辱负重，要打落牙齿向肚内吞。一切都能强忍”。孙立人执着于中国传统伦理精神的人生态度，崇尚封建社会所谓“忠孝节义”，对蒋介石始终抱着尽忠的思想。

1949 年 1 月，蒋介石下野，为自己的退路做打算，做好了退居台湾的准备，但又不知在台握有兵权的孙立人什么态度。因此，4 月初，蒋介石由蒋经国出面致函孙立人，表示问候：“……仰先生功垂国史，威重河岳，匡时之策，早存成竹。企望长城，不胜景慕。……”蒋介石对孙立人的颂扬之词，可谓无以复加。

5 月下旬，国民党军从上海撤退，蒋介石以在野之身从宁波溪口坐招商局船到台湾，当时陈诚负责东南行政长官公署，蒋介石原计划在台湾北部上岸，由船上发出电报。然而，在蒋介石给陈诚电报后四十八小时，仍未见陈诚回电。一向只知疑人不用，不知用人不疑的蒋介石，开始怀疑陈诚的忠诚度，立即令船改变方向，到高雄西子湾上岸，打算在寿山住几日。孙立人闻讯至港口迎接，狼狈不堪的蒋介石一走下军舰见到孙立人十分激动。随即，孙立人安排蒋介石住在高雄的西子湾别墅。这一期间，孙立人早晚侍奉在蒋介石的左右，陪蒋介石巡视营区，互相交谈，十分亲密。孙立人请蒋介石到凤山阅兵，蒋介石欣然前往。当蒋介石站在司令台上，看到操练整齐的新军，激动得热泪盈眶。随后，蒋介石对新军发表讲话。蒋介石在讲话时，孙立人侍立一旁，有如晚辈侍奉长者那般尊敬，处处表现出对蒋介石的敬爱与忠诚。

11 月 29 日，飞往重庆企图阻止人民解放军入川的蒋介石，让蒋经国致电孙立人，告之重庆危急。第二天，山城重庆即被人民解放军占领，蒋介石犹如丧家之犬，匆忙逃至成都。即在此时，孙立人复电蒋经国，请蒋介石退至台湾。12 月 4 日，蒋经国回电致谢。旋即，蒋介石飞到凤山，与孙立人见面商谈到台事宜。12 月 10 日，蒋介石从成都机场搭机径飞台湾，永别大陆。在蒋介石飞抵台湾前三日，所谓的国民党“中央政府”也从大陆迁至台湾台北。1950 年 3 月 1 日，蒋介石从幕后重新走上前台。2 月间，孙立人在陆军全军官兵代表大会上发表演说，表明支持蒋介石复行视事。3 月，孙立人又上书蒋介石表示忠诚。

在蒋介石顺利来到台湾并重掌国民党最高领导权的过程中，孙立人功不可没。为了表示对孙立人的感谢和信任，同时感到别无选择地需要美国政府支持，而孙立人在国际间所建立的声望，是与美国人打交道争取美援的一张“王牌”，所以当美国提出要吴国祯负责行政方面，孙立人负责军事方面的要求时，蒋介石便让陈诚辞去“台湾省主席”的职务，安排吴国祯任“台湾省主席”。接着，蒋介石又任命孙立人为“陆军总司令”，同时仍兼任“陆军训练司令”，负责统一整训所有逃到台湾的陆军部队。随即改“台湾防卫司令部”为“台湾防卫总司令部”，仍由孙立人兼“总司令”。但是，对于自己当上“总司令”，孙立人并不开心。孙立人心中十分清楚，自己之所以就任“总司令”一职，并非蒋介石对自身才能的肯定和相信，而是出自美国在背后的支持。1951 年 5 月，孙立人晋升为二级上将，其个人军旅生涯至此达到顶点。时年，孙立人五十二岁。

蒋介石一面委孙立人以重任，另一方面对他也不十分放心。一则孙立人毕竟不是自己的门生；再则美国人对孙立人的器重、偏爱，始终是蒋介石的一块心病。蒋氏父子对孙立人的一举一动都给予特别“关照”，孙立人的言行始终在严密监控之中。例如，孙立人与“外交部长”叶公超、美“驻华”大使兰钦，以及美军顾问团团长蔡斯关系密切，他们结伴上山打猎时，特务人员总是尾随其后。1950 年间，杜鲁门派无任所大使杰赛普到台湾，叶公超、孙立人经常与之到海边游泳，特务亦尾追不放，收集“异己”的佐证。

孙立人虽为“陆军总司令”，但是许多部队并不归他管。蒋介石任命罗友伦为陆军军官学校复校后的首任校长，孙立人事前一点也不知道。可想而知，蒋并未把孙立人看成是自己的心腹。对孙立人的部属，蒋介石更是一个也不信任。最为表露无遗的，便是言而无信地诱捕原新一军、新三十八师旧部李鸿、陈鸣人、彭克立、曾长云等将、校级军官。1949 年夏，孙立人曾面见蒋介石陈述在大陆兵败被俘后释放的新七军军长（原新三十八师团长、师长）等近况，请示蒋介石可否让他们来台。蒋介石当面承诺允其来台，再任军职。1950 年，李鸿等到台后即晋见蒋介石，蒋介石要他在“陆军官校校长”及“反共救国军军长”两个职务间任选其一。谁知两周后李鸿即被冠以“匪谍”嫌疑而扣押，并且禁见任何人。紧接着新三十八师师长陈鸣人、副师长彭克立、团长曾长云等人亦被捕监禁，不审、不判、不闻、不问，关入黑牢数十年。这件事使孙立人心中十分愤怒和悲伤。

对孙立人权力进行制约。蒋介石任命同乡周至柔出任“参谋总长”，任命亲信桂永清、王叔铭分别担任“海军总司令”“空军总司令”。孙立人生性耿直，不懂政治权术，也不愿趋炎附势，唯知求好求真，是非必辨，不平则鸣，毫无顾忌。自 1927 年回国投军，孙立人便看不起同行中的腐败行径，为人又清高傲慢，因而人际关系很不好。孙立人的学识战功，在军界属佼佼者，然由此备尝嫉妒倾轧之苦，更增加了他的“逆反”心理。因此在“最高军务会议”上，议决问题时经常出现“三票对一票”的局面，最后闹得不欢而散。

孙立人看到海军按薪论阶均比陆军高出一两级，一个陆军上尉的待遇，远不及海、空军少尉或士官，且海、空军均有自己的供应司令部，而陆军却不准有，觉得十分不公。身为“陆军总司令”，孙立人素来重视袍泽的福利，因此不止一次地与“参谋总长”争吵，争得周至柔下不了台。甚至闹到蒋介石面前，愤愤不平地要和任何人比试学问：“国文也行，英文也行，数理化也行，操练也行，作战也行，来比好了。”

因侵朝战争的需要，美国看到蒋介石在台湾坚决反共还可以利用，于是部分恢复了对国民党的援助。但鉴于以往国民党在接受援助中的种种弊端，美国决定这次援助的军用物资等都不交给别人，而是交到孙立人手中，要孙立人亲自签收才作数。这种做法大扫了国民党其他高级将领的面子，甚至激怒了蒋介石本人。美国陆军部送陆军军用器材给国民党“陆军总司令部”，由周至柔转交，周至柔却转交给了空军，后美国陆军部要收条，周至柔请孙立人出条，孙立人不肯，两人又大吵了一场。

孙立人有一阵子住在台北南昌街的陆军招待所。有一次，何应钦路过南昌街，看中了这栋宽敞的日式房子，便要“保安副司令”彭孟缉调查这栋房子谁住着，彭孟缉查出是孙立人暂住，便向孙转达何的意思，孙立人坚持不让。为此，何应钦与彭孟缉都不高兴，加深了双方的敌视心理。

孙立人对贪污腐化深恶痛绝，不屑于向上级阿谀奉承。上级机关每每派人下来视察，在孙立人部队什么好处也捞不到。反之，孙立人想办的事也总是办不成。大凡第四军训班出身的干部，均被视为孙立人的人，在军中普遍受到排挤。军中施行“核阶”，经孙立人发布的军阶一律从严核降。孙立人对自己的学识和能力充满自信，不愿和一般人同流合污，也不明白“为政不得罪于巨室”的道理，结果那些巨室权臣，孙立人全给得罪了，这样使他在同属高阶层的将领中，愈加人单势孤。孙立人的高傲，以致一些人对他产生了“和同辈的没有一个处得来的”的印象。

最令人担忧的是，孙立人在已四面楚歌、腹背受敌之时，继而又以“陆军总司令”的地位，抵制蒋经国的政工制度。蒋经国生于1910年3月，大革命时被蒋介石送往苏联学习。蒋介石发动“四一二”政变后，蒋经国在苏联公开表态，大骂其父是刽子手叛徒，父子关系交恶。抗日战争爆发后，蒋经国回到祖国，父子关系逐渐修好。蒋介石注重血缘关系，从此刻意栽培长子，期以继承自己的事业。蒋经国从江西干起，靠禁烟、禁赌、禁娼而声名大噪，后抓党团，抓青年军，培养自己的势力。蒋经国从苏联学来一套政工制度，欲在军队施行，以实现其所谓“党指挥枪”，实际是蒋氏父子紧紧抓住军队的企图，蒋介石对此大力支持。1950年蒋介石“复职”后，立即组织“新内阁”，对蒋经国则委以“国防部”政治部主任，后又改称总政治部主任。同时，蒋经国还兼管“总统府资料室”，总管台湾各系统特务机构以及政治部第四处，负责保、防业务，取代保密局。

蒋经国在国民党军队中开展所谓“整军建军运动”，主要推行两项措施：一是重建军队政治工作，在军队中普遍设立政治工作机构和国民党组织，把政工人员在军中的权力与地位尽量提高；二是实行师以上主官任期制度，规定正师级以上军官任期为两年，可以连任一次，两任届满必须调任和退役。改制后的新政工，完全受“国防部政治部主任”蒋经国的直接控制，这实际上是蒋的“监军”系统。

孙立人一贯主张“军队国家化”，认为蒋经国推行这两项制度，尤其是建立政治工作制度，是要把军队国民党化，是夺“总司令”的权，因此极力反对，百般抵制。时任美国“军事援华顾问团”团长蔡斯也认为蒋经国把政工制度、党务活动引进三军，是要使军队国民党化、蒋氏私人化，表示反对，与孙立人意见不谋而合。由此，孙立人反对在军队中推行政工制度，不仅触动的是蒋经国，而且触动了一心为长子开道的蒋介石。

1950年12月，孙立人召开“新年第一次年终扩大良心会”，“让许多高级长官来听取士兵们的良心话”。孙立人致辞说：“现在社会黑暗，人心不古，不但做事骗人，说话也骗人，所以社会动荡不安，就是彼此不能开诚相见，埋没了良心之故。”蒋经国觉得，孙立人发动的听取“良心话”的活动，本应该是他的政治部的事情，孙立人的手未免伸得太长，于是推行所谓“庆生会”，进行反击。

这时，蒋经国已逐渐掌握了警察、党务、军事、政战、保防事务大权，声望已远远地凌驾于父辈的元老之上，与孙立人同辈的军人，几乎都是站在蒋经国一边，老迈的蒋介石身边也早已被这些阿谀奉承的人团团包围。孙立人特立独行的行为、轻视意识形态的思想训练及巩固“领导中心”的个人崇拜，导致了蒋介石对孙的不信任感进一步加强。

孙立人遭遇到陈诚和蒋经国等的刁难排挤，感到进退两难。1954年，孙立人“总司令”任期将满，觉得许多亲信及精明能干的部属，被蒋家政工人员所扣押，心灰意冷，于是向“参谋总长”周至柔呈递了一封签呈，请求暂离现职，要周转呈“总统”蒋介石核示。蒋介石对孙立人这种撂挑子的举动十分恼火，不但不准辞职，并称“嗣后一切高级将领不可自由请求解职，务共遵此旨，树立新范”，给孙立人当头一闷棍。1954年秋，孙立人已调任“总统府参军长”，想到李鸿等人的冤狱是由自己推荐所遭致的，难以释怀，便向蒋介石请准他把李鸿保出来，监外察看。蒋介石不仅不给孙立人一点面子，还借题发挥，明白无误地表示了他对孙立人的不满。蒋经国更是视孙立人为眼中钉，列为攻击对象。蒋经国不止一次在公开演讲中，批评影射孙立人的作风为“新军阀”。

为进一步为蒋经国“接班”铺路，蒋介石开始将眼光投向把持党务的陈果夫、陈立夫。其时，陈果夫多病缠身，无足轻重，陈立夫是CC系真正的头子。1954年，蒋介石将陈立夫放逐到美国新泽西州。陈立夫走后，中统群龙无首，只得解散。余下的障碍是陈诚。而陈诚年事已高，而且善于揣测蒋介石的心意，不足为惧。剩下的便是台湾省“主席”吴国祯以及“陆军总司令”孙立人。

吴国祯毕业于清华学校，留美学成归国，受蒋介石器重，历任国民政府党政要职。党内曾任中宣部副部长。政府中先后出任汉口市长、重庆市长、上海市长、台湾省“主席”。外交方面，吴国祯担任外交部次长，为蒋面前长期得宠的爱将之一。但吴国祯与蒋经国之间，却也是格格不入。早在 1948 年 8 月，蒋经国奉命赴沪任经济督导员时，两人便因意见分歧而交恶。到台后，关系愈发紧张，且不可调和。尽管蒋介石十分器重吴国祯，但在宠臣与爱子之间，蒋介石选择了蒋经国。1953 年 1 月，美国共和党上台，艾森豪威尔入主白宫，全力支持蒋介石。此时，吴国祯敏锐地意识到应该急流勇退。同年 5 月，吴国祯辞职，偕夫人借赴美接受名誉学位之际，滞留不归。1954 年 3 月，蒋介石借“总统府”秘书长王世杰贪污一案牵扯到吴国祯，发布“总统令”，宣布对吴“任行政院政务委员一职予以撤免”，“前在台湾省政府主席任内违法与渎职情事，并应依法彻查究办”。除掉吴国祯之后，下一个便是孙立人。

1954 年 3 月，所谓《中美共同防御条约》在华盛顿正式签字。由于朝鲜战争的爆发，改变了美国在东北亚的战略态势，台湾被列入美国防卫线中的一环，第七舰队开始巡弋台湾海峡，美国军经援助开始大批涌至台湾。过去蒋介石有赖于孙立人居中与美国政府协调沟通，争取美援，现在已不需要了，孙立人显然成了一个多余的人。孙立人性情耿介，又自恃功高，“不知收敛”，长期对蒋介石嫡系将领，甚至蒋介石父子不敬、不满，树敌过多。蒋介石经过几年的惨淡经营，在台湾的统治也日趋巩固，在这种形势下，蒋氏父子决定“过河拆桥”“卸磨杀驴”。再加上美国国务院曾有意“以孙代蒋”的旧怨，蒋氏父子决意要对孙立人下手。

1954 年，孙立人所任“陆军总司令”一职第二任任期届满，孙立人自认下一个职务应是“参谋总长”，但蒋氏父子认为，若继续让孙立人执掌军权，是对蒋家政权的阻碍，便将这一职务给了自己的亲信彭孟缉。彭孟缉为了夺得这一军中最高职位，处心积虑地多方陷害“竞争对手”孙立人。彭向蒋密告孙立人手下李鸿等六人是“匪谍”，又制造孙立人的英文秘书黄美之及其姐姐黄钰是共产党派在孙立人身旁的“卧底”的谣言，而彭所提供的正是蒋氏父子所需要的。是年 6 月，孙立人调任“总统府参谋长”，这实际上是一个闲职，蒋氏父子夺去孙立人的军权，走出了整肃孙立人的第一步。

从 1928 年始，孙立人一直在蒋介石的麾下供事。从一个下士到团长，到师长，到军长，直做到“陆军总司令”，为蒋介石效命二十七年。二十七年中，孙立人时而受到蒋介石的重用，时而受到蒋介石的冷遇，这其间有说不清、道不明的恩恩怨怨。到 1955 年 8 月，最终因莫须有罪名一下被打入冷宫，彻底被蒋氏父子所抛弃。

第九章　晚年风云

“风云才略已消磨，其奈尊前百感何。吟到恩仇心事涌，侧身天地我蹉跎。”一名伟大军人，一个性情铁汉，最终为政治阴谋的旋涡吞没，消失在历史的风云中。从巅峰堕入谷底，“陆军总司令”孙立人沦为阶下囚，无声无息近三十三年，是谍变，还是兵变？倚楼听风雨，淡看江湖路，耄耋之年，孙立人收拾心情，回归平淡。游子情系桑梓，尽管去留无意、宠辱不惊，故乡依旧是孙立人心头的那颗朱砂痣。将军一生，千古功过自有后人评说。

“打入冷宫”

孙立人如果有政治警觉，在 1954 年初就应有所察觉。当时艾森豪威尔就任美国总统后不久，为了解国民党在台湾整编军队的情况，邀请孙立人访美。孙立人因要务在身，不便前往，乃派“陆军参谋长”赵家骧中将代表访美。两周后，赵家骧返台，一下飞机即前往蒋经国的主任官邸报告访美经过。为此孙立人深感不快，认为赵家骧在体制上这样做是不妥的，在情感上是对他的不忠。但他并未从此事中看到更加深层的东西，对蒋介石也未加任何防范。

1955 年 6 月 6 日，为纪念盟军诺曼底登陆十一周年，国民党台湾南区部队在屏东机场举行阅兵。数万名士兵排着整齐的队列，准备接受台湾三军“最高统帅”蒋介石的检阅。奉命前来接受检阅的部队，包括通信兵、运输兵、工兵、炮兵、装甲兵和步兵等兵种。

当时台湾空军最新式的雷霆式喷气战斗机群，也奉命接受空中分列式检阅。为了准备这次大检阅，各兵种各部队已先在基地操练了数星期之久。有些部队更是提前好几天来到屏东机场，多次进行“彩排”。

但是，此次阅兵却有许多异常：检阅原本应在5月底举行，因为台湾北区国民党军队的检阅已于5月27日结束，何况南区各部队已接到过月底检阅的通知，后来却临时决定延期至6月6日；当天检阅现场的气氛也紧张得异常，一大早就出现大批军警及情治部门的特务，对机场实施全面封锁，并做彻底搜查。扫雷器反复探测检阅台四周不必说，炮兵部队连一个个炮管都查到了，更为异常的是原定下午2时整检阅开始，谁知过了2时，蒋介石却还没有出现。数万名士兵在炎炎烈日下等候着，阅兵总指挥官罗恕人少将恭立在司令台前焦急地等候着，整个机场鸦雀无声，一片死寂。直到2时40分，蒋介石才出现在阅兵场。

3点整，蒋介石偕夫人宋美龄下车后，迅即登上阅兵台，而后在军乐声中开始阅兵。到场陪同的国民党高级将领，有元老人物何应钦、“国防部部长”俞大维、“参军长”孙立人、“国防部”副部长黄镇球、“代参谋总长”彭孟缉、“副参谋总长”余伯泉、“总政治作战部”主任张彝鼎、“陆军总司令”黄杰、“海军总司令”梁序昭、“空军总司令”王叔铭、“联勤总司令”黄仁霖等，美方陪阅官员有远东美军司令泰勒上将、驻台美军顾问团团长蔡斯少将、美国驻台“大使”兰金等。四十五分钟后阅兵完毕。蒋介石回到阅兵台，短短训话五分钟，便带领受阅部队朗读军人训词，检阅大典便匆匆结束。

下午4时40分，蒋介石召见受训高级官员多人。晚上8时，在高雄澄清湖畔的官邸，蒋介石设宴款待泰勒将军夫妇，应邀作陪的有俞大维、孙立人、彭孟缉、黄杰、王叔铭、梁序昭、黄仁霖、余伯泉、马纪壮等，大都是参加过下午阅兵的人士。晚上10时，紧张、繁忙的一天才结束。

屏东阅兵后，6月26日，孙立人出席了“国防部部长”俞大维、“代参谋总长”彭孟缉在台北宾馆举行的欢送驻台美军顾问团团长蔡斯酒会。28 日，至台北机场参加为蔡斯离台返美送行。此后，孙立人就没有露过面。

8 月初，孙立人的随从参谋陈良埙从孙府被有关单位“请”去谈话后被捕。紧接着，孙立人府上的电话线被剪断，府内的人外出行动受到卫兵阻止。8 月上旬，美联社与合众国际社发出孙立人将军“失去自由”，甚或遭“软禁”的消息，立刻引起岛内外极大的关注和议论，但台湾当局并无任何反应。

8 月 20 日，台湾当局发布命令：一、“总统府”参军长陆军二级上将孙立人，因“匪谍”郭廷亮案引咎辞职，并请查处，应予照准，着即免职。关于本案详情，另组调查委员会秉公彻查，报候核办。此令。派陈诚、王宠惠、许世英、张群、何应钦、吴忠信、王云五、黄少谷、俞大维组成调查委员会，以陈诚为主任委员，就“匪谍”郭廷亮案有关详情，彻查具报。此令。二、“国防部”副部长陆军二级上将黄镇球另有任用，应予免职。此令。特任陆军二级上将黄镇球为“总统府”参军长。

命令发布的当天，“行政院”新闻局局长吴南如为孙立人“辞职”与郭廷亮“匪谍”案的关系，应外国通讯社之要求，做了以下的说明：

最近政府曾破获匪谍案，其为首分子郭廷亮为孙将军多年之部属。郭匪自三十六年随新一军调赴东北，即与共匪发生关系。迨东北沦陷后，该匪又接受匪方密令，利用其与孙将军之关系来台从事渗透与颠覆工作。三十七年底，郭匪抵台，先在孙将军所主办之训练班供职，嗣调陆军总司令部服务。经潜伏一个时期后，于四十三年开始活动，凭其与孙将军接近之地位，一面资为掩护，一面勾结陆军总司令部督训组之江云锦等，形成组织，图做不法之行动。自去年 8 月共匪叫嚣攻台以来，郭匪等之渗透分化工作，更加积极，至今年 5 月间，乃竟企图制造事端，从事颠覆活动，经事先发觉，郭匪等均已依法就逮。关于匪谍部分，郭匪已直认不讳，至于全部案情正在审查中。孙将军以郭匪廷亮等为其多年信任之干部，乃以旧属关系，致被其利用，痛感疏于觉察，暗于知人，几至贻祸国家，因向总统辞职，并请查处，业经照准。另由总统明令组织调查委员会，秉公彻查，报候核办。

“令”中所言“引咎辞职”，即指孙立人8月3日上呈蒋介石的“辞职书”，“辞职书”的主要内容为：

窃职才识庸愚，唯知忠义，自游学归国，预身宿卫以还，念八年间，自排长以迄今职，纯出于钧座一手之栽培，恩深谊重，虽父母之于子女无以过之，甘于钧座尽忠效力，不惜贡献生命以及一切，冀报万一，为职此生唯一之志愿。属当国家危难，奉命练军，匪祸方深，求效心切，但问事功，未虑得失，于人才方面，急于搜罗，疏于甄选，竟至贤愚未辨，瑕瑜互收。近者陆军部队发生不肖事件，奉副总统谕示郭廷亮案情，昨日黄、傅两局长奉命交阅江云锦等供词资料，职涉有重大之罪嫌！钧座未即付之法司，仰见格外爱护之恩德，天高地厚，感激涕零！职随从垂三十年，尽忠效死，唯恐不及，乃竟发生郭廷亮及江云锦等案情，不但五内如焚，急谏万状，且愧对钧座，直欲剖腹以明心曲。连日深切反省，职实有过错，应向钧座坦率自陈，请予惩处者：

一、郭廷亮为职多年部下，来台以后，又迭予任使，乃竟是匪谍，利用职之关系肆行阴谋，陷职入罪，职竟未警觉，实为异常疏忽，大亏职责。

二、两年前鉴于部队下级干部与士兵中，因反攻有待，表示抑郁者，为要好心切，曾指示督训组江云锦等于工作之便，从侧面联络疏导，运用彼等多属同学友好关系，互相策勉，加强团结，以期领导为国效忠，原属积极之动机，不意诲导无方，竟致变质，该江云锦等不但有形成小组织之嫌，且甚至企图演成不法之举动，推源究根，实由职愚昧糊涂，处事不慎，知人不明，几至贻祸国家，百身莫赎。

上述二事，均应接受钧座严厉制裁，伏念弱冠之年，即追随钧座，今已两鬓俱斑，无日不在培植之中，感激知遇，应有以上报，乃今日竟发生此种不肖事件，抚衷自省，实深咎愧。拟请赐予免职，听候查处。倘蒙高厚，始终保全，俾闭门思过，痛悔自新，则不胜感激待命之至。

这份“辞呈书”费时一周，经过六次“修改”后方获通过。这份“辞呈书”非出于孙立人自愿。但有关单位曾向孙立人提出一份三百多人的名单，这三百多人大都是孙立人过去在缅、印作战时的战友袍泽，他们被控以阴谋“叛乱”。来人明告，假如孙立人在“辞呈书”上签字，这三百多人即可获生命安全保障，否则即遭处置。孙立人十分痛苦，夜间辗转反侧，难以成眠，为了三百多位袍泽的生命安全，孙立人只得违心地在“辞呈书”上签了字。

台湾当局发布的命令中，对于郭廷亮事件个中原因并无交代，以致谣言四起，人心惶惶。大部分海外舆论均要求台湾当局处理此事应特别谨慎，依法按程序审讯，并公开真相，且不可伤及无辜。如香港《星岛日报》在 8 月 25 日的社论中以《彻查孙立人应该依法办理》为题，呼吁台湾当局“非先公开审判郭廷亮不可”，并认为九人调查委员会法律地位不明，“郭廷亮、孙立人都是军人，依法只有组织军事法庭去审理”。与此同时，美国舆论界对此事件做出了相当的反应。若干报纸著文批评国民党当局，认为这是对孙立人的一次迫害，且将此案提升为一次政治性斗争事件，而认定孙立人是一个牺牲者，对他甚为同情，对郭廷亮案反而不予注意。纽约《世界电讯与太阳报》8 月 24 日载文称，如认为被迫辞去参军长一职的孙立人将军，曾与中共发生“最轻微的关系”，乃为“令人不能想象之事”。该报暗示，不论来自台北的通讯或华盛顿方面传出的消息，均可认为孙立人将军是“官邸政治”的牺牲品。

事实上，所谓郭廷亮“匪谍”一事纯属捏造。郭廷亮为孙立人旧属，是税警总团干部教练所学员队二期毕业，后任新三十八师排长、新一军营长、“陆总”搜索组大队长等职。25 日下午 6 时，郭廷亮正在家中，一位政工中校出现在他家门口，谎称校长找他。郭廷亮赶到校长办公室，未及说话，即遭逮捕。随后，郭廷亮被带至凤山郊外一宅院受到审讯。审讯郭廷亮的是第十军政治部主任阮成章，他要郭承认为中共所派之“匪谍”。郭廷亮感到莫名其妙，矢口否认，当即遭到一帮打手拳打脚踢，将其肩领章摘下，绑坐在“老虎凳”上，开始严刑拷打，逼迫郭廷亮承认孙立人有谋叛之意。

经过十昼夜的酷刑、拷问、逼供，郭廷亮身心受到极大摧残，在完全不自主的情况下，依照侦讯官们所设计的，捏造了许多荒谬而毫无事实根据的口供和自白。到 6 月 4 日，郭廷亮从老虎凳上下来。6 月 5 日晚，郭廷亮被带到一间坐着一百多位政工官员的大厅里，接受彻底的大“公审”。第二天，郭廷亮被囚禁到“保密局”侦防组的小黑牢里，仍然不断受到特工人员的疲劳侦讯。与此同时，数以百计的孙立人旧属陆续被捕，受到严刑拷打逼供。

看到部属不断受到排挤和打击，孙立人心中虽然十分悲愤，但仍以“君父观念”“传统道德”去思考问题、约束自己。为了安抚第四军训班出身的部属在军中不稳的情绪，孙立人希望通过军训班教官的联系，出面做安抚劝导工作。对于经济上有困难的部属，孙立人力所能及地给予资助。本来这些举动实属正常范围，但是在“政工人员”的收集整理下，将此事添油加醋地汇报到蒋氏父子那里，作为“组织旧部”的口实、“收买部下”的证据。

6 月 20 日，又经过二十多个昼夜的折磨、胁迫、诱骗，郭廷亮身心陷于崩溃，完全失去抗拒力，终于被迫就范。7 月 14 日晚，郭被押上“保密局”局长毛人凤的专车，在负责郭廷亮“匪谍”案调查的小组长、“保密局”特勤室主任毛惕园及侦防组长谷正文的监押下，至毛公馆见毛人凤，毛人凤亲自与郭廷亮谈了两个多小时的话。毛人凤与郭廷亮讲话的第二天，也就是7月15日，侦讯官苏忠泉把按毛人凤的意图所杜撰的“匪谍自首书”及“口供笔录”拿给郭廷亮签字。“自首书”中编造了郭廷亮任国民党新一军榴弹炮营少校连长时，于1948年1月驻守沈阳时，与驻地一米栈店主白某熟识，由白介绍一女子李玉竹与郭结婚，白经常以“匪党”言论做郭的工作，后白又介绍其兄与郭见面，其兄为共产党一联络科长。其兄要郭到台湾后，“从事兵运工作并长期潜伏，掌握部队，以达到制造台湾国民党军队大规模变乱，等待解放军攻打台湾时，实行内应”。其兄并授予郭进行“兵运工作”的方法、手段、原则等。“自首书”中还“交代”了郭自1948年底抵台后，一直为孙立人的部下，为孙立人所信任，郭利用孙的关系积极进行“匪谍”活动，阴谋在军队中造成变乱计划，并拟于“总统”检阅“国军”时呈递“意见书”，视情况许可激成“兵谏”，并进一步激成“兵变”，以达成为“匪”做“兵运工作”的目的等。

调查委员会8月20日成立，随即展开调查工作。从8月26日召开第一次会议开始，至10月20日公布调查报告书止，调查委员会总共开了九次会议，历时两个月。九位委员中，除何应钦因在日本医治眼疾未参加外，其余八人参与了调查全过程。调查结束后，开始撰写报告书，大部分是由王云五执笔，报告长达一万六千余字。10月8日，调查委员会召开第九次会议，除何应钦外，八位调查委员正式在报告书上签名，完成结案手续，报送蒋介石。

调查报告题为《孙立人将军因匪谍郭廷亮事件自请查处案调查委员会报告书》。报告共分五个部分。第一部分“引言”，主要内容为8月20日“总统”命令，8月3日孙立人“签呈”以及明确该委员会工作范围及调查措施；第二部分为“郭廷亮所担负之‘匪谍’任务及其所利用之因素”；第三部分为“孙立人将军在军队中所发动之联络组织”；第四部分为“郭廷亮利用孙立人将军之关系进行‘匪谍’活动之经过”；第五部分为“结论”，其主要内容为：

（甲）事实部分：

一、郭廷亮为匪谍并利用其与孙立人将军之关系执行“匪谍”任务，阴谋制造变乱，其本人业已承认不讳。

二、孙立人将军对郭廷亮信任甚深，不仅未觉察其为匪谍，且因孙将军企图利用郭廷亮在军中建立个人力量，乃至堕入郭廷亮匪谍活动之阴谋而不自觉。

（乙）责任部分：

一、孙立人将军在军队中，对第四军官训练班部分结业学员发动联络组织，其动机并不正常，虽据称此非有形之组织，但详查此项联络活动之发展过程，以及此事之迄未报告国防部，实不能诿为非一种以个人为中心的秘密性质之组织。又孙立人将军在调任总统府参军长后，对此项联络活动仍继续进行，且更加积极，显然企图形成以个人为中心之一种力量，虽据称用心无他，然在行为上实有在军中违法密结私党或秘密结社集会之嫌，孙立人将军对此应负其责任。

二、孙立人将军任总统府参军长后，为加强上项联络组织，加派郭廷亮等更积极展开此项违法之秘密活动，赋予郭廷亮以主持此项活动之核心任务，并给予活动费用，实为郭廷亮利用以进行匪谍活动之重大因素。孙立人将军虽然不知郭廷亮为匪谍，但应有觉察之机会，而偏信不疑，直至郭廷亮被捕，迄未做任何适当之防范。孙立人将军对于匪谍之活动于其左右，至少应负失察之责任。

三、关于郭廷亮阴谋变乱之计划，本委员会除郭等六人供词证言之外，尚未发现出自孙立人将军或其他方面有关其为此项变乱行动主谋的证据，但详按本委员会查明之各点，孙立人将军不容诿为对郭廷亮之阴谋毫不知情，孙立人将军既未举报，亦未采适当防止之措施。又孙立人将军以总统府参军长之重要地位，自承对旧部之不法言行，恒采徇情姑息之态度，尤为养成其亲信人员行为乖张之因素。孙立人将军此种对亲信人员不法言行之知情不报以及其平日之管束无方与训导失当，实难辞酿成郭廷亮阴谋之咎，孙立人将军对此应负其责任。

四、孙立人将军于6月2日晚间刘凯英来见时，知其为在逃嫌疑犯，虽据称曾劝其复回部队，然既经刘凯英说明不敢回去，仍纵其脱逃并资助其路费，实有徇情包庇之嫌。

五、本案关于郭廷亮、江云锦、王善从、陈良埙、田鸿祥、刘凯英，历次所个别供认而有关孙立人将军之其他各种情节，以郭廷亮及江云锦均未提供出自孙立人将军或其他方面之证据。本委员会尚未发现其他直接证据，因此均不予置论。

关于孙立人将军应负之责任，本委员会已做如上之陈述，唯念孙立人将军为总统多年培植之人才，且曾为抗战建功，孙立人将军在8月3日总统签呈中曾历陈愧悔自责之情，在9月19日答复本委员会询问时，亦痛切自承错误，一再申诉愿负全责。且已引咎辞去总统府参军长职务，并奉政府令准免职。本委员会谨建议总统于执行法纪之中，兼寓宽宥爱护之意。

随后，蒋介石根据《报告书》发布了“总统令”：

孙立人久历戎行，曾在对日抗战期间作战立功，且于案发之后即能一再肫切陈述，自认咎责，深切痛悔，既经令准免去总统府参军长职务，特准予自新，毋庸另行议处，由国防部随时考查，以观后效。

关于此案，王云五自撰年谱手稿中写道：

> 此调查委员会之成员包括了一位副总统、三位前任院长、两位资政、两位现任副院长和一位部长，其重要性可知。由于元老辈发言辄保留，我与少谷遂于会议以前交换意见。我以此涉及政治及国外观感，力主应从“大事化小，小事化无”之原则，少谷亦有同感；于是先借少谷而影响陈副总统之意见，嗣获悉陈氏意见相同。于是在会议中，由我先行提供处理原则，众皆同意。乃由我与少谷研究细节。中间，并曾由我与少谷分别亲往军法局主审郭廷亮等军事犯数人，于获悉真相后，协同向调查委员会提出具体处理办法；由全体委员以谈话方式，召孙立人至阳明山某处谈话。最后由全体调查员联名提出报告书，供总统核夺。结果，卒如所拟，准孙立人辞职结案，其他军事犯酌情处理，郭廷亮亦获贷其一死。事后，中外舆论，咸认为处置得宜。

九人调查委员会报告书公布后，台岛内外仍“舆论沸腾，人心激愤”。人们翘首以待“监察院”的调查报告，希望能得出不同的结论。被称为“只拍苍蝇，不打老虎”的“监察院”，在孙立人事件发生一个多月后，才“一致认为该事件关系重大，虽经总统命令组织九人委员会彻查，但监察院职司监察，对此重大案件，应依宪法赋予的职权，做公开而彻底的调查”。9 月 21 日，“监察院”成立了以曹启文、王枕华、陶百川、萧一山和余俊贤五人组成的调查小组。调查小组调阅了有关孙立人案的所有案卷，孙立人也曾应五人小组的邀请，亲赴“监察院”接受讯问、谈话，全部调查工作在 11 月中旬完毕。

遗憾的是，“监察院”五人小组的调查报告，受到种种压力，始终不得公布。“监察院”将该报告列为机密文件，加封加锁，甚至事隔多年后，五人小组之一的陶百川要求借阅，也遭拒绝。陶百川曾坦言，他们五人调查小组调查的结果，“与其他机关提出的报告，颇有出入”。曹启文则私下告诉海外的来访者，称这一切都是陈诚有计划的“阴谋”，他们黄埔的人看了都觉得心寒。

“孙案”发生后，蒋氏父子下令销毁各有关税警总团、新三十八师、新一军或孙立人各种文字、书刊、图表及字据等。在国民党政府历届任“陆军总司令”的依序为何应钦、顾祝同、余汉谋，而后是孙立人、黄杰和彭孟缉，他们的巨幅照片都陈列于台湾军史馆，其中独缺少孙立人。

蒋氏父子通过制造“郭廷亮匪谍案”“屏东兵变案”，将孙立人及其旧属打压下去，达到了消除异己、进一步巩固在岛上的统治地位的目的，同时也平息了自己的亲信长期对孙立人的不满情绪。在如何处理孙立人的问题上，蒋介石采取了“不杀、不审、不问、不判、不抓、不关”，但也“不放”的“七不”政策，将孙立人逐出台北，放逐台中，无限期地“软禁”起来，使其成为“张学良第二”。

“孙案”共牵连三百余人，其中送至“保安司令部”的就有一百零八人，获起诉宣判并受刑三年至无期徒刑、死刑的就有三十五人。凡是原新一军的骨干，凡是与凤山新军训练扯上关系的，都会直接或间接地受到严重的迫害，甚至打入黑牢，严刑逼供，要受冤者承认他们提示的、所需要的口供。多数人妻离子散，家破人亡。刑满被释放者，行动仍受到监控，要定期向有关单位报告，警察或情报人员随时可以出现在受害人家进行“访问”。一些受害人受不了这经常的骚扰恐怖，患了精神病，住进精神病院。

“孙案”引起美国人的极大关注。事发后，美国驻台“大使”兰钦及驻台顾问团团长蔡斯都回美国去了。台北方面急派“外交部次长”沈昌焕赴美向美国官方做简报，以期平息舆论。1955 年 8 月 20 日，美国参谋长联席会议主席海军上将雷德福约见台“驻美大使”顾维钧表示：孙将军具卓越将才，效忠“领袖”，深信其不亲共，唯对“国军”管理方式不佳有意见，对军内政工制度表示不满而已。美国总统艾森豪威尔以及麦克阿瑟均驰电台湾，希望蒋介石慎重处理孙立人的案件。应该说，美国对“孙立人案件”十分关切，甚至可以说是反对的。但考虑到朝鲜战争刚刚结束，台湾国民党政权对“维护”远东局势具有“举足轻重”的地位，美台之间又刚签订协防条约，不宜为孙案而与蒋介石产生罅隙，所以对孙案也不便表示太多的意见。

1956 年 9 月 29 日，“国防部军法局”宣布“郭廷亮死刑”。同一天，蒋介石以“1956 年 9 月 29 日台统（二）字第一一六九号代电”核实，减为无期徒刑。1973 年，郭被改判徒刑十五年，并获“国防部”释放证书，明令于 1973 年 7 月 4 日开释，不料在即将开释之际，郭又被发配到绿岛去受管制，于是郭又在绿岛度过八年似人非人、似鬼非鬼的生活，受尽苦难。怨愤已极的郭廷亮终于在 1981 年 7 月给蒋经国写了第一份“陈情书”，原原本本写出他这段奇特经历的真相；而蒋经国显然知道这段内情，收到“陈情书”后，就派台湾警备司令陈守山上将出面，责成刘静斋少将和肖桃庵上校去绿岛为郭廷亮解决困难，发给郭六十万元新台币，使郭获得自由，返台与家人团聚。

1983 年 3 月，郭廷亮失业，生活无保障，再度给蒋经国上了“陈情书”，要求恢复军职。蒋随即又派人为他复职补薪，并依“法”准他办理退役手续，发给退役金及保险金。

这两份“陈情书”于 1988 年 3 月 22 日，孙立人恢复自由后的第二天，由台湾一家报纸公开发表，终于揭示了由蒋介石一手炮制的“孙立人兵变事件”的内幕。

台中市向上路十八号

1956 年 6 月，孙立人被驱出台北市南昌街官邸，迁到台中市向上路一段十八号居住。结束了二十八年的军旅生活，由“轰轰烈烈”

的岁月转入“尘封冰冻”时期，从此过着与世隔绝的“幽居”生活。

远离刀光剑影的战场，走出钩心斗角的政坛，一下子被禁锢在这偏僻的地方，孙立人开始时真有点不习惯，心情十分恶劣，常无端对身边侍从咆哮。直到一年后，孙立人的情绪才渐渐平和下来。儿女一个个出生、成长，看着天真烂漫的儿女可亲可爱，孙立人心理上得到了不少安慰和快乐。他的生活也渐渐有规律起来。据相关记载：

> 兵变发生后，孙立人被看管，按月支薪，活动受限制，生活反而安定下来。他靠薪水的积蓄，在台中近郊置了一块山坡地，每个星期上山几次，有时看书研究入迷，或心绪不好就停止不去。上山主要是活动筋骨，运动运动。孙立人辟了一片果园，种一些木瓜、番石榴等水果，后来吃不完，生产过剩，他还差人载送到附近的菜市去卖，多少也可贴补家用。

孙立人是留美出身，对战略又有研究，因此闲暇之余，喜涉猎各类书籍，尤以著名战史和名将传记，最是喜欢。他曾研究亚历山大大帝的战略思想，颇有心得。拿破仑传记一度爱不释手。对西方现代将领，他最欣赏的首推二次大战的隆美尔，他在给友人的一封信中，曾誉隆美尔在北非的战术为“西方的孙子兵法”运用结果。

孙立人家里除了订阅岛内各大报外，还订有《时代周刊》，又加订《新闻周刊》，留心国际事务发展。他的英文水准很好，阅读外文书刊，不必翻查字典。

在屋后，孙立人原本种有不少玫瑰花，后来他的兴趣改为养兰，几年下来，他已培养了数十盆名贵的剑兰。他的二妹孙宁人也爱好此道，送了他好几盆名兰。孙立人由养兰而至于爱兰、赏兰。每天清早6时左右起床，稍做运动，就是忙着去浇水，照顾那些花盆。

遇有至亲好友来访，总不忘兴冲冲带着他们去参观他的杰作，他说养兰可以给他很多的好处，最大的作用是对个性的熏陶，他由养兰悟出了许多人生的道理，脾气也改了很多。

孙在台督练新军前后六七年，又办多批军官训练团，军中部属学生何止上千。“兵变”发生后，被捕去法办者达二三百人之多，案情严重者，更远送至绿岛管训，有至今犹在狱中者，为此孙立人十分不安，每在言谈之间有愧疚之情，认为是他连累了他们。案发后，有些昔日交情不错的同僚和他接近的部属，都不敢和他来往，谈到与孙的关系，皆噤若寒蝉，私下则大都同情孙之不幸际遇，认为好比“现代之岳飞”。

在被软禁期间，孙立人不能参加亲朋的喜庆活动，欣喜之余而暗自悲怆。遇到亲朋的生离死别，也无法参加，不能表示应尽的礼仪和心中的情谊，更是痛上加痛。1959 年春，孙立人的大哥孙同人因患癌症在屏东逝世，不要说生病期间孙立人无法前去探望，就是想去参加葬礼，也未获准，只好呆坐在家里默默流着眼泪。1967 年，孙克刚病逝，孙立人亦未获准参加葬礼。

孙立人在未便定罪而又遭停薪的日子里，生活十分困难，为补贴家用，为他生儿育女的另一位夫人张美英常抛头露面挤到台中市市场内摆设临时摊位，卖自种的水果、蔬菜及玫瑰花，因无钱租到正式的摊位，被警察驱撵过多次。将军家居然做起小买卖，“将军玫瑰”一说也就传开了。以后虽然恢复薪给，但添儿添女，生活还是过得紧巴巴。

张美英嫁给孙立人，是张晶英促成的。张晶英个性温和婉约，十分贤惠，是孙立人的贤内助、患难伴侣，她与孙立人结婚多年，一直未生育。在张晶英的介绍下，1950 年，张美英来归。张美英为台湾高雄人，年轻孙立人整整三十岁。张晶英自己则认了一个干女儿，避居台北，逢年过节或孙立人生日，南下台中，与孙立人及家人团聚。

孙立人与张美英结婚后，连续生有四个子女。1952 年，生长女孙中平，当时孙立人尚任“陆军总司令”，五十三岁第一次做父亲，其喜可知；1954 年生长子孙安平，这时孙立人已调任“总统府”参军长；1956 年生次子孙天平；1958 年生次女孙太平。孙天平和孙太平均是孙立人幽居以后才出生的。教育子女成了孙立人幽居生活中的一件大事，同时亦是对他的莫大安慰，因为四个孩子都学有专长，非常优秀。四个孩子中，孙中平、孙安平和孙太平均毕业于台湾清华大学，只有孙天平毕业于辅仁大学。

几十年来，外面的世界发生了很大的变化，但在这一院落里，真可谓“古井不波”，叶落草生，只有季节的变换、儿女的长大，却没有世事的起伏；只有房子越来越陈旧，将军越来越老，却没有外界的风信袭来。倒是一些海外媒体时不时掀起几朵浪花。1971 年 1 月，美国合众国际社发出电讯称，日本《每日新闻》刊载消息，孙立人已由台湾逃出岛外，可能会逃往美国。1980 年 3 月，香港《华侨日报》刊发了一条消息，说孙立人已于春节前不久逝世。这一消息引发了一位与孙立人颇为熟悉的政治评论家的悲痛之情，在报上刊出悼念文章。

1975 年春，蒋介石去世，被软禁了二十年的孙立人，对恢复自由抱有一线希望。谁知不久，蒋经国继承了蒋介石的衣钵，孙立人再度陷于绝望之中。1978 年，蒋经国当上第六届“总统”，假惺惺地专程到台中看望孙立人，表示关心孙立人的健康状况，并问孙有什么需要，孙只是要求把老屋整修一下。蒋回去后很快做了安排，将孙的大宅院整建翻修一新，一改原先破旧的面貌。1980 年，孙立人办理了正式退役手续，获准“给予退休俸禄和生活补助费等应享权益及适当照顾”。1981 年 11 月，孙立人获准到高雄佛光山访问，首次赴屏东扫长兄之墓。回到家里，孙立人写道：“痛大哥去世已二十二年，生不能养，死不能葬。”一时悲痛涕流。

1983 年 10 月，“总统府秘书长”马纪壮派第二局局长孟宪庭携带礼物，登门问候孙立人。1984 年，岛内的政治空气逐渐解冰。1985 年，由诸葛文武等人编写的《孙立人事件始末记》一书正式出版，第一次较为详细地披露了所谓“孙案”全过程，引起了社会舆论的关注。1986 年，原“监察院”五人调查小组成员之一陶百川在撰写的回忆录中肯定了孙立人的“清白”。

1987 年 10 月，一些“立法委员”向“行政院”提出关于张学良、孙立人悬案，以及张、孙二人长期“幽禁”应予释放的质询，公开呼吁恢复张学良、孙立人两人之自由，云：“目的不在翻案，其是非功过，自有史料加以判断。……不过，判无期徒刑的人，都可假释，张、孙两人已垂垂老矣，基于人道精神，政府应恢复其自由!”

1988 年 1 月 12 日，“行政院”院长俞国华发表声明，表示：“关于张学良与‘西安事变’一案，早在民国二十六年（1973 年）1 月 4 日已经政府特赦，目前对其生活及行动并无限制。至于孙立人，于民国四十四年（1955 年）因案引咎辞职，至民国六十七年（1978 年）已届陆军二级上将除役年龄，经依照规定除役，并给予应享之权利及适当之照顾，对其生活及行动亦无限制。”就在俞国华发表声明的第二天，蒋经国去世，台湾岛内政治空气渐趋活跃起来。孙立人要求“还我清白”，他的子女、亲属、旧部为他谋求还以清白、恢复名誉的途径。2 月，孙立人的三妹璧人、长子安平及义子揭钧，同访台湾自立晚报社记者李文邦，谈孙立人案真相。李文邦随即至孙宅专访孙立人，并将专访报道在 2 月 25 日《自立晚报》上发表。接着，李文邦又在《新闻周刊》上发表题为《孙立人打破三十三年的沉默》一文。自此，“孙立人案”成为台岛报章杂志注意的焦点。岛内外要求恢复孙立人清白和荣誉、公布“监察院”孙案调查报告的社会呼声与压力也愈来愈大。

3 月 20 日，“国防部长”郑为元亲往台中市拜访了孙立人，面告历时三十三年之“察考”终结，今后有任何行动和言论的充分自由，可以到任何地方，接见任何朋友。并将此命令下达给留驻孙府的副官。七天后，郑又第二次登门拜访。由郑为元来正式宣布孙立人恢复自由，被人们视为为其“平反”的象征。

孙立人正式恢复自由的第三天，《自立晚报》全文刊出由郭廷亮之子郭志忠公布的其父1983年3月16日给蒋经国的“陈情书”。在社会强烈的舆论下，3月30日，“监察院”公布了三十三年前完成未予公布的五人小组调查报告，并将副本函送孙立人，并告之若对该报告有任何意见时，可要求“监察院”复查。但对此案的关键人物如郭廷亮等，却无法约谈，更没有做进一步的调查、取证。因此，报告书的基调是维持九人调查委员会的报告，最终并没有，也不可能推翻郭廷亮“阴谋举事”这个事实，也还是认为孙立人应负“行政上和道义上的责任”。

孙立人看了“监察院”的调查报告后，第二天发表了一篇由义子揭钧、姜瑜夫妇代笔，题为《谁来还我清白，又有谁能还我公道?》的书面声明：

> 如今既然知道我们是清白的，当然就应该还给“我们”应得的荣誉。三十三年来，各界没有把我忘掉，尤其是我的袍泽们，在极困难的环境中为“还我清白”而奔走，为求公允起见，恕我暂不列出姓名，并致十二万分之谢忱。同时我向立法院对我的人权问题的关心致谢，亦向监察院今天以明智的态度将当年调查报告公开表示感激。
>
> 今天的“还我清白”并不是“翻案”，亦绝非为一种“反对政府”的行动，而是盼望政府了结一件历时三十多年的悬案。本案牵连甚广，加以我如今年迈，对日后应做如何请求，以期达到“公正”，尚待研究。之后，我相信监察院于公布此项报告之后，亦会采取适当之措施，以求所有关系人，都能“还其清白和公道”。

但“监察院院长”黄尊秋对于孙立人申请复查一事，明确表示“已不可能”。4月8日，“国防部”“保卫人员”撤离孙府。9月22日，“监察院”召开院会通过，孙立人将军求还清白、恢复名誉专案结案。第二天派人到孙府，说明“结案”的理由是孙“并未失去自由”。一句话，三十三年的冤案就这样不了了之，孙立人也只能苦笑相对。经过了三十三年的“幽居”岁月，孙立人已不复当年神威，往事风云只付笑谈中，一切都在历史的天空中渐行渐远。

将星陨落

1988 年 3 月 20 日，孙立人终于结束了三十三年的“幽禁”生活，重获自由。但孙立人已由一位龙威虎猛的百战英雄，变成了白发苍颜的九旬老人。旧日袍泽都为这喜讯欢欣，兴奋得热泪盈眶，奔走相告。亲朋、旧属、岛内外学人、各阶层人士前往孙府拜谒，络绎不绝，大家重见，宛如隔世。

孙立人关爱部属是有口皆碑的。孙立人长期有一心愿，就是想找到当年随他对日作战、远征缅甸而为国捐躯的原新三十八师中将副师长齐学启的墓地。抗战胜利后，孙立人派专人到仰光，经当地华侨的协助，寻得齐将军的灵骸，专机运回长沙，安葬于岳麓山下蔡锷、黄兴两先烈墓旁。几十年后墓园已荡然无存。孙立人在恢复自由后，惦念着为国捐躯的老战友，托回大陆探亲的旧部查找齐氏遗属，查看墓园状况。当他得知墓园因年久失修，几至湮没时，有意为齐将军重修墓地。孙立人发起集资了六千美元，委托旧部刘立忠、彭克立携款赴湘，与湖南省有关部门洽商，重修齐学启的陵墓。墓园重修历时三个月，于 1989 年 10 月完工，孙立人亲撰“墓园记”，以彰忠烈。

孙立人生于光绪二十六年十月十七日（1900 年 12 月 8 日），1988 年 11 月 25 日他过了自己的九十寿诞。这一年也是孙立人被幽禁三十三年后获得自由的一年。从这一年春天开始，近十个月来，“孙立人案”一直是台湾社会关注的热点，此时正逢孙立人九十寿诞，孙立人的旧属、乡亲、朋友决定为孙立人举办九十大寿庆祝大会。11 月初，孙的旧部组成“孙立人上将九十大寿筹备委员会”，主任委员由前“台湾防卫副总司令”舒适存担任。在两个多月的筹备期间，社会舆论给予了强烈的关注，岛内各新闻媒体几乎天天有此方面报道。对于某一人某一事做如此长时间跟踪报道在台湾实属罕见。

庆祝会于 11 月 27 日在台中市中正国民小学大礼堂举行，岛内各地以及来自美国、澳大利亚、东南亚、中国大陆和香港等地的旧属、乡亲、朋友和社会名人共计五千多人。

自九十大寿后，有更多的访客访望孙立人，孙最喜欢同旧属聊一聊与日作战的往事，大家为了使老人开心释怀，免谈冤案之事。1989 年春，台湾当局通令各单位，凡是孙立人之战史，以及各军事单位取下之与孙立人有关之照片，须于近期挂上。1990 年 4 月，台湾清华大学举办校庆，在校庆期间，举办了清华校友孙立人生平介绍摄影展，用图片形式全面反映了孙立人传奇的一生。

晚年时，孙立人眺望大海，十分思念对岸的家乡。孙立人的父亲、继母于 1935 年相继去世，孙立人时在江西担任税警团团长，闻讯后赶回家乡奔丧，并将其父母安葬在庐江县柯坦乡的龙灯桥。半个多世纪来，孙立人虽然远在台湾，没有回过故乡，但仍时时思念故乡，怀念先人。

1980 年和 1986 年，孙立人的侄儿、侄女分别回大陆讲学、探亲，孙令其回庐江扫墓。1987 年后，随着返乡探亲的人回到台湾，谈论着故乡的变化，孙立人怀念乡土之情变得更加殷切，时时在话语中谈及他记忆所及的家乡诸多情事。

1988 年，孙立人获得自由后思念故乡之情与日俱增。是年他的旧部刘文美回乡探亲，到孙立人故居和先人的墓地察看，并拍了孙的故居的照片。刘文美回到台湾，将照片面呈孙立人，孙立人看后感慨万分。1989 年清明节后，孙立人旧部潘德辉回大陆探亲，孙立人函托他到庐江家乡代为祭祖。在庐江县台办负责人的陪同下，在孙立人先人墓地，潘德辉代孙立人举行了隆重的扫墓仪式，并拍照带回。1990 年清明节前，孙立人叫长子安平回故乡扫墓，庐江县有关部门给予了热情接待和周到安排。

孙立人思念故土，同样也怀念故人。1990 年 3 月，著名作家冰心老人通过台湾的许逖教授给孙立人去了一封信，希望他能回大陆一行，不几天，孙立人即复函：

婉莹嫂夫人大鉴：

许逖先生来舍，朗读手书，其于立人，尤殷殷垂注，闻之至为感篆。回忆同舟东渡，转瞬近七十年，昔日少年，俱各衰迈，而文藻兄且已下世，人事无常，真不可把玩也。立人两三年来，身体状况大不如前，虽行动尚不需人扶持，而步履迟缓，不复轻快，有时脑内空空，思维难以集中。比来除定时赴医院做复健运动外，甚少出门矣。故人天末，何时能一造访，畅话平昔，殆未可必然，亦终期所愿之得偿也。言不尽意，诸维珍卫。

弟孙立人拜启

1990 年 5 月 15 日

是年 10 月 5 日，是冰心老人九十寿诞，孙立人发来贺电："海内存知己，天涯若比邻。欣逢九十大庆，敬祝福如东海，寿比南山。弟孙立人拜贺。"正当海峡两岸两位老人互致电函，期待着登门造访，畅话平昔的一天，谁知不久孙立人病逝。当孙病逝的消息传到冰心那里，冰心老人十分悲怆，在《中国作家》上发表了悼念文章，引用了老人早年所作的集龚绝句："风云才略已消磨，其奈尊前百感何。吟到恩仇心事涌，侧身天地我蹉跎。"冰心老人哀其"竟是为孙立人将军写照"。

进入耄耋之年，孙立人身体明显衰老，1983 年 9 月经医院检查，发现有主动脉粥状硬化、脊椎退行性关节炎及轻度老年痴呆症。自此，孙立人常出入医院。治疗中不时发现还有其他一些疾病症状，1989年、1990年，因胃炎、便秘、肺炎等病，孙立人先后七次住院治疗。

1990年10月11日，孙立人因帕金森病发生吞咽困难，急送台中荣民总医院诊治。住院一个多月，病情时好时坏，经检查，孙立人患有多种疾病，多方治疗，多次抢救，终因病情不断恶化，至11月19日上午，孙立人陷入昏迷不醒状态，家属要求出院。上午11时15分，孙立人因肺炎败血症，导致各器官衰竭致死，病逝于台中市向上路家中，终年九十岁。

孙立人生前要求他的亲人、旧属在他去世后，一定要给他穿旧军服、旧长筒马靴，佩戴新一军的飞鹰肩章，把他的尸骨运到广州白云山麓“新一军抗日阵亡将士公墓”长埋地下，以便他好与当年并肩作战、为国捐躯的官兵弟兄们长相厮守。

孙立人逝世消息传出后，台“政府”首长、社会贤达，以及亲友旧属前往台中孙府吊唁者络绎不绝；孙家家属及孙立人的故旧从岛内外赶来，自动前往孙府照料协助丧事。“资政”郑为元将此事请示“总统”李登辉和“行政院长”郝柏村，李登辉指示：“从优安葬孙将军，丧礼应隆重、朴素、不铺张。”郝柏村指示：“一切依照军礼办理。”

孙立人的丧礼由“陆军总部”主办，“国防部”及“退除役官兵辅导委员会”协办。12月1日，治丧委员会成立，主任委员由孙立人的同乡、“资政”杨亮功担任，副主任委员由“资政”郑为元、阎振兴、许历农及“陆军总司令”黄幸强担任。

12月8日，举行公祭大典。前一天晚上，殡仪馆里便已有一千人以上来为老将军守灵；在孙宅参与守灵的，除“孙案”受害人外，尚有昔日袍泽亲友三百余人。午夜过后，“总统府”派专人送来“褒奖令”：

> 总统府前参军长除役陆军二级上将孙立人，学精韬略，性禀刚方。早岁自美国弗吉尼亚军校毕业，归国陈力，历经剿匪、抗战、戡乱诸役，南北驰骋，战绩彪炳。洊膺团、师、军长、陆军副总司令、总司令兼台湾防卫总司令等职，勋猷卓著。尤以抗战时远征缅甸，解仁安羌盟军之危，复破顽敌，打通中印公路，扬威异域，驰声宇内。来台后，组训新军，巩固复兴基地，益宏靖献。兹闻溘逝，轸悼殊深，应予明令褒扬，用昭勋荩。

公祭大典在台中市立殡仪馆景福厅举行。由“总统府资政”郑为元主祭。李登辉、郝柏村、李元簇等台湾国民党政要分别致送挽额，宋美龄、孔令伟送了花圈，“国防部长”陈履安和国民党军方代表四十多个团体及旧日袍泽、亲友等近万人参加。台湾清华大学校旗、美国弗吉尼亚军校校旗以及青天白日满地红的“国旗”依次覆盖在灵柩之上。整个公祭长达四小时。孙立人的病逝，台湾各大新闻媒体及时地大量地做了报道。

公祭后，长达一公里的送葬队伍将孙立人的灵柩移送大坑东山墓园，沿路有旧部和当地居民摆设香案祭拜，燃放鞭炮。整个丧礼极尽哀荣。下午 3 时，一代抗日名将孙立人安息于他生前“软禁”期间亲手开发的果园中。

中国现代史上的军人，在人生舞台上经常扮演很复杂的角色，一方面是执干戈以卫社稷的沙场征战，另一方面却往往身不由己地卷入政治斗争的旋涡中，纯粹终身以职业军人姿态出现的，并不多见。回顾孙立人的一生主要经历，少年时意兴风发，青年时勇猛善战，壮年时叱咤风云，中老年时幽居沉潜。九十年的传奇岁月，大风大浪的几番起伏，曲曲折折的花明柳暗，留给历史许多赞赏，夹杂一声悠长的叹息。

历史的回声

台《中央日报》社论说："时至今日，国人对孙将军的爱国赤忱，仍然深获景仰。数十年来，孙将军虽退处山林，从未有过任何不利国家的言行。他这种勇于负责的态度，与他在沙场克敌致果，在练军实事求是的精神，是表里一致，而且一脉相承的。"

《自立晚报》新闻分析："孙立人在幽禁多年，及因病告终的今天，尚能受到昔日袍泽后生挺身而出的爱护长官之举，足见其受部属的爱戴感佩，以及同僚患难与共的感情，历久弥新。而孙将军半生彪炳战绩与忍辱含冤，如能在此获得象征功在国家的政治宣示，无疑是官方对孙案的一种论定。"

《中国时报》称："孙立人将军在现代史上是一争议性人物，孙立人事件可以说是当时时代特殊结构下的悲剧。"

英国《泰晤士报》称孙立人："东方隆美尔。"

国民党前陆军上将，后寓居香港的张发奎评论："恃才傲物是孙立人失势的主要原因，美国人想扶持他反而害了他。他以为美国人支持他，以至得意忘形。然而，美国人是不可靠的，孙立人的矜才使气使他得不到蒋先生的信任。"

郑洞国在回忆录中写道："孙立人将军是一位治军严整、才华横溢的优秀将领，在抗日战争中以卓越战功闻名中外。"

曾任国民党"中央宣传部部长""行政院"秘书长的李惟果评价孙立人说道："这是个具有现代化头脑的职业军人，对于一切腐败现象自然是反对的，但绝对不会造反。对于国家民族的命运，他会有抱负，美国人欣赏他，甚至在他身上寄予希望都是可能的，这也就是他遭到麻烦的原因。"

刘宜良在《蒋经国传》中评价："孙立人是个非常优秀的带兵官，但是位很坏的领袖。讲人际关系，他和他的同辈，几乎没有人可以合得来。"

中华民国前驻泰大使、曾随孙立人担任四年秘书的沈克勤表示：“孙立人直性而行，率性而为，其精忠报国是不容置疑的。”

1991年初，孙立人将军被香港报刊评定为“1990年世界逝世的十大名人”之一。

后　记

初知孙立人将军还是在中学时代，那个时候，笔者尚处于血气方刚的年纪，在阅读了中国远征军异域杀敌的悲壮事迹后，内心也不禁热血翻涌，激起了强烈的求知欲。在随后涉猎的阅读中，孙立人将军及其率领下的新三十八师和新一军的形象日渐清晰，笔者对其认识也日渐深刻，深感孙立人将军的智信仁勇以及远征将士的慷慨豪迈。几年前，《中国远征军》一剧火热播放，引起了大街小巷的关注热议，无不是对孙立人将军和远征将士的交口称赞。笔者也随性而起，再度翻阅了孙立人将军的人生逸事。

历史虽已走远，但将军的事迹依旧在星空中闪烁，照耀着后人的前进之路，人们不会忘记孙立人将军抗战杀敌的不朽功勋。在人们纵享和平安定的今天，我们更需要铭记和追忆过往的先辈为此付出的努力和贡献。

在本书的编写过程中，南京政治学院的韩文琦、江圣、董一烜、高松、孙欣宇、赵杨等为本书提供了宝贵的意见。在此，笔者向他们表示衷心的感谢。编写中，笔者参阅了部分相关专著和论文，借鉴和吸收了相关成果，谨向作者致以诚挚的谢意。由于笔者水平所限，书中疏漏仄误定然不少，恳请指正。

图书在版编目(CIP)数据

孙立人传 / 张金龙著. — 北京 ：中国文史出版社，2020.4

ISBN 978-7-5034-9794-0

Ⅰ. ①孙… Ⅱ. ①张… Ⅲ. ①孙立人(1900-1990)-传记 Ⅳ. ①K825.2

中国版本图书馆 CIP 数据核字(2017)第 286381 号

选题企划：箫　笛　段　冉
责任编辑：卢祥秋

出版发行：**中国文史出版社**
社　　址：北京市海淀区西八里庄路 69 号院　邮编：100142
电　　话：010-81136606　81136602　81136603（发行部）
传　　真：010-81136655
印　　装：北京科信印刷有限公司
经　　销：全国新华书店
开　　本：720×1020　1/16
印　　张：17.25　　字数：202 千字
版　　次：2020 年 4 月第 1 版
印　　次：2026 年 1 月第 4 次印刷
定　　价：63.00 元